Das Mittelalter

Materialien zur Geschichte und Geschichtskultur einer Epoche

Handreichungen für den Unterricht

Erarbeitet von Jürgen Walther
unter Mitarbeit der Verlagsredaktion

Cornelsen

Kurshefte Geschichte
Das Mittelalter
Materialien zur Geschichte und Geschichtskultur einer Epoche

Die Handreichungen wurde erarbeitet von:
Jürgen Walther
unter Mitarbeit der Verlagsredaktion

Redaktion: Dr. Christine Keitz
Bildassistenz: Dagmar Schmidt
Umschlaggestaltung: Ulrike Kuhr (Umschlagbild: Darstellung aus dem Krönungsordo der Könige von Frankreich, 1250; Paris, Bibliothèque Nationale, Ms. lat. 1246, fol. 4)
Technische Umsetzung: Uwe Rogal, Berlin

www.cornelsen.de

1. Auflage, 1. Druck 2008

Druck: H. Heenemann, Berlin

ISBN 978-3-06-064350-9

Inhalt gedruckt auf säurefreiem Papier aus nachhaltiger Forstwirtschaft.

Inhalt

Zur Gesamtkonzeption der Reihe *Kurshefte Geschichte* 4

Die Elemente der Kapitel und die Angebote der Serviceseiten im Schülerbuch 5

Zur didaktischen Konzeption des Kursheftes Geschichte „Das Mittelalter" 6

Erläuterungen zu den Materialien des Schülerbandes

SB	5–15	Kapitel 1:	„Finsteres" oder „modernes" Mittelalter?	10
SB	16–27	Kapitel 2:	Grundzüge der Epoche: Periodisierungen und Räume – Zeitverständnis und Weltbilder	23
SB	28–46	Kapitel 3:	Annäherungen an „das Fremde": Zur Mentalität der Menschen im Mittelalter	33
SB	47–70	Kapitel 4:	Auf dem Lande – eine verlorene Welt der Stabilität?	47
SB	71–104	Kapitel 5:	Die europäische Stadt im Mittelalter	64
SB	105–129	Kapitel 6:	Politische Herrschaft im Früh- und Hochmittelalter	88
SB	130–151	Kapitel 7:	Politische Herrschaft im Spätmittelalter: Auf dem Weg zum modernen Staat?	106
SB	152–180	Kapitel 8:	Weltliche und geistliche Macht: Papst und Kaiser im Mittelalter	120
SB	181–203	Kapitel 9:	Das Zusammenleben der Religionen: Christentum, Judentum, Islam	143
SB	204–220	Kapitel 10:	Krise oder Aufbruch im Spätmittelalter? Pest und Renaissance	159

Aktuelles: www.cornelsen.de/aktualitaetendienste
Linktipps: www.cornelsen.de/internet-lotse

Zur Gesamtkonzeption der Reihe *Kurshefte Geschichte*

Die ***Kurshefte Geschichte*** sind thematisch orientierte Quellensammlungen für den Geschichtsunterricht der Sekundarstufe II. Die Reihe legt bei der Themenwahl den Schwerpunkt auf epochenbezogene Läng schnitte und eignet sich für Grund- und Leistungskurse.
Im Zentrum der problemorientierten Kapitel stehen die umfangreichen Quellensammlungen. Gemeinsam mit den kurzen Darstellungstexten sowie den Sonderseiten „Themen und Methoden" und „Weiterführende Arbeitsanregungen" verstehen sie sich als Angebote für einen methoden-, handlungs- und gegenwarts orientierten Geschichtsunterricht in der Oberstufe.
Darüber hinaus wollen die ***Kurshefte Geschichte*** bei den Schülerinnen und Schülern historisch-politische Interessen wecken und das selbstständige Arbeiten fördern. Aus diesem Grund gehört zu jedem Heft ein umfassender Serviceanhang und das Internet wird an ausgewählten Stellen der Kapitel thematisch gezielt mit eingebunden.

Die ***Titel der Reihe Kurshefte Geschichte*** decken alle Zeiträume von der Antike bis zur Gegenwart ab und berücksichtigen regionale, nationale, europäische und außereuropäische Handlungs- und Kulturräume, z. B.:
- Demokratie in Athen: Die attische Demokratie – Vorbild der modernen Demokratie?
- Das Römische Reich: Politik und Alltag
- Das Mittelalter: Materialien zur Geschichte und Geschichtskultur einer Epoche
- Europa und die Welt um 1500
- Die Französische Revolution
- Revolutionen in Europa: 1789 – 1917 – 1989
- Industrielle Revolution und Moderne um 1900
- Die Russische Revolution
- Die Weimarer Republik: Politik und Gesellschaft in Zeiten des Umbruchs
- Der Nationalsozialismus: Die Zeit der NS-Herrschaft und ihre Bedeutung für die deutsche Geschichte
- Deutschland nach 1945
- Europa im 20. Jahrhundert: Die europäische Einigungsbewegung und das Europa der Menschen- und Bürgerrechte
- China: Kaiserreich und Moderne
- Die islamische Welt und Europa
- Die Geschichte der USA

Hilfen für Lehrerinnen und Lehrer bieten die ***Handreichungen für den Unterricht***. Sie erscheinen zu jedem Titel der Reihe und enthalten Erläuterungen und Tafelbilder zu allen Materialien eines Heftes.

Die Elemente der Kapitel und die Angebote der Serviceseiten im Schülerbuch

Darstellungen

Jedes Kapitel beginnt mit einer kurzen Darstellung, die in Probleme und Hintergründe des Kapitelthemas einführt.

Kästen „Hinweise zur Arbeit mit den Materialien"

Um Themenschwerpunkte gemeinsam mit dem Kurs festzulegen, gehen dem Materialteil „Hinweise zur Arbeit mit den Materialien" voraus. In den farbig unterlegten Kästen werden die Auswahl der Quellen erläutert, die Themen der Sonderseiten vorgestellt und Anregungen für Leitfragen, Methodenschwerpunkte und Partner- oder Gruppenarbeiten gegeben.

Materialteile

Die umfassenden Materialteile berücksichtigen geschichtliche Zeugnisse aller Art: autobiografische Texte, interne Protokolle, Reden, Gesetze, Zeitungsberichte, Karikaturen, Gemälde, Plakate, Skulpturen, Fotografien, Statistiken, Sekundärtexte. Einzeln oder thematisch gruppiert und durch Arbeitsaufträge verknüpft, können sie vertiefend, erweiternd oder kontrastierend eingesetzt werden; auch bieten sie Anregungen für ideologiekritische und theoriegeleitete Verfahrensweisen. Der Zugriff auf die verschiedenen Dimensionen der Geschichte – Politik, Gesellschaft, Wirtschaft, Kultur, Alltag, Umwelt, Geschlechterrollen – wird in den Kapiteln unterschiedlich gewichtet.

Sonderseiten „Themen und Methoden"

Unter der Rubrik „Themen und Methoden" werden auf den gelb umrandeten Seiten Materialien für die fachspezifische Methodenarbeit angeboten (Rubrik „Methoden") und interessante Zugriffsweisen vorgestellt, z. B. Fallanalysen (Rubrik „Themen").

„Weiterführende Arbeitsanregungen"

Die letzte Seite eines Kapitels (farbig unterlegt) setzt die Schwerpunkte bei der Handlungs- und Gegenwartsorientierung. Hier finden sich Anregungen für Hausarbeiten, Exkursionen, Internetrecherchen, fächerverbindende Themen, Projekte und Präsentationen.

„Zur Wiederholung und Abiturvorbereitung"

Die erste Serviceseite des Anhangs bietet Arbeitsaufträge, die bei der Vorbereitung auf das schriftliche und mündliche Abitur helfen. Eine Probeklausur, die in einem der Kapitel als „Methodensonderseite" gestaltet ist, kann ergänzend hinzugezogen werden.

Facharbeiten

Zu der Frage „Wie und zu welchem Thema schreibe ich eine Facharbeit?" finden Schülerinnen und Schüler Tipps und Anregungen auf einer weiteren Extraseite im Serviceteil.

Zeittafel, Begriffslexikon, Personenlexikon, Sachregister

Um die Auseinandersetzung mit historischen Fachbegriffen und den Zugang zu Daten und biografischen Informationen zu erleichtern, enthält der Anhang eine Zeittafel, ein Begriffslexikon, ein Personenlexikon und ein Sachregister.

Fachliteratur, Internethinweise und Hilfsmittel für Präsentationen und Projekte

Ein methoden- und handlungsorientierter Unterricht bedarf der Stützung durch Print- und elektronische Medien. Hinweise und Tipps finden sich ebenfalls im Serviceteil.

Zur didaktischen Konzeption des Kursheftes „Das Mittelalter"

Problemaufriss und Themenschwerpunkte

Das „entzweite Mittelalter": Der Historiker Otto Gerhard Oexle hat den Begriff des „entzweiten Mittelalters" für die grundsätzliche Aufspaltung in ein positives und ein negatives Bild dieses Zeitalters geprägt. In den unterschiedlichen Bewertungen des Mittelalters, die seit dem Durchbruch der bürgerlichen Gesellschaft an der Wende vom 18. zum 19. Jahrhundert die historische Diskussion bestimmen, spiegeln sich kontroverse Urteile über die Gewinne und Verluste in der modernen europäischen Welt. Sehen die einen in der beschleunigten Modernisierung nur Niedergang und Verfall einer friedlichen und harmonischen Welt, kritisieren andere die Unterdrückung des Individuums durch die mittelalterliche Kirche und Ständegesellschaft. Auch und gerade heute scheint dieses widersprüchliche Mittelalterbild und die davon ausgehende Faszination ungebrochen zu sein, wie sich in einer Flut von Mittelalterromanen, Fernsehsendungen, Ritterspielen, Museumsevents usw. zeigt. Dabei handelt es sich jedoch allzu oft um Projektionen, die eher etwas über die Bedürfnisse, Ängste und Wünsche der heutigen Menschen aussagen. Denn das Mittelalter tritt uns bei näherer Beschäftigung zunächst als „das Fremde" schlechthin entgegen, das sich erst im hermeneutischen Prozess der Annäherung entschleiert und die Wurzeln preisgibt, die in die Gegenwart reichen. Geschichtskulturelle Wahrnehmungen und Verarbeitungen des Themas Mittelalter werden daher in dem vorliegenden Heft an geeigneten Stellen aufgegriffen.

Die Wurzeln Europas: Der zweite Zugang zum Thema Mittelalter liegt heute in der Konzeption dieser Epoche als „Kindheit Europas". Zum einen spielt dieser Gedanke im europäischen Einigungsprozess der Gegenwart eine zentrale Rolle. Zum anderen steht diese Vorstellung hinter den zahlreichen Versuchen, die „abendländische Kultur" von „außereuropäischen Einflüssen" abzugrenzen, z. B. in der Diskussion um eine EU-Mitgliedschaft der Türkei, in der Debatte um die Integration von Ausländern in der Bundesrepublik Deutschland oder in den Auseinandersetzungen um die Thesen des amerikanischen Politologen Samuel P. Huntington vom „Clash of Civilizations". Eine unvoreingenommene Beschäftigung mit den mittelalterlichen Wurzeln könnte vorgefasste Meinungen ebenso relativieren und manche Debatte versachlichen wie die bewusste Gegenüberstellung von Ergebnissen historisch-kritischer Untersuchungen einerseits und geschichtskulturellen Rezeptionen andererseits.

Themenschwerpunkte: Das *Kursheft* ist multiperspektivisch angelegt und bietet die Möglichkeit, verschiedene Schwerpunkte zu setzten. Die Arbeitsaufgaben zu den sehr unterschiedlichen Materialien stellen immer wieder auch Bezüge zur Gegenwart her, sodass die Bedeutung der Problemstellungen nicht nur für das Mittelalter, sondern auch für die heutige Gesellschaft, den modernen Staat und die Lebenswelt der Schülerinnen und Schüler deutlich wird.

Schwerpunkt Wirtschaftsgeschichte

Für einen wirtschaftsgeschichtlichen Schwerpunkt können die beiden großen Kapitel zum Landleben (Kapitel 4) und zum Leben in der Stadt (Kapitel 5) vergleichend gegenübergestellt werden.

Schwerpunkt Politik- und Herrschaftsgeschichte

Diese Dimensionen werden insbesondere in den Kapiteln 5 bis 8 behandelt:

- In Kapitel 5 stehen herrschaftsgeschichtliche Aspekte der Stadt als eines besonderen Rechtsraumes im Zentrum der Untersuchung.
- Die Kapitel 6 und 7 thematisieren Strukturen und Entwicklungen politischer Herrschaft im Früh-, Hoch- und Spätmittelalter.
- Kapitel 8 beschäftigt sich mit der für das Abendland und die westliche Welt bis heute prägenden Trennung von weltlicher und geistlicher Macht.

Schwerpunkt Kulturgeschichte

Sozial-, religions- und mentalitätsgeschichtliche Themen, die im Vergleich und im Kontrast von historischem Geschehen und gegenwärtigen Prozessen analysiert werden können, stehen im Zentrum der Kapitel 2, 3, 4, 5, 9 und 10. Dabei werden die verschiedenen sozialen und gesellschaftlichen Gruppen des Mittelalters (Klerus, Adel, Bauern, Stadtbewohner, Frauen und Männer; Kapitel 2 bis 5) ebenso berücksichtigt wie das Zusammenleben der Religionen (Kapitel 9) oder mentalitätsgeschichtliche Wandlungen, wie z. B. die Krisenerfahrungen in der Zeit der Großen Pest oder die Umbrüche im Denken der Menschen in der Epoche der Renaissance (Kapitel 10).

Schwerpunkt Spätmittelalter

Für eine Unterrichtsreihe zum Spätmittelalter könnten folgende Teilthemen untersucht werden:

Die Stadt im späten Mittelalter – Städte als Machtfaktoren im Reich – Das Europa der Kaufleute – Die Auflösung der Hanse – Die städtische Gesellschaft	Kapitel 5, S. 71–104: *Die europäische Stadt im Mittelalter* Kapitel 7, S. 130–151: *Politische Herrschaft im Spätmittelalter*
Die Kirche zwischen Universalitätsanspruch und Spaltung – Päpstlicher Machtanspruch – Das Große Abendländische Schisma – Zwischen Reform und Revolution: Jan Hus – Die Franziskaner und der Armutsstreit	Kapitel 8, S. 152–180: *Weltliche und geistliche Macht: Papst und Kaiser im Mittelalter*
Der Schwarze Tod und die Folgen – Die Ausgangssituation – Die Pestepidemie – Wirtschaftliche und soziale Folgen der Pest – Die Pest – Menschheitstrauma bis heute	Kapitel 10, S. 204–220: *Krise oder Aufbruch im Spätmittelalter? Pest und Renaissance*

Zum Einsatz der Materialien in den einzelnen Kapiteln

Siehe dazu im Schülerbuch die Hinweise in den Kästen am Anfang der Materialteile.

Zur Wiederholung und Abiturvorbereitung

Siehe dazu die Arbeitsvorschläge im Schülerband S. 221.

Facharbeiten

Tipps und Themen für Facharbeiten sind im Schülerband S. 223 abgedruckt.

Fachmethodische Schwerpunkte

Vorwissentest zum Mittelalter	S. 8
Quellen aus dem Mittelalter? Eine Spurensuche	S. 6 f.
Quelleninterpretation I: Eine mittelalterliche Textquelle interpretieren	S. 65–67
Quelleninterpretation II: Bilder als Quellen – Herrscherbilder der Ottonen	S. 120 f.
Englischer Text: *„Is medieval history relevant?"*	S. 15
Übung zur Präsentation	S. 68 f.
Probeklausur: Krise oder Aufbruch im Spätmittelalter?	S. 219

Geschichtskultur, Gegenwartsbezüge

Faszination Mittelalter	S. 9–11
Das Mittelalter – Fremdheit oder Nähe?	S. 11–13
Lebensrisiken – im Mittelalter und in der Gegenwart	S. 44 f.
Heinrich der Löwe im Geschichtsbild der NS-Zeit	S. 129
Machtkontrolle in europäischen Staaten: Das Mittelalter aus der Perspektive der Gegenwart	S. 145–148
„Jenseits der Staaten": Europaideen des Mittelalters	S. 149 f.
Der Gang nach Canossa in der Nachwelt	S. 180
Auf der Suche nach religiöser Toleranz: Die Ring-Parabel im Mittelalter und in der Aufklärung	S. 200–202
Seuchengefahren in der Gegenwart?	S. 213 f.
Seuchen – ein Menschheitstrauma im historischen Längsschnitt	S. 220

Referate, Hausarbeiten, Präsentationen, handlungsorientierte und fächerverbindende Angebote

Menschen im Mittelalter – Biografien als „Fenster in die Vergangenheit"	S. 46
Burgenbau als archäologisches Experiment	S. 70
Die Entstehung einer mittelalterlichen Stadt	S. 78, Aufg. 6
Die Bedeutung von Bildung und Wissenschaft – im Mittelalter und heute	S. 83, Aufg. 17
Die 1980 gegründete neue Hanse – eine Form der Aneignung von Vergangenheit	S. 95, Aufg. 37
Die Geschichte einer Stadt auf ihrer offiziellen Internetseite	S. 103, Aufg. 45
Städte im Mittelalter – Europa im Vergleich mit anderen Kulturräumen	S. 104
Fälschungen im Mittelalter	S. 114, Aufg. 9
Könige und Kalifen	S. 117, Aufg. 15
Deutsche und Polen	S. 128, Aufg. 29
Mittelalterliche Vorläufer der französischen Nationalversammlung	S. 135, Aufg. 4
Das britische Parlament – Wiege der europäischen Demokratie?	S. 137, Aufg. 6
Der Reichstag vom Mittelalter bis zur Neuzeit – ein Ort politischer Partizipation?	S. 148, Aufg. 16
Der Föderalismus in Deutschland – Vorträge	S. 151
Die Bedeutung des Erzbischofs Bruno für Kaiser Otto I. und seine Rolle in der Reichsgeschichte	S. 159, Aufg. 6
Aktuelle Reformbewegungen in den Kirchen oder den islamischen Gemeinden Deutschlands	S. 161, Aufg. 9
Die Bedeutung der Inquisition in der mittelalterlichen Ketzerverfolgung	S. 179, Aufg. 32
Saladin – muslimischer Widerstandskämpfer oder idealer Herrscher?	S. 188, Aufg. 4

Kapitel 1: „Finsteres" oder „modernes" Mittelalter?

Vorbemerkung zur didaktischen Konzeption des Einleitungskapitels:
Der knappe Darstellungstext auf S. 5 führt zur Leitfrage „finsteres" oder „modernes" Mittelalter hin.

M1, S. 5
Titelbild aus „Der Spiegel", 2005

„Der Spiegel" fügt hier zwei Bilder des Hieronymus Bosch (um 1450–1516) zusammen. Die Leser werden durch die kontrastierenden Bilder und durch die eingefügten Zeilen „Zwischen Himmel ..." „... und Hölle" vor allem visuell auf die widersprüchliche Wahrnehmung des Mittelalter hingelenkt.
Beim Bildausschnitt vom „Der Heuwagen" (links) handelt es sich um den Mittelteil eines Triptychons. Dargestellt wird das Leben der aus dem Paradies vertriebenen Menschen. Bosch greift das flämische Sprichwort auf: „Die Welt ist ein Heuhaufen, jeder nimmt davon, was er erraffen kann." Das Bild hängt im Museo Nacional del Prado in Madrid.
„Das jüngste Gericht" (rechts) ist ebenfalls ein Triptychon und befindet sich in der Galerie der Akademie der Bildenden Künste in Wien. Auch hier wird der Mittelteil ausgewählt. Das wichtigste Anliegen Boschs ist die Darstellung der sündigen Menschheit. Er zeigt die am Tag des Jüngsten Gerichts in der Vorhölle gemarterten Menschen. Nicht zu erkennen ist die im oberen Teil dargestellte Gruppe mit Christus als Weltenrichter im Zentrum, Maria links neben ihm und Johannes der Täufer auf der rechten Seite. Flankiert wird die Gruppe von jeweils zwei Engeln und sechs Aposteln.

Arbeitsbereich I: Spurensuche zu mittelalterlichen Quellen

Zur Auswahl und Anordnung der Materialien M2–M14:
Es geht bei der Spurensuche, ausgehend von rudimentären Vorkenntnissen aus der Sekundarstufe I, um eine erste Annäherung
- an die Quellen dieser Epoche
- und, davon abgesetzt, an die Bilder und Deutungsmuster vom Mittelalter aus späteren Epochen, insbesondere dem 19. Jahrhundert und der Gegenwart.

Den Schülerinnen und Schülern sollte dieser grundlegende Unterschied gleich zu Beginn der Kursarbeit bewusst werden.
Mit Ausnahme des Sachsenspiegels (M12) sind die Quellen im Schülerband zeitlich grob geordnet, damit die Zuordnung leichter wird.

M2, S. 6
Abteikirche des Klosters Maria Laach in der Eifel

Begonnen 1093 mit Gründung des Klosters, vollendet 1216. Der Kirchenbau ist beispielhaft für den romanischen Baustil, der das europäische Mittelalter vom 10. bis 12. Jahrhundert in Deutschland, Südengland, Frankreich, Nordspanien, Norditalien geprägt hat. Die hier abgebildete Fotoaufnahme stammt von 1987.
Weitere Informationen: *www.maria-laach.de*

M3, S. 6
Der erste Satz aus einem Urbar des Klosters Saint-Germain-des-Prés, vor 829

Umschrift:
Habet ibi de prat[o] arip[ennos] XLIII ubi poss[unt] colligi de feno carra CXX.

Deutsche Übersetzung:
Es [das Kloster Saint-Germain-des-Prés] besitzt dort [in Nogent] 43 aripenni Wiesen, von denen 120 Fuder Heu geerntet werden können.
Urbare sind mittelalterliche Güterverzeichnisse, in denen die Besitzungen z. B. eines Klosters und die Verpflichtungen der Grundhörigen aufgeführt sind. Hier sind es Besitzungen in Nogent. Aripenni ist ein Flächenmaß, das regional unterschiedlich festgelegt war; das genaue Maß ist nicht bekannt.
Das vorliegende Urbar ist in Lateinisch abgefasst. Das Lateinische war im europäischen Mittelalter die überregionale Sprache, die in der Kirche, der Wissenschaft, der Politik und der Verwaltung verwendet wurde. Die Volkssprachen, also die verschiedenen europäischen Muttersprachen wie z. B. das Französische oder das Deutsche, begannen sich im europäischen Mittelalter in diesen Bereichen nur langsam durchzusetzen.
Weitere Informationen: Ludolf Kuchenbuch, Grundherrschaft im frühen Mittelalter, Idstein 1991.

M4, S.6
Straßburger Eide, 842

Detail aus einer handschriftlichen Überlieferung des Geschichtswerks von Nithart *Historiarum libri quatuor* (vor 844) mit einem Auszug aus den Straßburger Eiden von 842.
Umschrift:
Si Lohuuigs sagrament, que son fadre Karlo iurat, conservat et Karlus meos sendra de suo part non los tanit, si io returnar non l'int pois: ne io ne neuls, cui eo returnar int pois, in nulla aiudha contra Loduuuig non li iuer.
Die altfranzösischen Passagen der Straßburger Eide sind das erste überlieferte Dokument in französischer Sprache.
Übersetzungen einzelner Wörter ins Neufranzösische:

sagrament	le sacrement
que son fadre Karlo	que son fère Karl
iurat	jure
et	et
non los tanit	ne le tient pas
si io	si je
aiudha	aide

Deutsche Übersetzung:
Wenn Ludwig den Eid, den er seinem Bruder Karl schwört, hält und Karl mein Herr ihn seinerseits nicht hält, wenn ich ihn davon nicht abbringen kann, werde weder ich noch irgendeiner, den ich davon abbringen kann, ihn gegen Ludwig irgendeinen Beistand geben. [„Ich" ist in dieser Passage ein Gefolgsmann aus dem Heere Karls. Vereinfacht formuliert: Wenn Ludwig den Eid hält, mein Herr Karl jedoch nicht, werde ich ihn nicht gegen Ludwig unterstützen.]
Zum Hintergrund: Nach dem Tod Karls des Großen folgte Ludwig der Fromme als König und Kaiser. Dessen Söhne, Karl, Ludwig und Lothar, kämpften später um das Erbe ihres Vaters. Beim Zusammentreffen von Karl und Ludwig in Straßburg 842 verschworen sich beide gegen Lothar. In der althochdeutschen und altfranzösischen Volkssprache des jeweils anderen Heeres schworen sich die beiden Könige Treue.
Zum Autor: Nithart (ca. 790–844) war ein Enkel Karls des Großen. In seinem in Latein verfassten Geschichtswerk *Historiarum libri quatuor* überlieferte er die in altfranzösischer und althochdeutscher Volkssprache abgegebenen Eide.
Weitere Informationen: Reinhold Rau (Bearb.), Quellen zur karolingischen Reichsgeschichte, Teil 1, Darmstadt 1966.

M5, S.6
Abschlussstrophe aus einem Lied von Walther von der Vogelweide, um 1200

Übersetzung ins Neuhochdeutsche:
Wer auch immer behauptet, dass Liebe Sünde sei,
der soll sich das vorher gut überlegen.
Sie enthält vieles, was Ansehen bringt
und wovon man zu Recht Nutzen haben soll,
und daraus entstehen viel Treue und Glück.
Dass jemand irgendwann Schlechtes tut, das will sie nicht.
Die falsche Liebe meine ich damit nicht: diese kann man besser als ‚Unliebe' bezeichnen,
und sie werde ich stets hassen.

Zit. nach: Deutsche Gedichte des Mittelalters, ausgewählt, übersetzt und erläutert von Ulrich Müller, Gerlinde Weiss, Stuttgart (Reclam jun.) 1993, S. 137.

Zum Autor: Walther von der Vogelweise galt als einer der herausragendsten Sänger und Lyriker des Hochmittelalters. Allerdings ist über den Autor wenig bekannt: Aufgewachsen in Österreich stand er in wechselnden Dienstverhältnissen von Königen und Landesfürsten des Heiligen Römischen Reiches. Sei-

ne letzten datierbaren Texte verweisen auf die Zeit um 1228. Im 19. Jahrhundert wurde er zum deutschen Nationaldichter stilisiert und ideologisch für nationalistische Zwecke vereinnahmt.
Zum Hintergrund: Seit etwa 1100 bekam der Klerus als Kulturträger zunehmend Konkurrenz durch weltliche Eliten, vor allem in der sich herausbildenden Stadtkultur. Die Welt und alles Weltliche wurde – wie schon in der Antike – neben Religion, Glauben und Kirche als eigener Wert angesehen. Das Diesseits und die Gestaltung des Lebens in ihm gewannen gegenüber der Fixierung auf das Jenseits und das Seelenheil an Bedeutung; Individuum und Innerlichkeit wurden neu entdeckt. An die Stelle religiöser Gemeinschaftslyrik trat die weltliche Lyrik mit der Aussage eines „Ichs", eines Individuums. „Ein kleiner Teil dieser epochalen Entwicklungen war die sich herausbildende neue weltliche Dichtung, die nicht mehr nur Religiöses und die Beziehungen zu Gott thematisierte, sondern auch diejenigen zwischen einzelnen Menschen sowie zur Gesellschaft. In ihr stellen die neuen Führungsschichten ihre Wertvorstellungen, Wünsche und auch Ängste dar oder ließen sie darstellen, und zwar gleichermaßen zur Unterhaltung, Belehrung, Selbstbestätigung und Repräsentanz." *(Ulrich Müller, Einleitung, in: Deutsche Gedichte des Mittelalters, ausgewählt, übersetzt und erläutert von Ulrich Müller, Gerlinde Weiss, Stuttgart [Reclam jun.] 1993, S. 34.)* Auch in der Liebeslyrik wurden die Bezüge zu Gott, zum Jenseits, zur Sünde und zur Reue ersetzt durch Beschreibungen zwischenmenschlicher Beziehungen – von derber Erotik bis zum sublimierenden „Minnesang". Zum Publikum jener Zeit zählten die Bewohner adliger Höfe, die Menschen in Städten und manchmal auch Klöstern.

M6, S.6
Chor der Kirche Saint-Denis im Norden von Paris

Die Kirche wurde im 12. Jahrhundert zur gotischen Kirche umgestaltet und zur Grablege der französischen Könige bestimmt. Der 1144 geweihte neue Chor von Saint-Denis wurde zum Vorbild zahlreicher französischer Chorumbauten im Stile der Gotik, die (nach der Phase der Romanik; vgl. M1) die mitteleuropäische Baukunst vom 12. bis 14. Jahrhundert prägte.
Die hier abgebildete Fotoaufnahme stammt aus den 1990er-Jahren.

M7, S.6
Bibliothek aus dem islamischen Kulturraum, arabische Buchillustration, 1237

Buchillustration von Yahya al-Wasiti, Bagdad, 1237, für das arabische Buch „Maqamat" (Unterhaltungen) von al-Hariri von Basra (1054–1122).
Die Illustration zeigt das Innere einer öffentlichen Bibliothek.
Zum Buch: Al-Hariris Schelmen- und Gaunerroman war ein „Bestseller" der Unterhaltungsliteratur im islamischen Kulturraum während des Mittelalters und wurde in immer neuen illustrierten Ausgaben herausgegeben.
Zum Hintergrund: Seit Gründung eines islamischen Staatswesens durch den Propheten Mohammed auf der Arabischen Halbinsel hatte sich die islamische Herrschaft unter den ersten Kalifen rasch ausgedehnt. Zu Beginn des 8. Jahrhunderts reichte sie von Afghanistan im Osten bis an die Atlantikküste Nordafrikas im Westen. 711 setzten muslimische Heere auf die Iberische Halbinsel über und begründeten die islamische Herrschaft in Spanien (711–1492). Im Osten Europas büßte das Byzantinische (= christlich-orthodoxe) Reich durch die islamische Expansion nach und nach sein Herrschaftsgebiet ein; die Eroberung Konstantinopels durch die muslimischen Türken 1453 brachte es schließlich am Ende des Mittelalters zu Fall.
Die Großstädte in den verschiedenen Teilreichen des islamischen Kulturkreises, Alexandria, Damaskus, Aleppo, Samarra, Bagdad und Cordoba, waren im 12./13. Jahrhundert hoch entwickelte Wirtschafts- und Kulturzentren mit mindestens 200 000 bis 400 000 Einwohnern (Paris hatte als größte westeuropäische Stadt erst um 1400 ca. 275 000 Einwohner). Bei der Beurteilung der Leistungen der muslimischen Kultur ist mittlerweile unstrittig, dass sich die europäischen Naturwissenschaften und die Philosophie ohne die arabisch-islamische Kultur aus der Zeit zwischen ca. 1100 und 1300 nicht so hätten entwickeln können, wie sie es taten.
Zur Frage des Kulturtransfers und zur Bedeutung der islamischen Kultur für Europa urteilt allerdings der Historiker Peter Feldbauer im Zusammenhang mit den Kreuzzügen differenzierter:
„Allmählich setzte sich bei manchen Westeuropäern die Einsicht durch, dass man die arabisch-islamische Welt in allen Punkten unterschätzt hatte. […] Während am östlichen Hauptschauplatz der Kreuzzugsbewegung nur relativ wenig Wissens- und Kultur-

transfer zwischen islamischer Welt und christlichem Westeuropa zustande kam, erfolgte in anderen Konflikt- und Kontaktzonen eine intensivere Aneignung muslimischer Kenntnisse, die in ihrem Umfang bisweilen grandios übersteigert oder aber zum ‚arabischen Erbe' uminterpretiert werden (Hunke), die aber sicherlich einen wichtigen Beitrag zur westlichen Wissenschafts-, Kultur- und Wirtschaftsentwicklung seit dem Spätmittelalter geleistet haben. Neben den venezianischen Kolonien im östlichen Mittelmeerraum und [...] Sizilien war es insbesondere die Iberische Halbinsel, wo die Weitergabe islamischen und damit auch antiken Wissens an das feudale Europa erfolgte." *(Peter Feldbauer, Die islamische Welt im Zeitalter der Kreuzzüge [1996], zit. nach: http://vgs.univie.ac.at/VGS_alt/b9631p.html [7. Jan. 2008]).*

M8, S.6
Chinesen beim Drucken mit beweglichen Lettern, chinesische Zeichnung, um 1300

Verwendet wurden rotierende Setzkästen. Der „Ansager" nannte dem Setzer die Nummern der Zeichen, die dieser mit einer Bambuspinzette aus den Kästen nahm und in ein Tablett legte. Ein Gehilfe trug die Lettern zum Drucker, der sie in den Rahmen setzte. Überliefert ist, dass die Lettern anfangs aus Keramik, später aus Holz bestanden.

Zum Hintergrund: Zwischen dem 11. und 13. Jahrhundert hatten sich in China grundlegende Veränderungen in allen Lebensbereichen vollzogen. Beobachtungen, Überlegungen und Versuche führten in jener Epoche zu Ergebnissen, die sie als eine der wissenschafts- und technikhistorisch kreativsten Zeiten in der Geschichte der Menschheit ausweisen. Viele der Entdeckungen, Erfindungen und Verbesserungen – wie zum Beispiel das Schießpulver, der Kompass, der Druck mit beweglichen Lettern – erlangten einige Jahrhunderte später in Europa weltgeschichtliche Bedeutung. China selbst wurde hingegen nach dem 14. Jahrhundert von einer allgemeinen technischen und wissenschaftlichen Stagnation ergriffen, die bis heute nicht eindeutig zu begründen ist.

M9, S.7
Friedrich Barbarossa

Kaiser Friedrich I. Barbarossa (Mitte) mit seinen beiden Söhnen Heinrich VI. (links) und Friedrich von Schwaben (rechts) in einer Abbildung aus der Welfenchronik im Kloster Weingarten, entstanden zwischen 1185–1191.

Friedrich I. (Kaiser 1155–1190) trägt die Insignien seiner Kaiserherrschaft: Kaiserkrone, Reichsapfel und Zepter. Heinrich trägt als Mitregent (und designierter Kaisernachfolger) die Königskrone.

- Krone: Ausdruck der sakralen Würde eines Monarchen und seiner exklusiven Verbindung zum Göttlichen. Sie verweist auf die Herrschaftslegitimation.
- Reichsapfel: Zeichen monarchischer, allumfassender Herrschaft über die Erde (= Kugel). Das Kreuz auf dem Apfel verweist auf den Anspruch, Herrscher und Hüter der gesamten Christenheit zu sein.
- Zepter: Symbol der tatsächlichen kaiserlichen Machtausübung (der Antike entlehnt: Herrscherstab römischer Kaiser).

M10, S.7
Die ersten drei Strophen aus dem Gedicht „Barbarossa" von Friedrich Rückert (1788–1866), 1817

Zum Autor: Friedrich Rückert (Pseudonym Freimund Reimar), geboren am 16. Mai 1788 in Schweinfurt, gestorben am 31. Januar 1866 in Neuses bei Coburg, war im 19. Jahrhundert ein bekannter Dichter in Deutschland. Er gehört zu den Begründern der deutschen Orientalistik.

Zur Sage: Die Sage von Friedrich Barbarossa bezog sich zunächst auf Friedrich II., den Enkel Barbarossas. Erst Anfang des 16. Jahrhunderts wurde Friedrich I. Barbarossa als Sagenkaiser genannt.

Zum Hintergrund: Viele Dichter und Schriftsteller griffen die Sage auf, insbesondere seit dem späten 18. und im 19. Jahrhundert. Nach dem Ende des Heiligen Römischen Reiches Deutscher Nation 1806, nach den Befreiungskriegen gegen Napoleon 1813/14 und dem Aufschwung der Nationalbewegung suchten viele Menschen nach historischen Bezügen und Begründungen für die Einheit Deutschlands in einem Nationalstaat. In dieser Zeit, der Zeit der Romantik, kam es zur Ausbildung patriotischer Literatur und Dichtung, in der Gestalten und Ereignisse aus dem Mittelalter eine zentrale Rolle spielten.

Denn in Deutschland wie in anderen Ländern Europas waren Gelehrte und Dichter seit Ende des 18. Jahrhunderts der Auffassung, dass die wahre Bestimmung der Menschheit oder eines Volkes am deutlichsten in der Frühzeit erkennbar sei. Im romantischen Deutschland wurden insbesondere die Herrschaft des mittelalterlichen Kaisertums, die angeblich harmonische Ständegesellschaft des Mittelalters und die Einheit der Christenheit in der universalen, „katholischen" Kirche völlig verklärt.

M 11, S. 7
Auszug aus dem Werk „Die Christenheit und Europa" des Dichter Novalis (1722–1801), 1799

Zum Autor: Novalis, eigentlich Georg Friedrich Philipp Freiherr von Hardenberg, geboren am 2. Mai 1772 auf Schloss Oberwiederstedt im Südharzgebiet, gestorben am 25. März 1801 in Weißenfels, gehörte zu den deutschen Dichtern der Frühromantik, war Philosoph und Bergbauingenieur.
Zum Hintergrund: siehe Anmerkungen zu M 10.

M 12, S. 7
Zeichnung aus einer Handschrift des Sachsenspiegels, ca. 1330

Zum Sachsenspiegel: Der Sachsenspiegel (Spiegel der Sachsen) stammt aus der Zeit 1220–1235 und ist eines der bekanntesten deutschen Rechtsbücher des Mittelalters. Solche Rechtsbücher entstanden vor allem im 13. Jahrhundert, als eine Normierung und schriftliche Niederlegung (= Kodifizierung) des Gewohnheitsrechts von Städten, Landgemeinden und anderen Korporationen einsetzte. Der Sachsenspiegel war ursprünglich von dem Ritter Eike von Repgau in Lateinisch verfasst worden, wenige Jahre später übersetzte er ihn ins Niederdeutsche.
Der Sachsenspiegel besteht aus zwei Teilen: dem Landrecht und dem Lehnsrecht.
Der Sachsenspiegel wurde in zahlreichen Handschriften verbreitet. Illustrierte Sachsenspiegel-Handschriften stammen erst aus dem 14. Jahrhundert.
Eine süddeutsche Bearbeitung des Sachsenspiegels ist der Schwabenspiegel (um 1275/76).
Zum Bild: Einem Mörder wird laut Urteil eine Hand abgehackt. Das Messer *(sax)* in seiner Hand zeigt an, dass es sich hier um einen Sachsen handelt.

M 13, S. 7
Ölgemälde von Karl Friedrich Schinkel (1781–1841), „Gotische Kirche auf einem Felsen am Meer", 1815

Zum Künstler: Karl Friedrich Schinkel, geboren am 13. März 1781 in Neuruppin, gestorben am 9. Oktober 1841 in Berlin, prägte als Multitalent entscheidend den Klassizismus in Preußen. Er war als Architekt, Bühnenbildner, Designer, Stadtplaner und Maler tätig.
Zum Hintergrund: Schinkel malte das Bild, als er im Zuge der Befreiungskriege gegen Napoleon von der vaterländisch-romantischen Stimmung in Deutschland ergriffen wurde und sich auf vermeintlich nationale Traditionen besann (vgl. die Hinweise zu M 10). Die effektvoll präsentierte Kirche ist im gotischen Stil gehalten, der im hochmittelalterlichen Frankreich seinen Ursprung hat (vgl. die Hinweise zu M 6). Die Kirche auf dem Gemälde Schinkels ist kein historischer Bau, sondern eine Erfindung Schinkels und bietet daher Raum für unbestimmte historische Projektionen. Anleihen an mittelalterliche Bauformen waren typisch für die Kunst der Romantik. Die seit dem 18. und im 19. Jahrhundert entstehenden englischen Landschaftsgärten mit ihren mittelalterlichen (Schloss- und Kloster-)Ruinen, die bewusst als solche errichtet wurden, stehen ebenfalls in dieser Tradition.

M 14, S. 7
Ritterspiele in Satzwey, Kreis Euskirchen, Fotografie, 2001

Das Bild ist ein Beispiel für eine „geschichtskulturelle" Aneignung des Mittelalters in der Gegenwart.

Aufgabe 1 a und b, S. 7

Methodisch-didaktischer Hinweis: Der vorgeschlagene Arbeitsauftrag 1 sollte von den Schülerinnen und Schülern ohne Kenntnis der Lösungen (siehe Anhang des Schülerbandes, S. 225) erledigt werden.
Lösung:
Mittelalterliche Quellen: M 2 bis M 9 und M 12
Material aus dem 19. Jahrhundert: M 10, M 11, M 13
Material aus der Gegenwart: M 14
Die ausführlichen Lösungshinweise (siehe oben) können abschließend an die Schülerinnen und Schüler verteilt werden.

Aufgabe 2a, S.7

Methodisch-didaktischer Hinweis: Die vorgeschlagene Hausaufgabe soll die Schülerinnen und Schüler – ausgehend von ihrem (rudimentären) Vorwissen – an die verschiedenen Arten mittelalterlicher Quellen heranführen und für die unterschiedlichen Quellenarten sensibilisieren:
- Bauten,
- Malerei (= Buchmalerei),
- diverse Arten Textquellen (Urkunde, Urbar, Lyrik).

Die Textquellen weisen darüber hinaus auf die Sprachprobleme im Umgang mit mittelalterlichen Quellen hin:
- insbesondere auf die Bedeutung des Lateinischen als Kirchen- und Wissenschaftssprache im westlichen Europa,
- auf die (sich wandelnden) Volkssprachen (die „Straßburger Eide" als erstes Dokument in französischer Sprache; ein Gedicht in Mittelhochdeutsch).

Aufgabe 2b, S.7

Methodisch-didaktischer Hinweis: Durch Aufnahme von Beispielen aus
- dem chinesischen und
- dem islamischen Kulturraum

sollen die Schülerinnen und Schüler für den Unterschied zwischen einer globalhistorischen, auch andere Kulturräume berücksichtigende Perspektive auf das Mittelalter, und einer europäischen Sicht auf diese Epoche sensibilisiert werden.
Als Diskussionsanregung kann folgende Frage dienen: Welche Probleme verbinden sich mit einer „eurozentristischen" Perspektive auf die Geschichte des Mittelalters?

Aufgaben 3 und 4, S.7

Methodisch-didaktischer Hinweis: Die Schülerinnen und Schüler sollen Quellen, die auf den ersten Blick „mittelalterlich" erscheinen, aber tatsächlich Mittelalterrezeptionen späterer Jahrhunderte darstellen, von originalen Mittelalterquellen unterscheiden lernen:
- *Aufgabe 3:* ein Beispiel aus der Gegenwart (eines der zahlreichen modernen Ritterspiele; weitere moderne Rezeptionen: Gralsromane, historische Spielfilme usw.);
- *Aufgabe 4:* ein Beispiel aus der Romantik des 19. Jahrhunderts (mit ihrer verklärenden Sicht; zu interpretieren vor dem Hintergrund des europäischen Nationalismus und der Nationalstaatsbewegungen).

Vertiefungsmöglichkeit I: Dimensionen der Geschichte wiederholen
Ergänzend können die Schülerinnen und Schüler die mittelalterlichen Quellen den Dimensionen der Geschichte zuordnen. Nach Prüfung der Zuordnung mithilfe der Lösungshinweise (siehe Anhang im Schülerband, S. 225; siehe Erläuterungen zu den Quellen M2–M9 und M12 – eventuell als Kopie) können sie wiederholend an die sechs zentralen Dimensionen von Geschichte herangeführt werden (siehe Tafelanschrieb). Dabei wird deutlich – doppelte Zuordnung ist z. T. möglich –, dass
- Quellen unter verschiedenen Fragestellungen ausgewertet werden können,
- die Aussagekraft von Quellen begrenzt ist,
- Quellen manchmal gar keine Antworten geben.

So lassen sich z. B. geschlechter- und umweltgeschichtliche Aspekte mit dem vorliegenden Material kaum erarbeiten.

TAFELANSCHRIEB

Zuordnung mittelalterlicher Quellen zu historischen Dimensionen

Historische Dimensionen	Quellenbeispiele
Politik und Herrschaft	M5, M6, M9
Wirtschaft	M3, M8
Soziales (soziale Gruppen)	M2, M7, M8, M12
Kultur (Religion, Bildung, Technik, Alltag)	M2, M3, M5, M6, M7, M8, M12
Geschlechter	
Umwelt	

Arbeitsbereich II: Vorwissentest

Lösungen zum Vorwissentest, S. 8

Aufgabe 1: B (1252)
Aufgabe 2: C (in der Frühen Neuzeit)
Aufgabe 3: A (Handwerksberuf mit Meistertitel)
Aufgabe 4: A (35 Jahre)
Aufgabe 5: C (Hanse)
Aufgabe 6: A (Königtum und Kirche)
Aufgabe 7: B (Muslime)
Aufgabe 8: B (1099)
Aufgabe 9: B (Brille)
Aufgabe 10: B (Kloster)
Aufgabe 11: B (Italien)
Aufgabe 12: B (System von persönlichen Leistungen und Diensten)
Aufgabe 13: C (Frondienst)
Aufgabe 14: B (öffentliche Verehrung einer adligen Dame)
Aufgabe 15: B (Romanik)

Notizen

Arbeitsbereich III: Zugänge zum Mittelalter

Zur didaktischen Konzeption des Materialteils M 15–M 18:

Die Materialien thematisieren verschiedene Zugänge zum Mittelalter. Nach den Möglichkeiten, im Zuge einer Spurensuche (siehe Methodensonderseite, S. 6f.) oder über einen Vorwissentest (Methodensonderseite, S. 8) an das Mittelalter heranzuführen, sollen anhand von M 15–M 17 verschiedene Mittelalterbilder thematisiert werden. Dabei ist das zentrale didaktische Anliegen, die Texte als Deutungsmuster und nicht als Tatsachen zu begreifen. Ferner dienen M 15–M 17 dazu, eigenständig Leitfragen für die Kursarbeit zu erarbeiten.

M 15 bis M 17 greifen von der Gegenwart auf das Mittelalter zu und bieten an drei Stationen

- lebensweltliche Zugriffe (TV-Fernsehserie in M 15 a und b; Zukunfts-/Bedrohungsszenario in einem journalistischen Text in M 16) und
- kognitive und begrifflich orientierte Herangehensweisen (Positionen von zwei Historikern, Goetz und Isenmann, in M 17 a und b).

M 18 a und b behandeln vergangene Deutungsmuster des Mittelalters und die Entstehung des Begriffs „Mittelalter"; M 18 a fasst die Entwicklung in Form eines Überblickstextes zusammen, M 18 b bietet einen Text aus der Romantik (von Novalis) als Beispiel.

Methodischer Schwerpunkt I: Umgang mit Nachschlagewerken

In diesem einleitenden Materialteil soll u. a. das Heranziehen von allgemeinen Lexika und der Umgang mit dem Begriffslexikon im Anhang des Schülerbandes geübt werden – grundlegend für die gesamte Kursarbeit und die Interpretation von Quellen und Sekundärtexten. Daher sind die entsprechenden Arbeitsaufträge auch z. T. ausführlicher formuliert. Da Schülerinnen und Schüler allzu schnell im Internet recherchieren, wurde an diesen Stellen bewusst darauf hingewiesen, zunächst mit Printlexika zu arbeiten (siehe Arbeitsauftrag 15 a). Empfohlen wird ein Gang in die Schülerbibliothek, um zu zeigen, wo allgemeine Konversationslexika wie Brockhaus, Meyers o. Ä. und Fremdwörterlexika stehen. Während der Kursarbeit sollten im Klassenraum das *Lexikon des Mittelalters* und *Konrad Fuchs/Heribert Raab, Wörter-*

buch zur Geschichte (evtl. auch *Wer regierte wann?* und *Der Große Ploetz*) greifbar sein.
Sinnvoll ist an dieser Stelle zugleich eine kritische Einführung in die Probleme beim Umgang mit der Internetseite Wikipedia.

Methodischer Schwerpunkt II: Heranführung an die Quelleninterpretation
Der Novalis-Text (M 18 b) kann genutzt werden, um die Schülerinnen und Schüler an die Interpretation schriftlicher Quellen heranzuführen bzw. um die Grundschritte der Interpretation aus der Sekundarstufe I zu wiederholen. Daher wurden die Arbeitsaufträge zum Novalis-Text detaillierter und engführend formuliert.
Didaktische Hinweise:
- Eine zweite Hinführung zur Quellenanalyse folgt in Kapitel 2 im Rahmen des Themas „Mittelalterliche Weltbilder" (siehe Schülerband, Kapitel 2, M 6–M 14, S. 22–26).
- Die systematische Einführung in den Umgang mit schriftlichen Quellen findet sich in Kapitel 4 (siehe Schülerband, Kapitel 4, Methodensonderseite, S. 65–67).
- Die systematische Einführung in den Umgang mit Bildquellen findet sich in Kapitel 6 (siehe Schülerband, Kapitel 6, Methodensonderseite, S. 120 f.).
- Eine Vertiefung des systematischen Umgangs mit Textquellen bietet Kapitel 7 (siehe Schülerband, Kapitel 7, M 8–M 11, S. 138–142).

M 15 a und b, S. 9 f.
Station I: Faszination Mittelalter

M 15 a und b sind dem Projekt „Abenteuer Mittelalter", einer TV-Produktion des MDR von 2005, gewidmet. Dabei imitiert eine Personengruppe sechs Wochen lang das Leben der Menschen im Jahr 1419 auf Schloss Burgk in Thüringen. Diese Materialien stehen beispielhaft für den „faszinierenden", nostalgischen wie erschütternden, Blick auf das Mittelalter, wie er in den heutzutage zahlreichen Mittelaltermärkten, Ritterspielen, Historienfilmen usw. zum Ausdruck kommt. Das Mittelalter wird hier zum theatralischen Raum, zur individuellen Projektionsfläche oder zur Inszenierung, die die widersprüchlichsten Bilder und Deutungsmuster vereinigen kann.

M 16, S. 10 f.
Station II: Das Vergangene als Zukunftsszenario

In M 16 referiert der Journalist und Politologe Christoph Bertram über zwei Aufsätze aus der internationalen Fachzeitschrift „Foreign Affairs" vom Mai/Juni 2006.
Das Mittelalter wird in den Aufsätzen als Bedrohungsszenario dargestellt. Es gibt allerdings keine genauere Darlegung, welches Bild vom Mittelalter oder welches Deutungsmuster zugrunde gelegt ist. Das Mittelalter erscheint als starre Einheit und wird implizit und undifferenziert als finster, dunkel und bedrohlich bewertet. Eine sachliche Beurteilung unterbleibt.
Das Fehlen oder der Wandel von Staatlichkeit, die Macht/Gewalt intermediärer Institutionen sind allerdings strukturelle Entwicklungen, die auch im Mittelalter (aber nicht nur in dieser Epoche) anzutreffen waren und tatsächlich heutzutage zu beobachten sind. Interessant wird dieses Bedrohungsszenario, wenn man es zusammen mit dem recht positiven europäischen Gesellschaftsbild der Gegenwart nimmt, wie es in dem kurzen Darstellungstext zum Einleitungskapitel (S. 5) als Kontrast zur mittelalterlichen Gesellschaft provokant aufscheint. M 16 kann dafür sensibilisieren, dass heutige Freiheit, staatliche Sicherheit, Demokratie, Wohlstand auf bestimmten Voraussetzungen beruhen, die nicht von Natur aus gegeben sind. Sie sind vielmehr historisch gewachsen, unterliegen dem Wandel und können mithin auch vergehen. Staatlichkeit kann auch zerfallen, Staaten können auch verschwinden, Freiheiten können auch eingeschränkt werden, Gesellschaften können auch auseinanderbrechen und sich entzivilisieren.

M 17 a und b, S. 11–13
Station III: Fremdheit oder Nähe?

M 17 a: Dieser Text steht beispielhaft für eine Richtung in der Mittelalterforschung (Borgolte, Boockmann, Goetz), die das Mittelalter als das „andere", das „fremde" Zeitalter betrachtet und die Relevanz des Mittelalters aus seiner „Alterität" postuliert.
Dieser Ansatz kann, wie andere, ideologiekritisch hinterfragt werden. Zum einen stammen viele Beispiele und Gegenstandsbereiche dieser Forschungsrichtung aus dem Früh- und beginnenden Hochmittelalter. Zum anderen: Wie in allen Bildungseinrichtungen Europas gerät die Mediävistik

wie andere geistes- und gesellschaftswissenschaftliche Fächer vor dem Hintergrund der Finanzprobleme öffentlicher Haushalte immer häufiger in Legitimationszwänge. Der Alteritäts-Ansatz könnte dabei zum Schlüssel für den Nachweis der Relevanz des Faches werden: Gespeist aus dem besonderen Interesse am „Fremden" im Zeitalter der Globalisierung sei das Mittelalter ein besonders eindrückliches Feld der „Fremderfahrung" – wobei möglicherweise direkte Verbindungen und Entwicklungslinien zu angrenzenden Epochen übersehen werden. (Siehe dazu auch die Methodensonderseite (S. 15) in englischer Sprache mit einem Auszug aus dem Kapitel „Is Medieval History Relevant?" von Marcus Bull, ebenfalls Anhänger des Alteritäts-Ansatzes: *Marcus Bull, Thinking Medieval. An Introduction to the Study of the Middle Ages, Palgrave Macmillan, 2005* – das Buch liegt noch nicht in deutscher Übersetzung vor).

M 17 b: Die Position von Isenmann stellt einen zweiten Ansatz aus der Geschichtsforschung dar, in dem pointiert mit Blick auf verschiedene Bereiche von Politik und Gesellschaft die Modernität des Mittelalters betont wird. Isenmanns Beispiele stammen aber weitgehend aus der zweiten Hälfte des Mittelalters und viele sind mit Entwicklungen verbunden, die mit dem begrenzten Bereich der Stadtgeschichte zu tun haben.

M 18 a und b, S. 13 f. Geschichte und Probleme des „Mittelalters" als Epochenbegriff

M 18 a: Der Text von Rexroth gibt einen knappen Überblick über die Entstehung der Epochenbezeichnung Mittelalter und die wichtigsten Deutungsmuster und Mittelalterbilder bis zur Gegenwart.

M 18 b: Der Text von Novalis – einen ersten Auszug haben die Schülerinnen und Schüler bereits auf der Methodensonderseite „Spurensuche", S. 7, kennengelernt – ist ein typisches Dokument aus der Romantik mit ihrer verklärten, nostalgischen Sicht auf das Mittelalter. Dieses Bild entstand in einer Zeit, in der das Mittelalter, insbesondere das Heilige Römische Reich Deutscher Nation, angeblich all das vereinte, was Novalis in seiner Zeit als verloren gegangen wahrnimmt (siehe die wiederholten Betonungen des „Einen" im Text).

Methodisch-didaktischer Hinweis: Der Rexroth-Text kann als vorbereitende Hausaufgabe aufgegeben und im Unterricht selbst der Novalis-Text gemeinsam gelesen und interpretiert werden. Der Novalis-Text sollte genutzt werden, um die Schülerinnen und Schüler in diesem Kurs an eine erste genauere Quelleninterpretation heranzuführen.

Notizen

Arbeitsbereich IV: Bilinguale und andere Vertiefungsmöglichkeiten

Vertiefungsmöglichkeit I: Bilinguales Modul

M 19, S. 15
Bull, Thinking Medieval (2005)

Die Methodensonderseite in englischer Sprache will – wie auch in den anderen Heften der Reihe *Kurshefte Geschichte* – der gestiegenen Bedeutung des Englischen als Wissenschafts- und Weltsprache Rechnung tragen, und zwar bewusst gleich am Anfang des Heftes bzw. der Kursarbeit.

Zur Auswahl des Textes: Er stellt didaktisch eine weitere Station des Zugangs zum Mittelalter dar. Im Hinblick auf das Grundverständnis des Textes können die Schüler dabei inhaltlich auf Vorwissen zurückgreifen, sofern sie bei Station III den Text von Goetz (M 17 a) gelesen haben: Auch Bull beantwortet die Frage nach der Relevanz des Mittelalters mit dem Hinweis auf die Möglichkeiten der „Alteritäts"-Erfahrungen, die vor allem in einer globalisierten Welt sinnvoll und nützlich sein sein können.

Ins Zentrum dieses Textauszuges rückt jedoch ein Aspekt, der vor dem Hintergrund der Auseinandersetzung um die Ergebnisse der PISA-Studie vor allem die geistes- und gesellschaftswissenschaftlichen Fächer – nicht nur, wie hier dargelegt, an den Universitäten, sondern auch – an den Schulen betrifft: die Gefahr, dass im Zuge einer allumfassenden Ökonomisierung der Lebenswelten und der durch Kompetenzmodelle forcierten Methodenwende alles, was nicht der „Jobfähigkeit" *(employability)* dient, seine Legitimation als Bildungsgut verliert bzw. zur austauschbaren Sache wird.

Vertiefungsmöglichkeit II: Geschichte – Konstruktion oder Rekonstruktion?

ZM 1.1
Goetz, Rekonstruktion und Konstruktion, 2000

Für eine weiterführende Diskussion (oder für Leistungs- und Schwerpunktkurse) kann der Text des Mediävisten Goetz über Konstruktion und Rekonstruktion in der Geschichtswissenschaft herangezogen werden. Goetz plädiert dafür, dass Geschichte nicht eine (irgendwo verborgene) Wahrheit rekonstruiert, sondern dass jede Darstellung und Deutung von Geschichte eine Konstruktion darstellt. Er betont damit die Standortgebundenheit jeder wissenschaftlichen wie außerwissenschaftlichen Betrachtung des Mittelalters (sowie der Geschichte im Allgemeinen), weist aber zugleich darauf hin, dass Standortgebundenheit nicht gleichbedeutend mit Unwissenschaftlichkeit ist.

Vertiefungsmöglichkeit III: Das „entzweite Mittelalter"

ZM 1.2
Oexle, Das „entzweite Mittelalter", 1992

Der inzwischen recht bekannte Text von Oexle über das „entzweite Mittelalter" könnte ebenfalls vertiefend hinzugezogen werden (Hinweise: Rexroth [M 18 a] nutzt die Gedanken von Oexle ebenfalls und zitiert ihn am Ende von M 18 a).

Notizen

Zusatzmaterial ZM 1.1	**Geschichte – Konstruktion oder Rekonstruktion?**

Auszug aus einem Aufsatz des Historikers Hans-Werner Goetz (2000)

Dass die Geschichtswissenschaft immer noch den Anspruch erhebt, möglichst wertfrei die Vergangenheit zu erfassen, und für – selbstverständlich vorhandene – Defizite lediglich die Quellenlage (und menschliche Unvollkommenheit) verantwortlich macht, wird heute wohl niemand mehr behaupten mögen: Mag es auch – eine „Geschichte" (an und für sich, wie Reinhart Koselleck präzisiert hat), eine tatsächlich abgelaufene Vergangenheit, gegeben haben, so ist diese doch weder mehr als solche erkennbar, noch kann es unser Ziel sein, sie (geistig) zu „rekonstruieren" wie man früher so gern sagte (und oft bis heute lesen kann). Die Geschichtswissenschaft rekonstruiert nicht die Vergangenheit (ob sie das wahrhaben will oder nicht), sondern sie „konstruiert" ein ihrer Zeit gemäßes, einerseits sicherlich wissenschaftlich fundiertes und methodisch reflektiertes, andererseits aber jeweils zeitgemäßes Bild der Vergangenheit, ein Geschichtsbild, das von Gegenwartsinteressen geleitet ist und eben deshalb – ich betone es noch einmal – zeitgemäßen Fragestellungen und Wertungen unterliegt. Sie „vergegenwärtigt" die Vergangenheit für die Bedürfnisse der Gegenwart. Die „Konstruktion der Vergangenheit" nimmt der Geschichtswissenschaft nicht zwangsläufig die Wissenschaftlichkeit, die vielmehr darin besteht, dass ihr Geschichtsbild aus den Quellen erarbeitet (die tatsächlich zumeist etwas ganz anderes sagen wollten, als wir ihnen abverlangen) und an diesen gemessen und begründet, methodisch geläutert, kritisch reflektiert und überprüfbar ist (oder sein sollte).

Mittelalterbilder sind demnach Deutungen aus subjektiver Einstellung; sie repräsentieren eine gegenwärtige Sicht unserer mittelalterlichen Vergangenheit und belegen zugleich die Zeitgebundenheit unserer Geschichtsanschauungen. Das ist ein wesentlicher Faktor des Gegenwartsbezugs der Mediävistik, der nicht aus dem Mittelalter selbst, sondern aus unseren jeweils zeitspezifischen Mittelalterbildern resultiert. „Das Mittelalter" als Epoche ist vorbei, unser Bild davon aber bleibt aktuell[1]. Folglich ist es auch nicht das Mittelalter, sondern dieses – sich zeitgemäß wandelnde – Mittelalterbild, das für eine immer neue „Aktualität" des Mittelalters sorgt: Erst in diesem „Nachwirken", in der Mittelalterrezeption[2], begründet sich die Relevanz der Mediävistik. Wenn die Geschichtsbilder aus dieser Perspektive aber einem (dauernden) Wandel unterliegen, dann müssen Historiker/-innen sich nicht nur der Wandlungen in der Geschichte (als vergangenem Geschehen), sondern auch der Veränderungen in den geschichtswissenschaftlichen Perspektiven und Deutungen bewusst werden, nicht nur in die Vergangenheit blicken, sondern auch nach den heutigen Interessen daran fragen, das derzeitige (wissenschaftliche) Mittelalterbild durchleuchten und das Verhältnis von wissenschaftlicher Vergangenheitsbetrachtung und gegenwartsgeleiteten Interessen näher in den Blick nehmen. Die Analyse des Mittelalterbildes gerät hier zu einer Selbstanalyse der Mediävistik.

Hans-Werner Goetz, Die Gegenwart des Mittelalters und die Aktualität der Mittelalterforschung, in: ders. (Hg.), Die Aktualität des Mittelalters, Bochum (Winkler) 2000, S. 8–10.

1 *Vgl. Ernst Voltmer, Das Mittelalter ist noch nicht vorbei … Über die merkwürdige Wiederentdeckung einer längst vergangenen Zeit und die verschiedenen Wege, sich ein Bild davon zu machen, in: Ecos Rosenroman. Ein Kolloquium, hg. v. Alfred Haverkamp/Alfred Heit, München 1987, S. 185–228.*

2 *Vgl. dazu: Mittelalter-Rezeption. Ein Symposion, hg. v. Peter Wapnewski (Germanistische Symposien. Berichtsbände 6), Stuttgart 1986; Mittelalter-Rezeption III. Gesammelte Vorträge des 3. Salzburger Symposions „Mittelalter, Massenmedien, Neue Mythen", hg. v. Jürgen Kühnel u. a., Göppingen 1988; vgl. auch zur Rezeption in England, Amerika, Frankreich, Deutschland und Italien: Medievalism in Europe, hg. v. Leslie J. Workman u. a., 5 Bde., Cambridge 1979–1994; The Middle Ages after the Middle Ages in the English-speaking world, hg. v. Marie-Françoise Alamichel/Derek Brewer, Cambridge 1997.*

Zusatzmaterial ZM 1.2	**Geschichte – Konstruktion oder Rekonstruktion?**

Auszug aus einem Aufsatz des Historikers Otto Gerhard Oexle (1992)

In einem Aufsatz über moderne Vorstellungen vom Mittelalter hat der Historiker Otto Gerhard Oexle 1992 den Begriff des „entzweiten Mittelalter" geprägt. Er erläutert ihn so:

Wie steht es nun mit der Gegenwart des Mittelalters im Denken der Moderne? Das Mittelalter ist im Denken der Moderne in zweierlei Weise gegenwärtig: in einer positiven und einer negativen Auffassung, in einer positiven und einer negativen Besetzung dieses Begriffs, in Abstoßung und Aneignung, in Verurteilung und Identifikation zugleich. Beide Auffassungen stehen in einem kontradiktorischen (widersprüchlichen) Gegensatz zueinander; sie schließen sich gewissermaßen wechselseitig aus und beziehen sich doch zugleich unausgesetzt aufeinander. Mit anderen Worten: Die Moderne deutet das Mittelalter in der polaren Spannung zweier entgegengesetzter grundsätzlicher Wahrnehmungen. Dieser Sachverhalt wird im Folgenden mit dem Begriff des ‚entzweiten Mittelalters' bezeichnet.

Was mit dem ‚entzweiten Mittelalter' gemeint ist, soll also zunächst an Beispielen aus unseren Tagen anschaulich gemacht werden, mit dem Blick in die Tages- und Wochenpresse, der sich aber auch andere Äußerungen zuordnen lassen. [...]

[D]as Schlagwort ‚Zurück ins Mittelalter' [erscheint], je nach dem Anlass mit einem Ausrufungs- oder mit einem Fragezeichen versehen, in emotioneller Besetzung regelmäßig dort, wo es darum geht, politische, soziale, intellektuelle oder ökonomische Vorgänge zu bezeichnen, die als Attacken gegen den Fortschritt und gegen moderne Errungenschaften verstanden werden können. Oder man sieht das, was als Kennzeichen und Errungenschaft der Moderne gilt, eben zum Beispiel die Autonomie des Individuums, durch die Heraufkunft eines ‚Neuen Mittelalters' bedroht. Ein amerikanischer Kulturkritiker sah unlängst das ‚Neue Mittelalter' heraufziehen im Abbau des Leistungsdenkens, in der zunehmenden Entmündigung des Menschen durch Berater, Therapeuten, Sozialhelfer, kurz: im Verfall der Individualität, während ein bekannter deutscher Soziologe vor einigen Jahren in der „Priesterherrschaft der Intellektuellen" das neue Mittelalter erkannte. Die Parole vom unmittelbar bevorstehenden ‚Neuen Mittelalter' [...] bündelt das Gefühl der Angst vor dem Zusammenbruch der modernen Kultur. [...]

Oft begegnet das Wort ‚mittelalterlich' aber auch in fast völlig inhaltsleerer, gewissermaßen rein diffamierender Verwendung: Es bezeichnet dann einfach eine Sache, die als alt und schlecht, als abgetan und passé gilt. [...] Aber dies ist nicht alles. Der Sachverhalt wird komplex erst dadurch, dass ein zweites Bild vom Mittelalter, ein zweiter Begriff des Mittelalterlichen zur Verfügung steht, der uns mit ebensolcher Selbstverständlichkeit vertraut ist. In diesem zweiten Bild vom Mittelalter mischen sich Staunen und Bewunderung mit dem sehnsüchtigen Blick in eine andere Welt, die eben deshalb mit Sehnsucht betrachtet wird, weil sie nicht unsere Welt, weil sie nicht die Welt der Moderne ist. [...]

Vor allem ist es immer wieder die mittelalterliche Kunst, die Architektur wie die Buchkunst, welche im modernen Menschen Bewunderung, ja Ergriffenheit auslöst. Ausstellungen, die mittelalterliche Kunst präsentieren, erreichen Besucherzahlen, die im Hinblick auf die so verbreiteten anti-mittelalterlichen Vorurteile erstaunlich sind. Es genügt also ein Blick in die Presse, um fast täglich darüber belehrt zu werden, dass es – im Gegensatz zu unserem Bild der Antike – vom Mittelalter zwei Bilder gibt, die gegensätzlich sind, sich darin ständig aufeinander beziehen und gewissermaßen immerfort in Gemengelage vorkommen, was von keiner anderen vergangenen Epoche gesagt werden kann. [...]

Unsere Beispiele aus dem Bereich derartiger trivialer Geschichtsdeutungen sind indessen nicht nur unterhaltsam, sie machen uns auch aufmerksam auf zwei grundsätzliche Gegebenheiten, die für das Nachdenken der Moderne über das Mittelalter relevant sind, und das nicht nur im Bereich der Trivialität und des Alltags- und Jeder-

Zusatzmaterial ZM 1.2	**Geschichte – Konstruktion oder Rekonstruktion?**

mannswissens. Erstens sehen wir in Umrissen jene Elemente, die dem Schema des ‚entzweiten Mittelalters' und seinen Deutungen zugrunde liegen. Es ist dies vor allem: die Frage nach dem Fortschritt und nach der Beurteilung des Fortschritts. Und dieses Thema konkretisiert sich einerseits in der Frage nach der Bedeutung der Religion in der Gesellschaft und andererseits in der Frage nach dem Verhältnis von Individuum und Gesellschaft; es ist dies die Frage nach der Freiheit oder Bindung des Individuums. Zweitens ist zumindest in Umrissen deutlich geworden, dass diese Mittelalter-Bilder instrumentalen Charakter haben: Sie sind nicht Aussagen über das Mittelalter, sondern vielmehr Aussagen über die Moderne. Die Äußerung über das Mittelalter dient zur Deutung der Moderne.

Otto Gerhard Oexle, Das entzweite Mittelalter, in: Gerd Althoff (Hg.), Die Deutschen und ihr Mittelalter, Darmstadt (Wissenschaftliche Buchgesellschaft) 1992, S. 7–12.

Kapitel 2: Grundzüge der Epoche: Periodisierungen und Räume – Zeitverständnis und Weltbilder

Hinweise zur Arbeit mit den Materialien:
Siehe den Kasten im Schülerband, S. 20.

Hinweise zu Vorkenntnissen über die christliche Religion:
Es kann davon ausgegangen werden, dass Grundkenntnisse, z. B. über die Bestandteile der Bibel, über Bibelzitate, über christliche Feiertage, bei vielen Schülerinnen und Schülern heute nicht mehr vorhanden sind. Daher sind in diesem Kapitel bei den Schwerpunktthemen „Zeitverständnis" und „Weltbilder" bewusst auch Materialien und Arbeitsaufträge aufgenommen, die elementar zu diesen Grundlagen hinführen (so z. B. M 3 a und b über die Auswahl der Kaiserkrönungstage, M 4 und M 5 über zeit- und heilsgeschichtliche Vorstellungen im Christentum, M 6 mit Zitaten aus der Bibel, in denen Vorstellungen über die Welt zum Ausdruck kommen).

Methodische Vorbemerkung: Zweite Hinführung zur Quelleninterpretation
Nach dem ersten Schritt zur Quellenanalyse in Kapitel 1, die am Beispiel einer einzigen Quelle erfolgte (siehe im Schülerband M 18 mit Aufgabe 17, S. 14), sollen jetzt mehrere Quellen untersucht werden. Ausgehend von einer einfachen Fragestellung: „Welches Weltbild ist den Quellen zu entnehmen: Scheibe oder Globus?", sollen die Schülerinnen und Schüler an den klassischen Dreischritt beim Umgang mit Quellen herangeführt werden:
1. Befunde aus Quellen/Materialien erheben,
2. Befunde historisch einordnen und gewichten,
3. Befunde interpretieren.
Um die „natürliche" Motivation beim Entdecken „fremder" Welten nicht zu dämpfen, sollte an dieser Stelle noch nicht zu sehr ins Detail der Quellenanalyse gegangen werden. Das ausführliche Methodentraining zum Umgang mit schriftlichen und bildlichen Quellen folgt in den Kapiteln 4 und 6.

Arbeitsbereich I: Geschichtskarten und historische Karten

M 1, S. 16
Karte: Religionen und Staaten in Europa

Die Karte zeigt, in einer Momentaufnahme um 1200, die Prägung des mittelalterlichen Europas durch die drei aufgeführten Religions- und Kulturräume, die im Darstellungstext thematisiert werden. Neben der räumlichen Verteilung der großen Religionen und der rot gezeichneten Grenze des römisch-deutschen Reiches werden „Überlappungsbereiche" der Religionen und Kulturen durch Schraffur (z. B. der südliche Teil der Iberischen Halbinsel) markiert. In diesen Räumen sind Austausch und Konflikte in der angegebenen Zeit besonders konzentriert. Im Norden, Osten und Süden wird dieser katholisch-orthodoxe-islamische, d. h. monotheistische Raum von nicht zu den großen monotheistischen Religionen gehörenden Stammeskulturen (in der Karte hellgelbe Flächen) umgeben.

M 2, S. 19
Mittelalterliche Weltkarte, 12. Jh.

Vorbemerkung zur Auswahl der Karte: Häufig wird im Zusammenhang mit der Behandlung des mittelalterlichen Weltbildes die Ebstorfer Weltkarte herangezogen. Da diese historische Karte jedoch sehr kleinteilig aufgebaut ist, hier aber nur in Buchgröße abgedruckt werden könnte, bleiben die Einsatzmöglichkeiten der Ebstorfer Karte im Unterricht meist begrenzt. Aus diesem Grund wird hier eine „gröbere" mittelalterliche Weltkarte gewählt, die es ermöglicht, zentrale Befunde am Dokument selbst herauszuarbeiten.
Die Karte ist aus dem *„Liber floridus"* entnommen. Diese Schrift ist eine Enzyklopädie, die sich mit theologischen, philosophischen und naturkundlichen Themen befasst. Sie stammt wahrscheinlich von Lambert von Saint-Omer (geboren um 1060, gestorben 1125), einem gelehrten französischen Bene-

diktinermönch und Abt des Klosters Saint-Bertin in der Nähe von Calais. Einige Wissenschaftler bestreiten aber diese Zuschreibung.

Beschreibung der Karte:

1. linke Seite: nördliche Hemisphäre mit der bekannten, bewohnten Welt (Ökumene),
2. rechte Seite: südliche Hemisphäre mit der unbekannten, unbewohnten Welt (Antiökumene),
3. beide Seiten sind vom Ozean umgeben,
4. oben links über der bekannten Welt liegt das Paradies als eine mit Sternen eingefasste Insel,
5. im Paradies entspringen die Hauptflüsse Tigris, Euphrat, Ganges, Nil,
6. der obere Teil der Ökumene nimmt Asien ein,
7. darunter liegt das T-förmige Mittelmeer mit Zugang zum Ozean und den Inseln Island, Irland, England,
8. das Mittelmeer trennt Europa (links) von Afrika (rechts).

Die Schülerinnen und Schüler sollten nach der Beschriftung ihrer Kartenkopien diese um 90° nach rechts drehen und so die heute übliche Nordausrichtung herstellen. So entsteht ein Eindruck von dieser beachtlichen kartografischen Leistung aus dem 12. Jahrhundert.

Aufgabe 1, S. 19

Siehe Erläuterungen zu M 2.

Aufgabe 2, S. 19

Siehe Erläuterungen zu M 2.

Aufgabe 3, S. 19

Siehe Erläuterungen zu M 1 und M 2.

Notizen

Arbeitsbereich II: Zeitverständnis im Mittelalter

Didaktische Vorbemerkung: Zeitverständnis ist im europäischen Mittelalter von der christlichen Religion durchdrungen. Die Zeit ist ein Spiegel von Heilsgeschichte, Karten und andere Darstellungen dienen nicht der exakten räumlichen Orientierung, sondern visualisieren Heilsgeschehen. Demgegenüber ist in der Moderne Zeit eine rationale Größe, die exakte räumliche Orientierung bieten will.

M 3, S. 20
Feiertage im Mittelalter

Das Konzil von Nicäa (325 n. Chr.) bestimmte den Julianischen Kalender zur Grundlage der christlichen Zeitrechnung. Dieser Kalender war auf Initiative Cäsars ausgearbeitet und 46 v. Chr. im Römischen Reich in Kraft gesetzt worden. Trotz dieses „einheitlichen" Kalenders begann über viele Jahrhunderte das Jahr in den Nachfolgestaaten des Römischen Reiches an unterschiedlichen Tagen. Zunächst galt der Jahresbeginn mit dem 1. Januar als heidnisch, erst seit dem 13. Jahrhundert setzte sich dieses Datum im lateinischen Europa allmählich wieder durch. Die über die Jahrhunderte zunehmende Differenz zwischen dem Julianischen Jahr und dem Sonnenjahr führte zu erheblichen Abweichungen. Deshalb führte Papst Gregor XIII. im Jahre 1582 den Gregorianischen Kalender mit einer verbesserten Schaltjahresregel ein.

Die Kaiserkrönung an den genannten christlichen Festtagen symbolisierte die überragende Stellung der Päpste bei diesem Akt. Die Krönungen fanden, bis auf drei Ausnahmen, stets in Rom statt und wurden in der Regel vom Papst in der St.-Peter-Kathedrale vollzogen.

Mit der Kaiserkrönung Karls des Großen am Weihnachtstag des Jahres 800 durch Papst Leo III. war das mittelalterliche Kaisertum entstanden. 12 Jahre später erkannte der byzantinische Kaiser, der sich als Alleinerbe des Römischen Reiches und Kaisertitels verstand, diesen Schritt – begrenzt auf das Gebiet des früheren Weströmischen Reiches – an. Seit der Kaiserkrönung Ottos I. am 2. Februar 962 war die Kaiserwürde stets mit den mittelalterlichen deutschen Königen verbunden. Die Kaiserwürde fügte den königlichen Rechten keine realen neuen Machtmittel hinzu, verlieh aber ihren Trägern eine höhere

Würde, universale Vorrangstellung, Prestige und Autorität gegenüber den europäischen christlich-katholischen Königen und Fürsten. Der Kaiser war damit der oberste weltliche Herrscher der römisch-katholischen Christenheit. Ihm oblag der Schutz der Kirche, des Papstes und der Christenheit. Diese Aufgabe blieb auch erhalten, als die damit verbundenen Rechte des Kaisers in Rom und sein Einfluss bei der Papstwahl im Investiturstreit schwanden.

M4, S. 21
Hartmann, Zeitvorstellungen im Mittelalter, 2004

Zur Bearbeitung von M4 siehe das Arbeitsblatt auf Seite 26.

Durch den Vergleich der Lehren der beiden Kirchenväter kann das auf den Tag des Jüngsten Gerichts orientierte christlich-mittelalterliche Denken, das alle Lebensbereiche überspannte, den Schülerinnen und Schülern punktuell sichtbar gemacht werden.

M5, S. 21 f.
Märtl, Zeitmessung im Mittelalter, 2006

Die Zeitmessung war zunächst von den rituellen Bedürfnissen in Klöstern und Kirchen bestimmt und erfolgte mit den seit der Antike bekannten Sand-, Sonnen- und Wasseruhren. Das ländliche Leben folgte dagegen dem täglichen Sonnenlauf und den Jahreszeiten, es kannte keine Stundeneinteilung. Mit der Einführung mechanischer Uhren in Kirchen und später auch in städtischen Gebäuden beim Übergang vom späten Mittelalter zur Frühen Neuzeit ging die Stundeneinteilung des Tages einher. Die religiösen Ansprüche an eine Zeitmessung wurden nun durch die Bedürfnisse der Kaufleute und vor allem der Seefahrer ergänzt.

Methodisch-didaktischer Hinweis: Die Schülerinnen und Schüler können durch die nachfolgende These zu einer weiterführende Diskussion angeregt werden:

Spiegelt sich in dem Ausdruck „Zeit ist Geld" ein neues, modernes, von der industriekapitalistischen Wirtschaft geprägtes Heilsverständnis von Zeit? Zeit wird vollständig den Kriterien wirtschaftlicher Effizienz unterworfen, Muße, Nichtstun sind völlig verpönt.

Aufgabe 5, S. 22

Siehe Erläuterungen zu M3.

Aufgaben 8a, b und c, S. 22

Siehe Erläuterungen zu M4 und M5.

Notizen

Arbeitsblatt zu M4, S. 21	**Mittelalterliche Deutungen der Weltgeschichte im Vergleich**

Augustinus (354–430): Lehre von den sechs Weltaltern	**Hieronymus (340–420): Vier-Reiche-Lehre**
Grundaussagen der Lehre	Grundaussagen der Lehre
Bibelbezüge?	Bibelbezüge?
Wie wird die Zukunft charakterisiert?	Wie wird die Zukunft charakterisiert?
Welche religiösen Konsequenzen/Probleme sind möglich?	Welche religiösen Konsequenzen/Probleme sind möglich?
Welche politischen Konsequenzen/Probleme sind denkbar?	Welche politischen Konsequenzen/Probleme sind denkbar?

Arbeitsbereich III: Mittelalterliche Weltbilder

Didaktischer Hinweis: Auch Weltbildvorstellungen sind im Mittelalter von der Religion durchdrungen. Aber, entgegen landläufiger Meinung, ist die Vorstellung von der Scheibe nicht weit verbreitet gewesen, sondern vorherrschend war die Kugelgestalt.

M6, S.22
Aufgebauer, Bild der Erde in der Bibel, 2006

Die unterschiedlichen Entstehungszeiten und die verschiedenen Einflüsse prägten die verschiedenen Bilder der Erde in der Bibel. Der Historiker Peter Aufgebauer fasst die biblischen Vorstellungen „von der Erde als einer über dem Wasser auf Säulenfest ruhenden Scheibe von begrenzter viereckiger oder auch runder Gestalt" zusammen.

M7, S.23
Weltbild des christlichen Autors Laktanz, um 300

Die Idee von Antipoden findet sich schon in der griechisch-römischen Antike, z.B. bei Platon und Cicero. Mit der Kritik an der Antipoden-Idee versucht Laktanz auch die seit der Antike verbreitete Vorstellung von der Kugelgestalt der Erde indirekt ad absurdum zu führen. Unter Berufung auf scheinbar eindeutige Alltagserfahrungen argumentiert er gegen Naturerkenntnisse, die seit Ptolemäus (geboren um 100, gestorben um 175 n.Chr.) bekannt waren. Neben der Langzeitwirkung des geozentrischen Weltbildes des Ptolemäus und seinen astronomischen Berechnungen ist seine atlasähnliche Schrift zur Geografie in diesem Zusammenhang von Interesse. Darin beschreibt er die bekannte Welt und formuliert seine Hypothese vom unbekannten Südkontinent Terra Australis.

M8, S.23
Reiterstatuette Karls des Großen, um 870

Zum Bild: Diese etwa 25 cm hohe Reiterstatuette, die sich heute im Louvre in Paris befindet, stammt ursprünglich aus dem Schatz des Metzer Doms. Es existiert eine größere Anzahl von Bronzekopien: Karl der Große mit Reichsapfel und Lilienkrone, bei manchen Kopien auch mit Schwert. Der Reichsapfel gehört zu den Reichskleinodien. Als Symbol war der Erdball in der Hand des römisch-fränkischen Kaisers Sinnbild der Weltherrschaft. Auf späteren Darstellungen ist der Reichsapfel meist mit dem aufgestellten Kreuz zu sehen. Die Originalstatuette, die noch Spuren früherer Vergoldung aufweist, ist nach einer einheitlichen Konzeption entstanden, besteht aber aus einzeln gegossenen Teilen – Reiter und Pferd. Die genaue Entstehungszeit ist nicht bekannt, auf jeden Fall liegt sie noch im 9. Jahrhundert. Ein authentisches Abbild Karls des Großen ist die Statuette natürlich nicht. In manchem entspricht aber die Figur dem, was der Gelehrte, Chronist und Ratgeber Einhard über das Äußere Karls des Großen schreibt.
Das Bild ist ein Beleg für die Vorstellung von der Kugelgestalt der Erde.

M9, S.23
Darstellung der Erde bei Hildegard von Bingen, Anf. 13. Jh.

Zum Bild: Die Miniatur bringt die religiös geprägte ganzheitliche Betrachtung der Erde durch Hildegard von Bingen zum Ausdruck. In den Mittelpunkt des Bildes ist die Erde mit vier unterschiedlich gefärbten Sektoren gestellt. Auf dieser Erde wird der Ablauf der Jahreszeiten durch Menschen symbolisiert, die unterschiedlichen landwirtschaftlichen Tätigkeiten nachgehen. Umgeben ist diese „Jahreszeitenerde" von Wasser und Luft. Als äußerer Ring ist ein gleichmäßiger Flammenkranz angeordnet. Außerhalb der Wasserhülle sind Sterne zu erkennen. An den vier Seiten „speien" jeweils drei Fabelwesen höchstwahrscheinlich Sturm und Regen auf die Erde. Schließlich ist unten links Hildegard von Bingen beim Betrachten eines Buches in das Bild eingebunden.
Das Bild ist ein weiterer Beleg für die Vorstellung von der Kugelgestalt der Erde.

M10, S.24
Erddarstellung aus dem 15. Jh.

Zum Bild: Der Kirchenvater Augustinus (links) predigt der Menschheit: Die Darstellung aus dem 15. Jahrhundert zeigt oben auf einer Kugel eine Gruppe von Männern und Frauen in zeitgenössischer Tracht. Augustinus direkt gegenüber sind die im Matthäus-Evangelium erwähnten drei Weisen aus dem Morgenland angeordnet. Die in der katho-

lischen Tradition auch als die Heiligen Drei Könige bezeichneten Männer stehen seit dem 14. Jahrhundert im christlichen Abendland symbolisch für die damals bekannten drei Kontinente: Europa, Asien und Afrika. Unten im Bild sind die Antipoden, Menschen auf der anderen Seite der Erdkugel, platziert. Sie unterscheiden sich in ihrer körperlichen Gestalt und Kleidung nicht von der oberen Gruppe; dieser Bildteil ist nur dunkler gemalt.
Zum Hintergrund: Der katholische Heilige und Kirchenvater Augustinus formulierte um 400 n. Chr., dass die Erde eine Kugel sei und im Zentrum des Weltalls stehe. Christliche Schöpfungsgeschichte und antike Kosmologie waren zu dieser Zeit ausgesöhnt. Dafür hatten verschiedene Kirchenlehrer gesorgt, z. B. Basilius von Caesarea und sein Übersetzer Macrobius.
Das Wissen über die Kugelgestalt der Erde, das seit der Antike als gesichert galt, war nur einmal kurzzeitig in Gefahr: Um das Jahr 300 n. Chr., als die Kirche unter Kaiser Konstantin dem Großen zur Staatsreligion erhoben wurde, stritten naturwissenschaftlich gebildete Patrizier und christliche Theologen um die geistige Führung. In dieser Zeit der konkurrierenden Weltbilder lebte auch der Kirchenvater Laktanz. Er polemisierte in seinen „Göttlichen Unterweisungen" gegen die Verfechter der Weltkugel und den Glauben an die Existenz von Antipoden. Diese Aussage war ein Versuch, das griechisch-römische Weltbild herabzusetzen. Als Lehrmeinung spielte sie im Mittelalter keine wesentliche Rolle mehr.

M 11, S. 25
Erdkugel in dem Buch von Johannes von Sacrobosco, 13. Jh.

Zum Bild: Im Zentrum des Bildes ist die kugelförmige Erde angeordnet. Um die Erde herum sind acht Mondphasen dargestellt, rechts im Bild, etwas größer und in Rot, die Sonne. Im äußeren Ring stehen die Namen der zwölf Tierkreiszeichen. Jeweils zwei Tierkreiszeichen sind dabei einem Planeten zugeordnet: Merkur, Venus, Mars, Jupiter und Saturn. Sonne und Mond als Tag- und Nachtgestirn haben nur jeweils eine Zuordnung.
Zum Hintergrund: Johannes von Sacrobosco, gestorben 1256, war ein vermutlich aus England stammender Mathematiker und Astronom. Er lebte und lehrte in Paris. Sacrobosco gehörte zu den ersten Gelehrten im lateinischen Europa, die sich den neuen wissenschaftlichen Gedanken und Methoden aus der arabischen Welt öffneten und arabische Ziffern benutzten. Neben seinen mathematischen Schriften verfasste er sein bekanntestes Werk *„Tractatus de sphaera"*. Das Buch war eines der grundlegenden Werke für das Studium der Astronomie und Kosmographie bis ins 17. Jahrhundert.
Seine Schrift *„Tractatus de sphaera"* beschreibt die Grundlagen der geozentrischen (sphärischen) Astronomie und basiert u. a. auf Erkenntnissen des Ptolemäus. Sacrobosco nutzt, an Euklid anknüpfend, die Kugel bzw. Hohlkugel als Grundelement für seinen konzentrisch geordneten Kosmos. In einer älteren Übersetzung heißt es: „Dabei ist die Erde wie das

Notizen

Zentrum im Mittelpunkt von allen gelegen, um sie herum ist Wasser, um das Wasser herum die Luft, um die Luft herum das Feuer, das dort rein ist und nicht stürmisch bewegt und den Kreis des Mondes berührt, so wie es Aristoteles im Buch ‚Meteororum' sagt. Denn so hat es der ruhmreiche und erhabene Gott verfügt."

M 12, S. 25
Aufgebauer, Quellen zum mittelalterlichen Weltbild, 2006

Die Kugelgestalt, so der Historiker Peter Aufgebauer, dominierte vom 5. bis 15. Jahrhundert das Bild der Erde auch im lateinischen Europa. Damit wird die antike Tradition des Erdkugelmodells im Mittelalter fortgesetzt.

M 13, S. 25 f.
Aufgebauer, Scheibe oder Globus?, 2006

Nach Peter Aufgebauer ist die dem Mittelalter zugeschriebene Auffassung von der Scheibenform der Erde eine Konstruktion, die ihren Ausgangspunkt im späten 18. Jahrhundert hat. Sie ist eng mit Naturwissenschaftlern verbunden, die sich durch einseitige Betonung der hemmenden Rolle der Kirche für den naturwissenschaftlichen Erkenntnisgewinn positionierten.

M 14, S. 26
Holzstich von Flammarion, 1888

Siehe Text im Schülerband M 13, S. 25 f.

Aufgabe 11, S. 26
Siehe Erläuterungen zu M 6.

Aufgabe 12, S. 26
Siehe Erläuterungen zu M 7–M 11.

Aufgabe 13, S. 26
Siehe Erläuterungen zu M 13.

Aufgabe 14, S. 26
Siehe Erläuterungen zu M 2.

Arbeitsbereich IV: Vertiefung zum Begriff „Abendland"

Die Schülerinnen und Schüler können in einer kritischen Diskussion des Begriffs „Abendland" ihre Mittelaltervorstellungen vertiefen. Siehe dazu die Zusatzmaterialien ZM 2.1 und ZM 2.2 und die weiterführenden Arbeitsanregungen im Schülerband, S. 27.

M 15, S. 27
Programmfolder, 2005

Die Gestalter nutzen für das Cover die lateinischen Buchstaben des Wortes ISLAM. Sie formen daraus ein an arabische Schrift erinnerndes Kalligramm. Aufgrund des Bilderverbots im Koran wird die arabische Schrift in kalligrafischen Kunstwerken wie Linien verwendet, wodurch eindrucksvolle Bilder aus Buchstaben entstehen. Diese Buchstabenbilder finden sich als Schmuckelemente in der arabischen Buchkunst und Architektur. Das Grün des Bilduntergrunds steht für die symbolträchtigste Farbe des Islams.

Notizen

Zusatzmaterial ZM 2.1	**Lexikonartikel „Abendland"**

Artikel „Okzident" aus dem Internet-Lexikon www.wissen.de (2008)

Okzident: Ursprünglich die westliche Welt, von Italien aus gesehen; später allgemein der europäische Kulturkreis. Der heutige Begriffsinhalt entwickelte sich zu Beginn des 19. Jahrhunderts. Die abendländische Kultureinheit entstand auf der Grundlage der Verbindung von Christentum und antikem Erbe und ihrer Aufnahme und Weiterentwicklung durch die westeuropäischen Völker. Bestimmend für die „Geburt des Abendlands" wurde der bewusste Gegensatz gegen die östliche Welt (Orient), der bis zu den Perserkriegen im 5. Jahrhundert v. Chr. zurückreicht. Wichtigste Voraussetzung für ein Zusammengehörigkeitsgefühl des Abendlands war die Teilung des Römischen Reichs, die Spaltung der Kirche in eine abendländisch-lateinische und eine morgenländisch-griechische und der Anspruch der römischen Päpste und der fränkischen Könige, Erben des Römischen Reichs zu sein. Die Kreuzzüge, der Einbruch des Islams in Europa und die Eroberung von Byzanz durch die Türken (1453) machten die geistige Einheit am stärksten bewusst. Seit dem Untergang von Byzanz fehlte jedoch der ursprüngliche Gegensatz zum „Abendland". Gleichzeitig mit dem Aufkommen der modernen Nationalstaaten trat stattdessen der Begriff „Europa" in den Vordergrund.
Seit der Aufklärung wurde der Gedanke des Abendlands neu belebt. Der Geschichtsphilosophie Herders, Hegels und der Romantik galt das Abendland als die höchste Stufe der Menschheitsentwicklung. Die Kulturkreislehren im 20. Jahrhundert lehnten diese Auffassung jedoch ab: Bei O. Spengler u. A. J. Toynbee ist das Abendland nur eine der zahlreichen Hochkulturen, dazu im Verfallszustand der Spätzeit. Gegen diese Anschauung wird geltend gemacht, dass die abendländische Kultur in den außereuropäischen Erdteilen von der Renaissance an bis heute eine Ausstrahlungskraft hatte und hat wie keine andere Hochkultur. In diesem Sinn spricht man von einem „Welt-Abendland" (A. Weber).

Der modernen Geschichtsphilosophie gelten als Grundideen der abendländischen Kultur Freiheit und Selbstverantwortung des Menschen, Humanität und Bindung an das Recht als Richtschnur für soziales Verhalten und die Autonomie des wissenschaftlichen Denkens und die Beherrschung der Natur durch Erforschung ihrer Gesetze.

Zit. nach: www.wissen.de/xt/show/act/MENUNAME/InfoContainer/OCCURRENCEID/SL0011702979.SL0011702979.TM01-FullContent.htm (15. Januar 2008).

Zusatzmaterial ZM 2.2	**Das Abendland – ein überholter Begriff?**

Rundfunkbeitrag des Journalisten und Publizisten Claus Koch über das „Abendland" (Auszug; 2005)

Heute ist es [das Abendland] ein fast verschollenes Wort. Nur noch wenige, rückwärts gewandte Geister können es unbefangen aussprechen. Es bezeichnet mehr eine Haltung und eine Geschichtserinnerung als einen fest umrissenen Raum und seine Bewohner. Sicherlich, Europa ist gemeint, aber nicht das heutige Europa des gemeinsamen Marktes und der konturlosen politischen Union. Als der Kern dieser Union nach dem letzten Weltkrieg gelegt wurde, mochten zwar einige an Abendland denken, aussprechen wollte es kaum einer der damaligen Politiker.

Das neue Europa sollte als ein Verbund von Interessen heranwachsen, die Vorstellung von einem Reich, die ja immer mit dem Abendland verbunden war, wollte man meiden. Für die Deutschen war das Wort unmöglich geworden, seit in den zwölf braunen Jahren ein germanisches Reich zum Leitstern erhoben wurde, der das Abendland überstrahlen und beherrschen sollte. Über den Ruinen des Dritten Reichs war das Abendland zur bösen Schimäre geworden.

Schön hatte das Wort geklungen, als man zugleich noch vom Morgenland sprechen konnte. Goethe hat in seinem west-östlichen Divan dem Abendland seine Farbe gegeben:

„Gottes ist der Orient!
Gottes ist der Okzident!
Nord- und südliches Gelände
Ruht im Frieden seiner Hände."

Christlicher Dom und Minarett nebeneinander: Die Einheit der Welt in ihren monotheistischen Religionen. Freilich, erst vom christlichen Abendland aus bekam der universalistische Erdkreis seinen Namen und seine Bedeutung. Nur in dieser kleinen Region, in der Staaten gegründet und Nationen gebildet wurden, konnte die universalistische Idee von der Bewohnerschaft des Planeten entstehen, wurde eine Weltgemeinschaft denkbar. Und ohne Universalismus kein Abendland. Diese vergangene Definitionsmacht des europäischen Abendlandes wird noch weiter bestehen, wenn wir längst den Eurozentrismus verloren gegeben haben und sich die Welt im Markt und neuen Kraftzentren ordnet.

Einen schillernden, zugleich melancholischen und gefährlichen Klang bekam das Wort kurz nach dem Ersten Weltkrieg, als der deutsche Kulturphilosoph Oswald Spengler seine wuchtige Schrift vom Untergang des Abendlandes veröffentlichte. Er sah die Weltgeschichte als einen Ablauf von Kultur prägenden Imperien, dessen achtes und letztes das nunmehr vergehende Abendland sein sollte. Zwar pessimistisch über die europäische Zukunftskraft, begriff Spengler Preußen als letzten Nachfolger der Römer, er verstand dies zugleich als Appell. Die noch immer faustisch gestimmten Deutschen könnten vor allen anderen eine imperiale Schutzordnung garantieren, eine technokratische Diktatur aus der Krise. In jenen 20 Jahren der Zwischenkriegszeit holten sich vor allem Neukonservative und Rechte ihre starken Tat-Parolen aus dem Untergang des Abendlandes. Die Nazis konnten Spenglers Weltpanorama nur halb akzeptieren. Der Mann, der sich ihnen nicht zur Verfügung stellte, war ihnen zu pessimistisch, ja fatalistisch. In der Tat war er es, der dem einst poetisch strahlenden Wort die Tönung der Aussichtslosigkeit gab.

Es sind erst wenige Europäer, aber sie werden seit dem Irak-Krieg Amerikas ständig mehr, die sich durch die amerikanische Hybris an die Untergänge ihrer eigenen Imperien erinnert fühlen. Es scheint ihnen, dass die letzte Weltmacht, die Spengler vor 80 Jahren nicht zum Abendland zählte, ihren Höhepunkt überschritten habe und ihrerseits dem Abend zugehe.

Verblendet wäre es aber, gegen die verwirrten Zuckungen des neuen Abendlandes Amerika noch einmal das alte und ehemalige aufrichten zu wollen. Auch wenn noch einiges vom Geist des christlichen antiken Abendlandes in uns steckt, auch wenn der Eurozentrismus eine unerhörte Geschichtsleistung war: Das politische Erbe dieser Epoche können wir nicht retten, nicht

Zusatzmaterial ZM 2.2	**Das Abendland – ein überholter Begriff?**

antreten. Wenn schon das Morgenland eine Schimäre war, eine schöne Schimäre – auch das Abendland bleibt ein Gebilde des Wahns. Darauf lässt sich nichts bauen. Es lässt sich nichts mehr daran ändern, dass das abendländische Europa von Amerika und von Amerikanismus überwältigt worden ist – und zwar so gründlich, dass es nicht mehr restauriert werden kann. Das gehört heute zur Ausgangslage. Daran ändert auch nichts, dass das letzte Imperium nunmehr ins Wanken gerät. Wenn die Amerikaner mit der Schwäche belastet sind, dass sie allzu rasch ihre Vergangenheit vergessen und aus ihr nichts lernen können, die Europäer bleiben von der ständigen Bereitschaft zur Illusion verschont. Wir haben das Abendland gänzlich hinter uns. Leider und Gott sei Dank.

Claus Koch, Geht das Abendland unter?, in: Deutschlandradio Kultur, Sendung vom 28. März 2005, zit. nach: www.dradio.de/dkultur/sendungen/signale/359672/ (15. Januar 2008).

Kapitel 3: Annnäherungen an „das Fremde“: Zur Mentalität der Menschen im Mittelalter

Hinweise zur Arbeit mit den Materialien:
Siehe den Kasten im Schülerband, S. 31.

M 1, S. 29 Buchmalerei aus dem Bamberger Psalter, um 1230

Christus, auf dem Thron sitzend mit dem Schwert des Jüngsten Gerichts vor seinem Mund, wird von zwei Engeln flankiert. Der linke Engel trägt die Rutenbündel, der rechte Dornenkrone und Kreuzesnägel. Im Hintergrund der Christusfigur ist ein Kreuz angedeutet. Deutlich kleiner sind unterhalb dieser Figurengruppe zwei weitere Personengruppen platziert. Die rechte Gruppe, die der Seligen (ein Bischof, eine Frau und zwei weitere Gesichter), wird von einem Engel zum Heil geführt. Dagegen versperrt der Engel mit dem Schwert der anderen Gruppe (ein Mönch, ein Kaufmann, eine Frau und zwei weitere Personen) den Weg. Sie werden vom Teufel mit den lodernden Höllenflammen bereits erwartet und sind verdammt. Im unteren, kleinsten Bildteil steigen die nackten Toten als Erlöste aus den Särgen.

Aufgabe 1, S. 29

Siehe Erläuterungen zu M 1.
Methodisch-didaktischer Hinweis: Die Schülerinnen und Schüler können in einem ersten Schritt eine Bildkopie beschriften und danach die Bildbeschreibung verfassen:

1. Christus mit Schwert des Jüngsten Gerichts
2. Thron Christi und Kreuz im Hintergrund
3. Engel mit Rutenbündel
4. Engel mit Dornenkrone und Kreuzesnägel
5. Engel mit erhobenem Schwert
6. Engel mit erhobener Hand
7. Teufel, der Flammen speit
8. Erlöste in irdischen Gewändern
9. Verdammte in irdischen Gewändern
10. nackte Tote in Kisten

Aufgabe 2, S. 29

Aus den von den Schülerinnen und Schülern erkannten Bildelementen können sie Aspekte mittelalterlicher Mentalität rekonstruieren. Es bieten sich dabei Verallgemeinerungen und eine Entschlüsselung des Jüngsten Gerichts an:

- Christus als Richter über die Lebenden (Diesseits) und die Toten (Jenseits),
- Scheidung der Menschen durch ihr irdisches Tun in Verdammte und Selige,
- Himmel (Paradies) und Hölle (Teufel),
- die Auferstehung der Toten.

M 2, S. 31 Goetz, Mentalitätsgeschichte, 1998

Mentalitätsgeschichte ist der Sammelbegriff für Forschungsrichtungen in der Geschichtswissenschaft, die Einstellungen, Gedanken und Gefühle der Menschen einer Epoche darzustellen und zu erklären versuchen. In Frankreich ist das Konzept der Mentalitätsgeschichte mit der Zeitschrift „Annales“ verbunden. Klassiker der Mentalitätsgeschichte stammen z. B. von französischen Wissenschaftlern wie Philippe Ariès, Marc Bloch, Jacques Le Goff u. a. Sie und andere Historiker untersuchen die Geschichte nach einem komplexen gesellschaftlichen Beziehungsgeflecht. Dabei existiert eine große Schnittmenge zwischen Mentalitätsgeschichte, Alltagsgeschichte, historischer Anthropologie und Kulturgeschichte. Die Mentalitätsgeschichte bezieht in ihre Forschungen Formen des Alltagswissens und auch unterschwellig wirksame Denkmuster ein. Das Problem der Erschließbarkeit entsprechender Quellen stellt die mentalitätsgeschichtliche Forschung vor besondere Herausforderungen. Die Vorstellungswelt bestimmter sozialer Gruppen, beispielsweise die der schreib- und leseunkundigen bäuerlichen Bevölkerungsmehrheit im Mittelalter, entzieht sich zumeist einer quellenmäßigen Erfassung im klassischen Sinn. Durch bislang noch nicht berücksichtigte Quellengattungen, durch Neubefragung bekannter Quellen und durch Einbeziehung von Sachüberresten, durch weitergehende Kooperationen mit anderen Wissenschaftsdisziplinen (z. B. Ethnologie, Geografie, Psychologie, Medizin, Linguistik, Anthropologie) und durch einen spezifischen Blick auf gesellschaftliches wie individuelles Handeln ermöglicht die Mentalitätsgeschichte neue, erweiterte Zugänge in der Kultur- und Sozialgeschichte.

Aufgabe 3, S. 31
Siehe Erläuterungen zu M 2.

Aufgabe 5, S. 31
Siehe Tafelanschrieb.
Methodisch-didaktischer Hinweis: Mentalitätsgeschichte führt „näher an die Menschen heran" (Leistung) und ist gleichzeitig auf Quellen gestützt, die „uns darüber nur unzulänglich, indirekt und oft auch unabsichtlich informieren" (Grenzen). Dieses Widerspruchsverhältnis beschreibt, von der mentalitätsgeschichtlichen Fragestellung her, neue Lesarten bekannter Quellen und schärft den Blick für ungewohnte Zusammenhänge. Der Tafelanschrieb kann für die Schülerinnen und Schüler als Orientierung für die Auswertung des Goetz-Textes (M 2) herangezogen und mit Beispielen versehen werden.

TAFELANSCHRIEB

Leistungen und Grenzen der Mentalitätsgeschichte

Leistungen	Grenzen
komplexere Sicht auf Geschichte	Mentalität ist ein schillernder Begriff
beschreibt kollektive Bewusstseinszustände und Handlungen	kollektives Bewusstsein schwer nachzuweisen und begrifflich nicht scharf definiert
Verbindungen zur Alltagsgeschichte	z. T. nicht vorhandene Quellen
berücksichtigt bisher unbeachtete Quellengattungen und -inhalte	Schwierigkeiten bei Erschließbarkeit von Quellen
verstärkte Kooperation mit anderen Wissenschaftsdisziplinen	Abgrenzung der Gegenstandsbereiche

Arbeitsbereich I: Mittelalterliche Menschenbilder

M 3, S. 32
Innozenz III., Vom Elend des menschlichen Daseins, um 1200

Zur Person: Papst Innozenz III. verkörperte die päpstliche Macht auf ihrem Höhepunkt. Nach der Übernahme seines Amtes organisierte er die römische Kirche zu einer straffen Herrschaft und vergrößerte den Kirchenstaat. Sein Handeln war insbesondere auf die juristische Festschreibung des Pontifikats und die endgültige Etablierung des Papsttums als weltliche Macht gerichtet: Er erneuerte als Vormund Friedrichs II. die päpstliche Lehnshoheit über Sizilien, strebte Entscheidungsgewalt im deutschen Thronfolgestreit an und zwang im englisch-französischen Krieg Peter von Aragon und Johann Ohneland von England zur Anerkennung der päpstlichen Lehnsherrschaft. Innozenz III. kämpfte unerbittlich für die päpstliche Oberhoheit über Kaiser und Könige und die Einheit der Kirche. Er rief zum Albigenser-Kreuzzug auf und bestätigte den Franziskaner- und den Dominikanerorden. Er sah im Papst nicht mehr nur den Stellvertreter und Nachfolger Petri, sondern den über allen anderen Menschen stehenden Statthalter Christi auf Erden. 1215 berief er als krönenden Abschluss seines Wirkens das 4. Laterankonzil ein, das bedeutendste Konzil des Mittelalters.
Zur Quelle: Im Textauszug werden von Innozenz III. bis Zeile 62 menschliche Sünden und Verfehlungen aufgelistet. Er geißelt die Wollust, beschreibt die Arbeit als Strafe Gottes und weist auf die Vergänglichkeit irdischen Tuns hin. Ab Zeile 63 steht die Beschreibung des Jüngsten Gerichts im Mittelpunkt. Im engen Zusammenhang mit diesen Äußerungen stehen die christlichen Auffassungen von der Sünde. Nach Thomas von Aquino sind Stolz, Geiz, Unkeuschheit, Neid, Unmäßigkeit, Zorn und Trägheit die sieben Hauptsünden und eng mit den Lastern verwandt. Der Begriff der Todsünde, d. h. der Sünde, die den Tod verdient, geht auf Paulus zurück. Dazu werden in der Bibel Unzucht, Götzendienst, Diebstahl, Habsucht, Trunksucht, Ehebruch und Gotteslästerung gezählt.

M4, S. 33
Dürer-Holzschnitt, undatiert

Zum Hintergrund: Im Alten Testament ist die Übertretung der Zehn Gebote eine Sünde und muss vom Sünder selbst verantwortet werden. Im Neuen Testament hat sich für das Christentum die Vergebung der Sünden mit dem Erlösertod Christi erfüllt. In der Kunst des späten Mittelalters und der Frühen Neuzeit wird in den allegorischen Darstellungen der Mensch häufig zwischen Sünde und Erlösung gezeigt.

Zum Bild: Die um eine Tafel versammelten Personen genießen das irdische Leben. Im Vordergrund weist eine Person mit langem Umhang und wallendem Haar mit der linken Hand auf eine Leiche in einem Holzrahmengestell. Die Bildaussage lebt sowohl vom Kontrast zwischen der den irdischen Freuden sich hingebenden Gruppe und der Anwesenheit eines Toten als auch von der Selbstverständlichkeit des Zusammenhangs beider Seiten.

Im Mittelalter bedeutete der physische Tod für Christen die Fortsetzung des diesseitigen Lebens im Jenseits. Der Todestag galt als der eigentliche Tag der Geburt und ist insofern mit genauer Datumsangabe viel häufiger in den Quellen zu finden als der wirkliche Geburtstag.

Aufgabe 7 a und b, S. 33

Siehe Erläuterungen zu M 3 und das Arbeitsblatt.

Weiterführender Hinweis: Durch die Verknüpfung der Informationen aus dem Schülerband, S. 28–30, den Erläuterungen zu M 3, der Arbeit mit dem Arbeitsblatt, der Lektüre des Zusatzmaterials ZM 3.1 und aus ihrem Vor- und Allgemeinwissen können die Schülerinnen und Schüler die langfristigen Änderungen in der Institution Kirche und in den grundlegenden theologischen Auffassungen der Kirche ableiten. Als weiterer Hinweis ist eine Rechercheempfehlung zu Mystik und Scholastik an dieser Stelle sinnvoll.

Aufgabe 8 a, b und c, S. 33

Siehe Erläuterungen zu M 4.

Aufgabe 9, S. 33

Siehe Erläuterungen zu M 3, M 4 und das Arbeitsblatt zu Aufgaben 7 und 9.

Aufgabe 10, S. 33

Siehe Erläuterungen zu M 3 und Arbeitsblatt.

Notizen

Arbeitsblatt zu Aufg. 7 und 9, S. 33	**Menschenbilder im Mittelalter**

	Mensch als „Gottes Ebenbild"	Mensch als „Ursünder"
Wann dominierte das jeweilige Menschenbild?		
Wodurch war das jeweilige Menschenbild begründet?		
Welche Rolle spielte der einzelne Mensch im jeweiligen Menschenbild?		
Wie ist das Verhältnis von Beten und irdischem Handeln?		
Wie spiegelt sich das jeweilige Menschenbild in der Kunst wider? (Beispiele)		
Welches Menschenbild findet sich bei Innozenz III.?		
Zitatnachweise		

Arbeitsbereich II: Tod und Jenseits im Mittelalter

M 5 und M 6, S. 34 f. Gemälde vom Palant-Altar, um 1420/25

Methodisch-didaktischer Hinweis: Neben den Erläuterungen zum Bild M 5 können die Informationen aus dem Zusatzmaterial ZM 3.1 für die Schülerinnen und Schüler hilfreich sein. Ein Verweis auf Kapitel 5 „Die europäische Stadt im Mittelalter" ist ebenfalls angebracht.

Aufgabe 11 a, b und c, S. 35

Siehe Bild und Text im Schülerband, S. 35 f.
Methodisch-didaktischer Hinweis: Die Schülerinnen und Schüler können in einem ersten Schritt eine Bildkopie beschriften und danach die Bildbeschreibung verfassen.
Lösungshilfe für die Bildbeschriftung: siehe Arbeitsblatt zu M 5, S. 34.

Aufgabe 13, S. 33

Siehe Erläuterungen zu M 3–M 6 und Zusatzmaterial ZM 3.1.

Aufgabe 14, S. 33

Siehe Darstellung im Schülerband, S. 30, und Zusatzmaterial ZM 3.1.

Notizen

Arbeitsblatt zu M 5, S. 34

Zur Beschreibung des Gemäldes vom Palant-Altar

Zusatzmaterial ZM 3.1	**„Jenseitsvorsorge" und Fegefeuer im Mittelalter**

Auszug aus einem Ausstellungskatalog über Dortmund im Mittelalter (2006)

Die Stadt des europäischen Mittelalters hat bekanntlich neue Formen des gesellschaftlichen Lebens hervorgebracht. [...] Es nimmt daher nicht wunder, wenn die Stadt des Mittelalters neue Formen der Memoria [= Totengedenken] ausgebildet, neue [...] Formen des Totengedenkens institutionalisiert und zu einem wesentlichen Bestandteil des Selbstverständnisses der Individuen und der Gruppen in der Stadt ausgeprägt hat. Die Familien der Führungsschicht [...], aber auch die Genossenschaften in der Stadt – sowohl die Gilden der Kaufleute als auch die Zünfte der Handwerker, die Genossenschaft der Gesellen ebenso wie die Bruderschaften jedweder Art – gingen der Sorge um die Zeit im Jenseits, ihrer Sorge um Vergegenwärtigung des Diesseits auf vielfältige Weise nach. [...] „Die Geburt des Fegefeuers" – so der zweifellos provozierende Titel eines erstmals 1981 erschienen Buches von Jacques Le Goff (Le Goff 1990) – hatte im 12. Jahrhundert als jenseitiges Reich der Mitte zwischen Weiß und Schwarz, zwischen Gut und Böse, die Topographie [= Beschreibung der Gestalt] des Jenseits verändert. Das entsprach, so Le Goff überspitzt formulierend, den neu entstandenen Stadtgesellschaften eher als der tradierte [= altüberlieferte] Dualismus von Himmel und Hölle; bisher der Verdammnis anheimfallenden Berufen wie dem des gewinnorientierten Kaufmanns oder auch dem des Geldhändlers war jetzt mit dem Fegefeuer als Ort der Reinigung der Seele eine Perspektive für den Weg zum ewigen Heil eingeräumt. Buße und Reue des Sünders waren wichtigste Voraussetzungen der Sündenvergebung. Das Bekenntnis der Sünder in der Beichte und die Absolution [= Sündenvergebung] zum Zeichen der Vergebung durch den Priester schlossen die Auferlegung der Bußstrafen ein die diesseitig wie jenseitig zu vollbringen waren. In neuer Weise war das Diesseits auf das Jenseits bezogen, denn im Fegefeuer weilten jetzt alle Christen, die als Büßer im Diesseits ihre Buße nicht vollendet hatten und die nicht im Status der Todsünde verstorben waren. Das Fegefeuer als ein Ort der Reinigung der Seelen wurde neben dem Himmel als dem Ort der Gerechten, dem Limbus (Vorhölle) als dem neutralen Aufenthaltsort für die nicht getauften Kinder und der Hölle als dem Ort der in der Finsternis der Todsünde de Verstorbenen zu einem Ort der Jenseitstopographie. Das Fegefeuer änderte nicht nur die Einstellung der Menschen zum Leben nach dem physischen Tod, sondern hatte vor allem auch Auswirkungen auf das Denken und Handeln, das diesseitige Leben der Menschen. Da die persönlich erbrachten Bußleistungen in der Regel als nicht ausreichend betrachtet wurden, musste schon im Diesseits Vorsorge dafür getroffen werden, dass Bußopfer auch nach dem eigenen Tod für die Reinigung der Seele dargebracht wurden.

Die Menschen des Mittelalters leisteten Bußopfer in einem System der „Guten Werke" (Messopfer, das Gute Gebet, insbesondere für die Verstorbenen, Almosenspende, Krankenpflege und Karitas, Förderung des kirchlichen Kultes einschließlich der Schenkung von Kirchenzierde). Die Guten Werke wiesen über die Zeit der Lebenden in die Zukunft und bezogen auch die bereits Verstorbenen ein [...]. Die Menschen konstituierten durch die Guten Werke und – mittels Stiftung – [...] bis zum Jüngsten Tag eine soziale Gemeinschaft, erhoben sich dadurch zu Subjekten, die über die eigene Lebenszeit hinweg mit den Vorfahren und Nachkommen verklammert waren. [...] Die Stadtkultur des Mittelalters war ohne Totengedenken und Memoria nicht vorstellbar.

Aus: Matthias Ohm u. a. (Hg.), Ferne Welten – Freie Stadt. Dortmund im Mittelalter, Bielefeld (Verlag für Regionalgeschichte) 2006, S. 238.

Arbeitsbereich III: Gewalt im Mittelalter

M7, S. 36
Lampert von Hersfeld, Annales, um 1078

Rituale und Symbole waren für mittelalterliche Herrschaft existenziell. Einerseits spiegelten die Rituale Machtverhältnisse und Rangfolgen wider – so die Sitzordnung in der Kirche oder an der fürstlichen Tafel. Andererseits wurden durch Auseinandersetzungen – wie im vorliegenden Beispiel – Herrschaftsverhältnisse auch verändert.
Im Goslarer Rangstreit standen sich der Abt Widerad vom Reichskloster Fulda und der Bischof Hezilo von Hildesheim gegenüber. Unmittelbar ging es um Rang- und Machtfragen zwischen dem Abt eines privilegierten Reichsklosters und einem Bischof, d. h. um Fragen, die auch das Reichskirchensystem berührten. Es ging aber auch um das Verhältnis zwischen dem jugendlichen König Heinrich IV. und den Reichsfürsten. Bemerkenswert an der Quelle sind aber zwei unausgesprochene Sachverhalte:

- Die im eigentlich geschützten und friedlichen Raum der Kirche von Klerikern bzw. in ihrem Auftrag ausgeführten Gewalttaten.
- Die Anwesenheit des Königs bleibt zunächst folgenlos. Dazu ist auf das Alter des Königs, er war zum Zeitpunkt der Ereignisse 13 Jahre alt, und auf die damit verbundene faktische Vormundschaft als Hintergrundinformation zu verweisen.

Die Quelle kann als ein Beleg dafür gelesen werden, dass im Mittelalter in Auseinandersetzungen zwischen Gruppen offensichtlich relativ schnell zum Mittel der Gewalt gegriffen wurde. Offen bleibt aber, inwieweit der aus dieser Quelle abgeleitete Befund tatsächlich verallgemeinerbar ist.
Zum Hintergrund: Im Hoch- und Spätmittelalter wurde vielfach versucht, die spontane Anwendung von Gewalt einzudämmen (siehe die Gottesfriedensbewegungen, die Versuche zur Eindämmung des Fehderechts; *methodisch-didaktischer Hinweis:* in diesem Zusammenhang könnten die Schüler den Begriff „Fehde" aus dem Lexikon im Schülerband, S. 226, ergänzend hinzuziehen).

M8 a und b, S. 36ff.
Der Sachsenspiegel über den Zweikampf, 1220–1235

Zur Quelle: Der Sachsenspiegel ist das bedeutendste Rechtsbuch des Mittelalters und die Arbeit eines Privatmannes, Eike von Repkow. Dieses Prosawerk wurde zunächst in Latein niedergeschrieben und später mehrfach ins Niederdeutsche übertragen, überarbeitet und illustriert. In zwei Teilen werden das Land- und das Lehnsrecht beschrieben. Es ist eine Sammlung von Texten über praktiziertes Recht im niederdeutschen Raum, noch nicht beeinflusst von den Begriffen und der Systematik des römischen Rechts. Der Sachsenspiegel beeinflusste Rechtsbücher im süddeutschen Raum, in Nordosteuropa und ging in viele Stadtrechte ein.
Zum Quellenauszug M8 a: Die Aussagen zum Zweikampf lassen sich in zwei Abschnitte teilen: Zunächst werden die rechtlichen Voraussetzungen für den Zweikampf formuliert. Dabei stehen die Standeszugehörigkeit der Beteiligten, die Delikte und eventuelle Hinderungsgründe im Zentrum der Darstellung. Im folgenden Textteil werden dann die Modalitäten des Kampfes und die richterliche Sanktionierung der Ergebnisse des Zweikampfes beschrieben.
Der Zweikampf ordnete sich in das im frühen Mittelalter im deutschen Recht übliche Gottesurteil ein. Zu dieser Beweismethode wurde dann gegriffen, wenn aufgrund der Schwere des Falles die Unschuld des Beklagten nicht durch Eid oder Eideshelfers bewiesen werden konnte.
Beim Zweikampf, bei dem auch die Stellung eines Vertreters möglich war, gewann der den Rechtsstreit, der den Kampf gewann. Gottesurteile wurden durch das 4. Laterankonzil im Jahr 1215 verboten.

Aufgabe 15 a und b, S. 38
Siehe Erläuterungen zu M8.

Aufgabe 16 a, b und c, S. 38
Siehe Erläuterungen zu M8 und Tafelanschrieb.

Aufgabe 17 a, b und c, S. 38
Siehe Tafelanschrieb.

M 9, S. 38
Strafen im Mittelalter, Holzschnitt, 1512

Als „Laienspiegel" wird das 1509 von Ulrich Tengler in deutscher Sprache verfasste und in Augsburg gedruckte Rechtsbuch bezeichnet.
Zu den dargestellten Strafen siehe das Arbeitsblatt zu M 9, S. 38.

M 10 a, S. 39 f.
Althoff, Fehdewesen, 1998

Der Historiker Gerd Althoff stellt die mittelalterliche Fehde einerseits als gewalttätigen, die gesamte Gesellschaft schädigenden Konflikt dar. Gottes- und Landfriedensbewegungen waren Versuche zur Eindämmung der Gewalt, aber nie flächendeckend wirksam. Es bedurfte eines gewaltigen zivilisatorischen Prozesses, um von der Selbstjustiz zur Etablierung des staatlichen Gewaltmonopols zu gelangen. Andererseits weist Althoff auf die Rituale, Symbole und Verhandlungsoptionen bei der Konfliktlösung hin. Diese Begrenzung und Regulierung der Gewalt galt aber nur unter adligen Standesgenossen.
Das Fehderecht wurde mit der Verkündung des „Ewigen Landfriedens" 1495 vollständig untersagt.

M 10 b, S. 40
Isenmann, Gewalt, 2007

In seinen Ausführungen beschreibt der Historiker Eberhard Isenmann die gewalttätigen Verhältnisse in den Zunftversammlungen und damit auch in der Stadt. Er schlussfolgert aus der umfänglichen Auflistung von Verbrechen und Vergehen sowie den entsprechenden Straf- bzw. Bußzumessungen auf weit verbreiteten Gewaltgebrauch.

Aufgabe 20 a und b, S. 40

Siehe Erläuterungen zu M 10 a.

Aufgabe 21 a, b und c, S. 40

Siehe Erläuterungen zu M 10 a und b.
Methodisch-didaktischer Hinweis: Die Schülerinnen und Schüler sollten beim Vergleich beider Positionen den „gewalthaltigen Grundtatbestand" im Mittelalter erfassen und die standesbezogenen Faktoren bei Gewaltanwendung unterscheiden.

TAFELANSCHRIEB

Sachsenspiegel: Bild-Text-Bezüge in M 8 b und a:

1. Bild: Die Prozessbeteiligten leisten die notwendigen Kampfeseide vor Prozessbeginn.	**Zeile 87 ff.:** Beide sollen gerüstet vor den Richter treten und schwören …
2. Bild: Die Prozessbeteiligten führen mit gleich zugeteilter Sonne den gerichtlichen Zweikampf.	**Zeile 93 ff.:** Die Sonne soll man ihnen gleichmäßig zuteilen…
3. Bild: Ein Fronbote und zwei Schöffen laden den säumigen Beklagten zum Zweikampf.	**Zeile 99 ff.:** Wenn der andere [der Beklagte] zu lange zögert …
4. Bild: Der kampfbereite Kläger führt gegen den säumigen Beklagten den Stich in den Wind.	**Zeile 105 ff.:** … so soll der Kläger aufstehen und sich zum Kampf erbieten …

TAFELANSCHRIEB

Gruppierung der in M 9 dargestellten Strafen:

Todesstrafen
1. Enthaupten
2. Ertränken
3. Hängen
4. Rädern
5. Verbrennen
6. Vierteilen

Verstümmelungsstrafen
7. Hand abschlagen
8. Ohr abschneiden
9. Blenden

Ehrenstrafen
10. Stäupen (am Pranger stehen)

Aufgabe 22, S. 40
Methodisch-didaktischer Hinweis: Die Schülerinnen und Schüler können über Gewalt im Sport hinaus die aktuelle Gewaltdiskussion (an Schulen, Jugendgewalt) in die Aufgabenlösung einbeziehen.

M 11, S. 40
Tätlichkeit bei einem Fußballspiel, Fernsehstandbild, 2006
Zum Hintergrund: Der Spieler Zidane hatte sich beim Endspiel der Fußballweltmeisterschaft 2006 in Berlin durch eine Bemerkung des gegnerischen Spielers Materazzi beleidigt gefühlt und ihm daraufhin, wie hier abgebildet, einen Kopfstoß gegen die Brust versetzt, woraufhin Materazzi zu Boden fiel.
Methodisch-didaktischer Hinweis: Die Schülerinnen und Schüler könnten zunächst darüber diskutieren, ob die Reaktion von Zidane berechtigt war. Sie sollten in einem zweiten Schritt erkennen, dass es sich hierbei um eine Form der Selbstjustiz handelt und mögliche Parallelen zum Fehderecht diskutieren. Abschließend sollten die Folgen von Selbstjustiz in der Gegenwart erörtert, ggf. weitere Beispiele aus dem Alltag gesucht (Bsp. Ehrenmorde) und die Folgen für den modernen Rechtsstaat (Aushöhlung des staatlichen Gewaltmonopols) und die Gesellschaft (Verrohung, Entzivilisierung der Gesellschaft) diskutiert werden.

Notizen

Arbeitsblatt zu M9, S. 38

Zur Beschreibung des Holzschnitts „Strafen im Mittelalter"

Arbeitsbereich IV: Geschlechterverhältnisse im Mittelalter

M 12 a, S. 42
Auszug aus dem Sachsenspiegel, 1220–1235

In diesem Auszug wird der mindere Rechtsstatus der Ehefrau – sowohl beim Erbe als auch bei einer Heirat unter ihrem Stand – beschrieben. Gleichzeitig wird für Mädchen und unverheiratete Frauen deren freie Verfügungsberechtigung über ihr Grundeigentum genannt. Für alle Frauen gilt aber eine generelle Vormundschaftsregelung vor Gericht.

M 12 b, S. 42
Mittelalterliche Buchmalerei, um 1515

Diese Miniatur aus der Zeit des Übergangs vom späten Mittelalter zur Frühen Neuzeit illustriert familiäre Arbeitsteilung auf einem Bauernhof. Vorn rechts im Bild beschäftigen sich zwei Männer mit den Schafen, ein dritter Mann hinten am Zaun führt die Schafherde auf die Weide. Links im Vordergrund wird eine Kuh von einer Frau gemolken, im Hintergrund treibt eine weitere Frau ein Rind aus dem Stall. Durch eine offene Tür ist eine Frau – wahrscheinlich am Butterfass – zu sehen.

M 12 c, S. 42
Amtsbrief der Kölner Garnmacherinnen, 1397

Diese Quelle verweist auf die wirtschaftliche Gleichstellung zünftiger Handwerksmeisterinnen. Für sie gelten ähnliche Regelungen wie für männliche Zunftgesellen und -meister. Interessant ist die in § 5 (Zeile 17 ff.) formulierte Nachfolgeregelung: Der Witwer darf das Handwerk und die Rechtsstellung seiner verstorbenen Frau übernehmen.

M 12 d, S. 42
Buchmalerei aus Verona, Ende 14. Jh.

Diese Miniatur gibt einen Einblick in eine Gewürzhandlung oder Apotheke. Der nobel gekleidete Kunde links im Bild führt mit dem Mann hinter dem Ladentisch ein Verkaufsgespräch. Ganz rechts im Bild ist eine Frau mit der Zubereitung einer Substanz in einem Mörser beschäftigt.

M 13 a, S. 43
Seibt über Geschlechterfragen, 1987

In Abgrenzung zu heutigen Vorstellungen von Gleichberechtigung vertritt der Historiker Ferdinand Seibt eine aus der mittelalterlichen Lebens- und Arbeitswelt erwachsene „Aufgabenteilung" zwischen Männern und Frauen. Dabei sieht er durchaus eine eigenständige und wachsende Frauenrolle in der spätmittelalterlichen Gesellschaft. Die Haltung der Kirche ist in der Frauenfrage ambivalent: einerseits die Geringschätzung alles Weiblichen und andererseits die unverzichtbare Arbeit der Nonnen und weiblichen Laien.

M 13 b, S. 43
Ennen über Geschlechterfragen, 1994

Die Historikerin Edith Ennen richtet ihren Blick auf das sich ausbreitende Universitätsstudium seit dem 15. Jahrhundert. In der Regel wurde Frauen der Zugang zur Universität versperrt, Schulen konnten sie besuchen. Ihre Aufstiegsmöglichkeiten in die neue akademische Elite war so unmöglich. Frauen wurden immer stärker in zweitrangige, helfende Positionen gedrängt. Mit der weiteren staatlichen und industriellen Entwicklung bis ins 20. Jahrhundert wurde dieser Verdrängungsprozess der Frauen aus dem Berufsleben verstärkt.

Aufgabe 25 a und b, S. 43
Siehe Erläuterungen zu M 12 a, b, c und d.

Aufgabe 26, S. 43
Siehe Erläuterungen zu M 13 a und b.
Methodisch-didaktischer Hinweis: Die Schülerinnen und Schüler können bei der Diskussion der erkenntnisleitenden Positionen in den beiden Texten durch Impulse auf die Problematik eines ungebrochenen Fortschrittsbegriffs hingewiesen werden. Außerdem sollten quantitative Aussagen zur Größe sozialer Gruppen (und Stände) einbezogen und damit verbunden soziale Unterschiede thematisiert werden.
Darüber hinaus könnte thematisiert werden, dass sich Seibt (Zeilen 22–26) dem Anliegen anderer Historikerinnen und Historiker, aus der Gegenwart ab-

geleitete erkenntnisleitende Interessen (hier: Gleichberechtigung und Gleichstellung der Geschlechter) in seine Arbeit einzubeziehen, widersetzt. Es gilt für ihn lediglich, das Vergangene zu rekonstruieren. Die prinzipielle Wandelbarkeit und gesellschaftliche Konstruktion solcher Rollenmuster und -bilder wird dadurch von Seibt von vornherein ausgeblendet. Diskutieren könnten die Schülerinnen und Schüler auch über die schwammige Begrifflichkeit Seibts: Warum soll die Männerwelt eine „eigene", die Frauenwelt hingegen eine „besondere" sein (Zeile 25 f.: das Männliche als Norm)?
Anders als der Beitrag von Seibt, bei dem der Eindruck hängen bleiben könnte, dass die Teilung in sog. Männer- und Frauenwelten quasi naturgegeben sei, kommt Ennen durch die Längsschnittperspektive zu einem anderen Ergebnis: Sog. Männer- bzw. Frauenwelten sind nicht naturgegeben, sondern gesellschaftlich bedingt und damit veränderbar, was der von ihr beschriebene Verdrängungsprozess der Frauen am Übergang zur Neuzeit verdeutlicht.

Notizen

Arbeitsbereich V: Lebensrisiken im Mittelalter und in der Gegenwart

M 14, S. 44 f. Borst, 1983

Der Historiker Otto Borst stellt den für die Moderne typischen distanzierten, verdrängten Umgang mit Tod und Sterben der allgegenwärtigen Nähe des Todes im Mittelalter gegenüber. Dabei listet er Beispiele für die größere Abhängigkeit des mittelalterlichen Menschen von Naturgegebenheiten auf. Borst stellt die geringeren Eingriffsmöglichkeiten in der damaligen Welt den modernen wissenschaftlich-technischen Potenzialen gegenüber. Der Leser hat ein wenig den Eindruck, dass dieser historische Rückblick mit etwas Nostalgie vermengt ist.

M 15, S. 44 Reisender, Holzschnitt, um 1400

Der Holzschnitt illustriert einen Aspekt des Reisens im Mittelalter. Der reisende Krämer ist gegen Naturgewalten und Überfälle relativ ungeschützt. Die ganze Szenerie wird von einer dritten Person aus sicherer Distanz aus einem Fenster betrachtet.

M 16, S. 45 Beck, Risiken in der Moderne, 1986

In diesem Text von Ulrich Beck wird das heutige Bedrohungsszenario für die Menschheit aus der industriellen Entwicklung, der Naturbeherrschung und den damit verbundenen gesellschaftlichen Entwicklungen abgeleitet. Die Dimension der Gefährdung ist nach seiner Auffassung umfassender und größer als jemals zuvor in der Geschichte, Gewissheiten existieren nicht mehr und das Risiko ist allgegenwärtig. Offen bleibt bei dieser Sicht der Dinge die Frage nach Auswegen, nach der Zukunft der Menschheit.

M 17, S. 45 Fotografie, Pirna, August 2006

Neben den großen Risiken, die sich nach wie vor mit der Atomenergie verbinden (der Text von Beck aus dem Jahre 1986 ist bereits einige Jahrzehnte alt, aber in dieser Hinsicht gerade nicht veraltet), soll das Foto ergänzend zu dem Beck-Text auf das Problem des Klimaschutzes hinweisen, das in der jüngsten Zeit in der Weltöffentlichkeit breit diskutiert wird. Das Foto erinnert an ein Hochwasser an der Elbe. Abgebildet sind Greenpeace-Aktivisten auf einem Floß vor einer Eisbergkulisse.

Aufgabe 28 a und b, S. 45
Siehe Erläuterungen zu M 14–M 17.

Aufgabe 29, S. 45
Siehe Erläuterungen zu M 14–M 17.

M 18, S. 46
Adelheid und Otto I., Statuen, 13. Jh.
Diese Skulpturen im Meißener Dom sind mehr als 250 Jahre nach dem Herrscherpaar entstanden und idealisieren beide Personen und ihre Zeit. Adelheid war verwitwet und heiratete den ebenfalls verwitweten Otto I. im Jahr 951 in Pavia. Sie übte auf die öffentlichen Angelegenheiten in Deutschland und Italien bedeutenden Einfluss aus und wurde 1097 von Urban II. heiliggesprochen.

Notizen

Kapitel 4: Auf dem Lande – eine verlorene Welt der Stabilität?

Hinweise zur Arbeit mit den Materialien:
Siehe den Kasten im Schülerband, S. 52.

M1, S. 48 Karte: Wandlungen im Siedlungsbild der Diemellandschaft

Die beiden Karten zeigen den Wandel der Diemellandschaft in einem Zeitraum von ca. 800 Jahren. Dieser Siedlungsraum wird im Süden von der Fulda, im Osten und Norden von der Werra und im Westen von der Diemel begrenzt. Bei einem Vergleich sind
- der deutliche Rückgang der Waldflächen und der Walddichte,
- eine beträchtliche, flächendeckende Zunahme der Anzahl ländlicher Siedlungen (Ausnahme Reinhardswald),
- die Entstehung von zwei Städten (Geismar, Karlshafen)

aus den Karten unmittelbar zu entnehmen. Indirekt können Schlussfolgerungen über die Ausdehnung der Ackerfläche durch Rodungen und die – wahrscheinlich – für den Getreideanbau und damit für Siedlungstätigkeit ungeeignete Fläche des Reinhardswalds angestellt werden.

Notizen

M2, S. 50 Wartburg in Eisenach, Foto, 1991

Neben den Informationen im Begleittext zum Foto kann noch auf folgende Sachverhalte verwiesen werden:
Der Legende nach wird die Wartburg 1067 von Graf Ludwig dem Springer gegründet. Mit ihm tritt das für ca. 200 Jahre einflussreiche Geschlecht der Ludowinger in die Geschichte des Heiligen Römischen Reiches. Neben Walther von der Vogelweide ist die Geschichte der Wartburg mit weiteren historischen Persönlichkeiten und Geschehnissen verbunden. Die später heiliggesprochene Elisabeth von Thüringen lebte von 1211 bis 1227 auf der Burg. Der Reformator Martin Luther – Kurfürst Friedrich der Weise hielt seine schützende Hand über ihn – wurde als „Junker Jörg" 1521/22 zu seiner eigenen Sicherheit hier versteckt gehalten. In dieser Zeit übersetzte er das Neue Testament der Bibel ins Deutsche. Johann Wolfgang von Goethe besuchte 1777 das erste Mal für fünf Wochen die Wartburg und schuf u. a. Zeichnungen von heute nicht mehr vorhandenen Burgbauten. Anlässlich des 300. Jahrestages des <u>Thesenanschlags</u> Martin Luthers (31. Oktober 1517) und im Gedenken an die Völkerschlacht bei Leipzig (16. bis 19. Oktober 1813) lud die Jenaer Burschenschaft Vertreter deutscher Universitäten für den 18. Oktober 1817 zum ersten Wartburgfest der Burschenschaften ein und 500 Studenten erschienen. Es folgten 1848, 1949 und nach 1991 weitere Wartburgtreffen unterschiedlicher politischer Ausrichtung. Die Burg galt so bereits im 19. Jahrhundert als nationales Symbol und ist wie kaum eine andere Burg Deutschlands mit der deutschen Geschichte verbunden.
Nach 1838 veranlasste der Großherzog Carl Alexander von Sachsen-Weimar-Eisenach, beeinflusst durch romantische Mittelaltervorstellungen, den Um- bzw. Neubau der Wartburg unter Einbeziehung weniger erhaltener Gebäudeteile. Das heutige Erscheinungsbild der Burg ist also vor allem durch den Blick des 19. Jahrhunderts auf das Mittelalter geprägt.
Im Dezember 1999 wurde die Wartburg von der UNESCO in die Liste des Welterbes der Menschheit aufgenommen.

Arbeitsbereich I: Agrartechnik im Mittelalter

M 3 a, S. 52 Hakenpflug, Zeichnung, 1998 M 3 b, S. 52 Beetpflug, Zeichnung, 1998

Der entscheidende Funktionsunterschied zwischen Haken- und Beetpflug liegt in der Art und Weise des Bodenaufbruchs: Der Hakenpflug ritzt den Boden auf, der Beetpflug wendet den Boden.
Die Bodenstruktur, die eingesetzten Materialien und die Zugkräfte beeinflussten die Pflugentwicklung. Die Ausdehnung der landwirtschaftlichen Nutzfläche führte zu neuen Formen der Bodennutzung. Auf den Feldern, die die Siedlungen unmittelbar umgaben, wurde Ackerbau betrieben. Auf diesen sog. Innenfeldern entwickelte sich die Dreifelderwirtschaft mit dem zyklischen Wechsel von Wintergetreide, Sommergetreide und Brache, während auf den sog. Außenfeldern die extensive Produktionsform mit mehrjährigen Brachen erhalten blieb. In dieser Zeit erfolgte eine zunehmende Teilung in ständiges Acker- und Weideland. Die bessere Ausnutzung der tierischen Zugkraft – Pferd mit Kummet, Weiterentwicklung des Jochs für das Rind – und die Verbreitung des Pfluges mit eiserner Schar führten zur intensiveren Bodenbearbeitung und damit zur Steigerung der Bodenerträge. Die landwirtschaftliche Produktivität wurde aber auch durch die Einführung der Sense und des zweigeteilten Dreschflegels deutlich erhöht. Der Ackerbau – speziell der Getreideanbau – rückte in der bäuerlichen Arbeit nach vorn und entwickelte sich zum Hauptfeld der Nahrungsmittelerzeugung.

M 3 c, S. 52 ff. Hägermann über mittelalterliche Pflüge, 1990

Der Historiker Dieter Hägermann beschreibt, ausgehend vom Aufbau des Beet- bzw. Wendepfluges, die technologischen Folgen und Veränderungen der Feldflurgestaltung durch das neue Ackergerät: Der Hakenpflug erforderte das Aufritzen des Bodens über Kreuz und daraus folgend quadratische Felder mit einem relativ hohen Anteil nicht behakter Fläche. Der einseitig arbeitende Wendepflug erlaubte den Vollumbruch der gesamten Bodenoberfläche. Lange und gerade Furchen ersparten dabei ein häufiges und zeitraubendes Umsetzen des Pfluges. So entstanden relativ lange und schmale Felder. Diese Langstreifenfluren begünstigten die Ausbreitung der Dreifelderwirtschaft, prägten die Gemengelage der Ackerflächen und brachten das Haufendorf als verbreiteten Siedlungstyp hervor. Es bestand aus einem umzäunten Kerndorf mit Wohn- und Stallgebäuden, umgeben von Gartenland. Um das Dorf gab es einen weiteren Ring von Flurstücken, sog. Gewanne, die in schmale Streifen aufgeteilt waren. Die Bauern – und teilweise auch der Grundherr – besaßen in jedem Gewann einen oder mehrere Landstreifen. Durch die Dreifelderwirtschaft wurden die Gewanne zu drei Blöcken zusammengefasst, einer für die Winterfrucht, einer für die Sommerfrucht und einer lag brach. Um dieses System effektiv zu nutzen, war Flurzwang nötig. Die Dorfgemeinschaft oder der Vorsteher legte fest, wann der richtige Zeitpunkt für Saat, Ernte und andere Feldarbeiten war. Um die Gewanne lag als äußerer Ring die Allmende. Dort gab es – für alle Bauern nutzbar – Weideflächen für das Vieh, Wald für die Schweinemast, für Bau- und Feuerholz und zuweilen Gewässer für den Fischfang.

M 3 d, S. 53 Monatsbild mit Pflug, Frankreich, 1475

Im letzten Drittel des 15. Jahrhunderts erschienen mehrere gedruckte Heilsspiegel, was für die Popularität dieser Bücher mit ihren anschaulichen Wort-Bild-Kombinationen sprach. Das vorliegende Monatsbild zeigt herbstliche Feldarbeiten im Spätmittelalter. Im Vordergrund, das Bild dominierend, ist ein Pferdegespann mit einem Beet- bzw. Wendepflug zu sehen, geführt von einem Mann. Mit beiden Händen erfasst er den Sterz und drückt so Schar und Sech in die Erde. Ein zweiter Mann hält die mit Kummets angeschirrten Pferde. Im Bildhintergrund ist eine Person mit der Aussaat beschäftigt, zu erkennen am umgehängten Saattuch. Ein Pferd mit Reiter zieht eine Egge über das Feld. Mit diesem landwirtschaftlichen Gerät werden nach dem Pflügen die Erdschollen zerkleinert und so der Boden für die Saat vorbereitet. Rechts im Bild sind ein umzäuntes bäuerliches Anwesen und auf dem Hügel dahinter eine burgähnliche Anlage zu erkennen.
Zur Beschreibung des mittelalterlichen Pfluges: siehe Arbeitsblatt zu M 3 d, S. 53.

Aufgabe 1 a, S. 54
Siehe Erläuterungen zu M 3 a–d und Arbeitsblatt zu M 3 d, S. 53.

Aufgabe 1 b, S. 54
Siehe Erläuterungen zu M 3 d.
Methodisch-didaktischer Hinweis: Neben dem Beetpflug als charakteristisches landwirtschaftliches Gerät des Hoch- und Spätmittelalters können die Schülerinnen und Schüler auch auf Pferde als Zugtiere, das Kummet und die Egge verweisen.

Aufgabe 1 c, S. 54
Siehe Erläuterungen zu M 3 c.

Aufgabe 2, S. 54
Siehe Text im Schülerband, S. 47, sowie Erläuterungen zu M 3 a–d.

Aufgabe 3 a, S. 54
Siehe Erläuterungen zu M 3 a–d.

Aufgabe 3 b, S. 54
Methodisch-didaktischer Hinweis: Als Anregung für den Vergleich kann auf folgende Beispiele verwiesen werden:
- Dampfmaschine,
- Verbrennungsmotor,
- Elektrotechnik,
- Mikroprozessor,
- Gentechnik.

Notizen

Arbeitsblatt zu M3d, S. 53

Zur Beschreibung des Beetpfluges, 1475

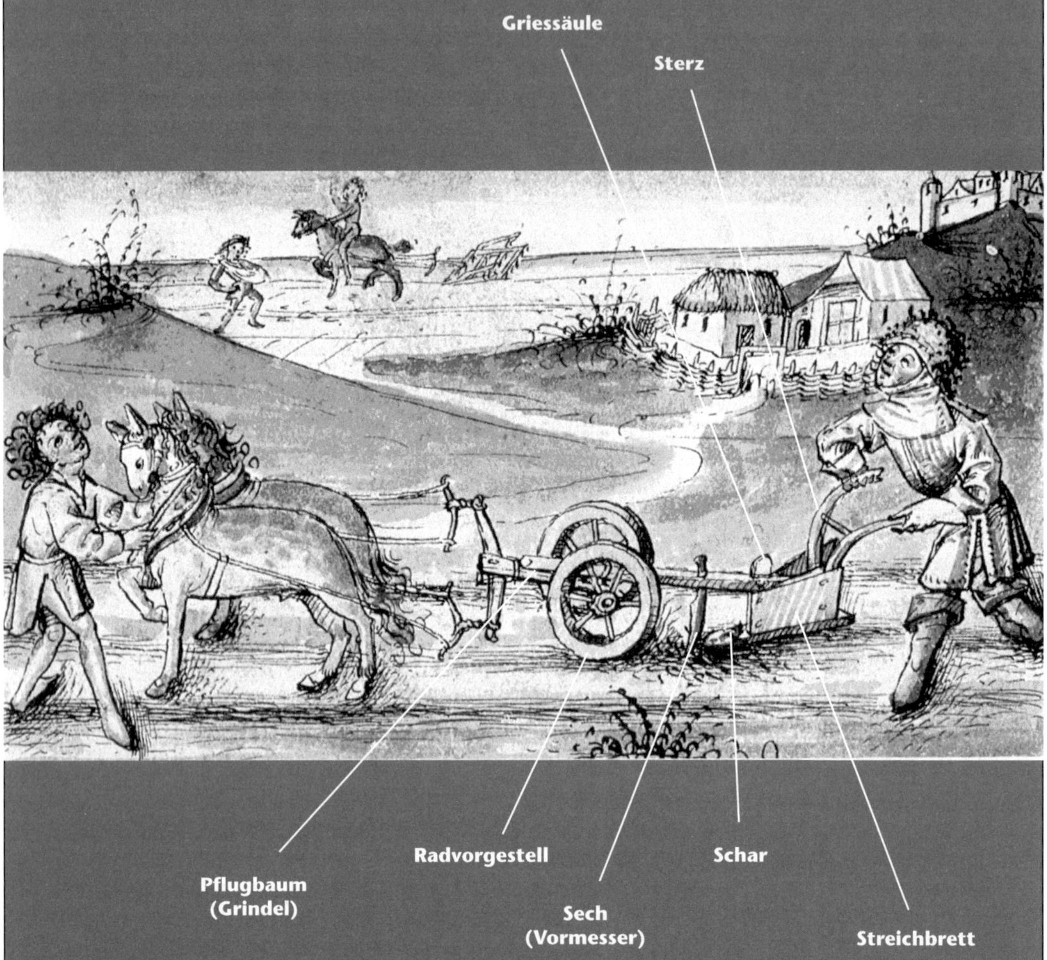

Arbeitsbereich II: Die Grundherrschaft als ökonomisch-soziales Fundament der mittelalterlichen Gesellschaft

Didaktische Vorbemerkung: Nach der Bearbeitung der Materialien im Schülerband kann als Abschluss Zusatzmaterial ZM 4.1 herangezogen werden, in dem mittelalterliche Grundherrschaft und antike Sklaverei voneinander abgegrenzt werden. ZM 4.1 bietet sich auch für eine Hausaufgabe an.

M 4 a, S. 54 f. Besitzungen und Einkünfte des Klosters Kitzingen, um 1070

Dieser Quellenauszug über Besitzungen und Einkünfte des Benediktinerinnenklosters Kitzingen macht den sozialen Herrschaftscharakter einer geistlichen Grundherrschaft deutlich. Neben dem Grundbesitz wird auf die Verfügungsgewalt über Mühlen, Fähren, Pfarreien und auf Fischereirechte verwiesen. Am Beispiel des Fronhofes Kitzingen werden grundherrschaftliche Verhältnisse differenziert sichtbar:
- Naturalabgaben (z. B. Mastschweine, Eier),
- Dienste (z. B. leisten Hörige drei Tage pro Woche Frondienste auf dem Salland),
- Umwandlung von Naturalabgaben bzw. Diensten in Geldleistungen (z. B. statt Frauenarbeit bei der Textilherstellung Geldzahlungen – 11 Pfennige),
- Geld- und Sachleistungen aus Mühlen-, Markt- und Fährrechten,
- verstreute Lage und unterschiedliche Verpflichtungen der zugehörigen Besitzungen (z. B. leistet Weiler Hohenheim mit seinen 11 Hufen 30 Pfennige Geldabgabe).

M 4 b, S. 55 Schaubild der mittelalterlichen Grundherrschaft, 2005

Methodisch-didaktischer Hinweis: Grundherr konnte nur ein Adliger oder eine kirchliche Einrichtung, später auch ein reicher Stadtbürger, werden. Die Streulage, die gegenseitige Durchdringung der Grundherrschaften, die damit verbundenen differenzierten Rechte und Konflikte sowie der abgestufte soziale Status der zur Grundherrschaft gehörenden Personen sollten den Schülerinnen und Schülern bei der Nutzung bzw. Interpretation des Schaubildes als Kontextwissen zur Verfügung stehen.

Aufgabe 4 a und b, S. 55
Siehe Erläuterungen zu M 4 a und b.

Aufgabe 5, S. 55
Siehe Erläuterungen zu M 4 a.

M 5, S. 55 f. Aus der Vita des Bischofs Meinwerk von Paderborn, 12. Jh.

Zur Quelle: Die Vita des Bischofs Meinwerk entstand mehr als 100 Jahre nach dessen Tod. Sie wurde von einem Benediktinermönch aus dem Kloster Abdinghof in Paderborn aufgezeichnet. Dabei sind vom Verfasser vermutlich neben Urkunden und anderen schriftlichen Quellen vor allem Legenden und lebendige Traditionen des Klosters einbezogen worden. Mittelalterliche Viten waren in der Regel hagiografische Lebensbeschreibungen mit legendenhaften Zügen und hatten immer auch erzieherische, kultische oder kirchengeschichtliche Funktionen.
Zum Autor: Der um 976 geborene Meinwerk entstammte dem reichen und angesehenen sächsischen Adelsgeschlecht der Immedinger. 1009 erhielt er von Heinrich II. das Bistum Paderborn. Das arme und unbedeutende Paderborn verwandelte er in den 27 Jahren seiner Amtszeit zu einem der führenden Residenzorte des Reiches. Außergewöhnlich war sein Einsatz im Königsdienst. Meinwerk unterstützte Heinrich II. und Konrad II. bei ihren Kriegszügen und begleitete beide Herrscher zur Kaiserkrönung nach Rom. Zahlreiche königliche Schenkungen belohnten seinen Einsatz und stärkten seine Macht. Er entfaltete eine rege Bautätigkeit – so gründete er das Kloster Abdinghof –, reformierte die Klöster seines Bistums und die Verwaltung des Kirchengutes.
Zum Quellenauszug: In der Vita wird er als derber, kerniger Mann, kirchlich fromm, aber nicht asketisch, weniger Gelehrter, mehr praktisch Handelnder beschrieben, der unermüdlich für die Bereicherung seines Bistums tätig war.
In den ausgewählten Kapiteln werden u. a.
- die persönliche Präsenz als Grundherr (z. B. Kap. 146: Besuch der Fronhöfe),
- die unmittelbare Machtausübung über abhängige Personen (z. B. Kap. 147: Behandlung der Frau des Meiers),

- die „Modernisierung" der Dienste (z. B. Kap. 146: Halbfreie erhalten Speise und Trank während ihrer Arbeiten auf dem Herrenland),
- die „Versorgungsaufgaben" in Notzeiten (z. B. Kap. 151: Ausgabe von Getreide) und
- die Erblichkeit des Meieramtes (Kap. 151) beschrieben.

Aufgabe 6 a und b, S. 56
Siehe Erläuterungen zu M 4 a und b, M 5.

Aufgabe 7, S. 56
Siehe Text im Schülerband S. 48 f.

M 6, S. 56 f. Verordnung Karls des Großen über die königlichen Güter, um 795

Zur Quelle: „Der Betrieb der dem König gehörenden Grundherrschaft wurde in einem eigenen Kapitular, dem *‚Capitulare de villis'* (Kapitular über die Organisation der königlichen Grundherrschaft), sehr detailliert geregelt. Es ist umstritten, wann genau dieser Text entstand, wahrscheinlich besteht aber ein Zusammenhang mit den Hungersnöten der Jahre 792/793. [...] Der König kümmerte sich nicht nur um den Schutz seines Besitzes vor Entfremdung und um die geregelte Versorgung des Hofes mit Pferden, Nahrungsmitteln und gewerblichen Erzeugnissen, sondern er forderte auch eine eingehende Rechnungslegung über alle erwirtschafteten Überschüsse. Mit der landwirtschaftlichen Technik befasst sich der Text nicht; allein die Pferdezucht und die Aufzucht junger Hunde werden näher beschrieben." *(Zit. nach: Deutsche Geschichte in Quellen und Darstellung. Bd. 1: Frühes und hohes Mittelalter 750–1250, Stuttgart [Reclams Universal-Bibliothek Nr. 17001] 1995, S. 61.)*
Das Original der lateinischen Handschrift ist in einem einzigen Exemplar überliefert und wird in der Herzog-August-Bibliothek in Wolfenbüttel aufbewahrt. Neben den Aussagen zur Landwirtschaft liefert das Kapitular direkte und indirekte Informationen über die Herrschaftsverhältnisse. Für das frühe Mittelalter ist es heute wissenschaftlich üblich, von *„Freien" und „Unfreien"* zu sprechen, wobei die Liten als eine vorübergehende Zwischenstufe angesehen werden und für den *Adel* ein Sonderstatus angenommen wird. Dabei werden rechtliche Statusfragen zusammengefasst und verallgemeinert, die soziale Stellung der Personen betont. Die Zugehörigkeit zu einer dieser sozialen Gruppen war weder statisch noch stabil. So können z. B. die im Text erwähnten Amtleute Unfreie sein – die späteren Ministerialen. Deutlich wird dabei deren Doppelfunktion: Einerseits sind sie als Kontroll- und Ablieferungsinstanz für den König bzw. für seine Beauftragten tätig, andererseits sind sie auch persönlich zu Frondiensten und Abgaben verpflichtet. Komplexe und sich teilweise überlagernde Abhängigkeitsverhältnisse und Hierarchien charakterisieren das Leben und Arbeiten auf einer Grundherrschaft – Punkt 10 formuliert dazu anschaulich: „die übrigen Dienstleute sollen Pflugreihendienst leisten und Ferkel aus dem Ertrag ihrer Hufen abliefern, statt Frondiensten sollen sie ihre Ämter gut versehen. Und wenn ein Meier ein Amtslehen hat, soll er seinen Stellvertreter schicken, damit dieser für ihn Fron- und andere Dienste leistet" (Schülerband, S. 57).

Aufgabe 8 a und b, S. 57
Siehe Erläuterungen zu M 6.

Aufgabe 9, S. 57
Siehe Erläuterungen zu M 4 a, M 5 und M 6.
Methodisch-didaktischer Hinweis: Die Schülerinnen und Schüler werden auf die Probleme bei der Übersetzung der lateinischen Quellen in die Gegenwartssprache und bei der Auswahl der Quellenauszüge hingewiesen. Außerdem sind die regionale Vielfalt grundherrschaftlicher Verhältnisse sowie die größere Stabilität und bessere Quellenlage bei geistlichen Grundherrschaften bei der Erörterung zu berücksichtigen.

Aufgabe 10 a und b, S. 57
Siehe Erläuterungen zu M 4 a, M 5, M 6 und das Arbeitsblatt zu Aufgabe 10, S. 57.

Arbeitsblatt zu Aufg. 10, S. 54	**Funktionsweise der Grundherrschaft**
Wer konnte Grundherr sein?	
Welchen Rechtsstatus hatte der Grundherr?	
Wer war mit der Produktion von Gütern beschäftigt?	
Welchen Rechtsstatus hatten die Produzenten?	
Wie war die Arbeitsteilung in einer Grundherrschaft geregelt?	
Wie war das Verhältnis von körperlicher und geistiger Arbeit in der Grundherrschaft?	

Zusatzmaterial ZM 4.1	Grundherrschaft und Sklaverei im Vergleich

Auszug aus einer Darstellung des Historikers Werner Rösner (1993)

[Die Grundherrschaft ist] eine Herrschaftsform, die im Kern das Verhältnis zwischen dem Grundherrn und den von ihm abhängigen Bauern betrifft. Die Beobachtung, dass diese Relation Elemente einer wechselseitigen Beziehung enthält, wodurch der Grundherr zu Schutz und Schirm, der hörige Bauer zu Rat und Hilfe verpflichtet ist, berechtigt keineswegs zu einer idealisierenden Bewertung des grundherrlich-bäuerlichen Verhältnisses. Es handelt sich hier um ein relativ einseitiges Abhängigkeitsverhältnis, nicht aber um einen Zustand freiwilliger Arbeitsteilung. Der Gegensatz zwischen feudalem Obereigentum und bäuerlichem Nutzungsrecht am Boden mit der Verpflichtung zu Abgaben und Diensten führte immer wieder zu heftigen Konflikten und Auseinandersetzungen zwischen Grundherren und Bauern.
Das grundherrlich-bäuerliche Verhältnis war aber keinesfalls ein Willkürsystem, auch darf die bäuerliche Hörigkeit des Mittelalters nicht mit der Sklaverei der Antike gleichgesetzt werden, wie sie auf den römischen Latifundien existierte. Für die Beziehung zwischen dem Grundherrn und den von ihm abhängigen Bauern galt das Hofrecht; Grundherr und bäuerliche Schöffen entschieden im Hofrecht über einzelne Rechtsfälle. Die Grundherrschaften besaßen in der Regel die Immunität und damit die Gerichtsgewalt über die in ihrem Herrschaftsbereich ansässigen Bauern. Der Besitz von eigenen Hofstellen verlieh den Hufenbauern zudem eine relativ selbstständige Stellung und unterschied sie dadurch grundlegend von den Sklaven der Antike. Diese wirtschaftliche Selbstständigkeit und deutlich spürbare soziale Aktivität der von der Grundherrschaft erfassten Bauern ist ein wesentliches Fundament der europäischen Wirtschaftsentwicklung.

Werner Rösner, Die Bauern in der europäischen Geschichte, München (C. H. Beck) 1993, S. 52 f.

Arbeitsbereich III: Das Lehnswesen als grundlegende gesellschaftliche Organisationsform im lateinischen Europa

M7, S.58 Fulbert von Chartres über das Lehnswesen, 1020

Zum Autor: Fulbert, wahrscheinlich um 950 in Italien oder Frankreich als Kind einfacher Leute geboren, wurde Priester. Um 990 begründete er die Kathedralschule von Chartres, die er zu einer anerkannten Bildungseinrichtung formte. Neben Theologie wurden dort auch Geometrie, Medizin und Philosophie gelehrt. 1006 wurde er, wahrscheinlich auf Betreiben des Königs Robert, seines früheren Mitschülers, Bischof der Diözese Chartres. Fulbert war einer der einflussreichsten Theologen und Gelehrten seines Jahrhunderts. Dem erwachenden wissenschaftlichen Leben Frankreichs gab er wesentliche Impulse und förderte gleichzeitig die Marienverehrung. Er starb 1028 in Chartres.

Zum historischen Hintergrund: Wilhelm V., Herzog von Aquitanien, befreundet mit Bischof Fulbert, war ein kultivierter und gläubiger Herrscher. Er entwickelte seinen Hof zu einem intellektuellen Zentrum in Südfrankreich. Weniger erfolgreich war er in militärischen Angelegenheiten. In Auseinandersetzungen mit seinen Vasallen musste er Rückschläge einstecken und territoriale Verluste hinnehmen.

Zur Quelle: In der Quelle dominieren die Verpflichtungen des Vasallen gegenüber seinem Herrn. In sechs Punkten werden ausführlich die sich aus dem Treueeid ergebenden Handlungen erläutert und durch die Forderung nach aktiver Unterstützung des Herrn erweitert. Knapp, in zwei Sätzen, wird der Herr an seine Verantwortung gegenüber dem Lehnsmann erinnert. Ausgeklammert bleibt in diesem Quellenauszug der Aspekt der Verleihung eines Lehens zur Existenzsicherung des Vasallen.

M8, S.58 Die Zeichensprache des Lehnswesens

Lehnswesen und Grundherrschaft waren das Fundament der mittelalterlichen Gesellschaft in West- und Mitteleuropa. Ein Staat im modernen Sinne existierte noch nicht – Herrschaftsverhältnisse beruhten vielmehr auf vielfältigen, abgestuften persönlichen Abhängigkeiten. Bedienstete wurden infolge der dominierenden Landwirtschaft mit Grund und Boden für ihre Tätigkeiten ausgestattet. So entwickelte sich seit dem 8. Jahrhundert im Frankenreich das Lehnswesen unter den Bedingungen einer agrarisch geprägten Selbstversorgungs- und Tauschwirtschaft mit ersten Elementen einer Geldwirtschaft. Das Lehnswesen knüpfte an die schon in gallorömischer Zeit ausgebildete, mit der germanischen Gefolgschaft verschmolzene Vasallität – das persönliche Dienst- und Treueverhältnis eines freien oder auch unfreien Mannes zu einem Herrn – an. Zu dieser personenrechtlichen Seite gesellte sich die sachenrechtliche Seite – das *beneficium* –, ursprünglich die Verleihung von Land an einen Anhänger zu beschränkter Nutzung. Durch die Verquickung dieser persönlichen und sachlichen Seite entstand das Lehen, d. h., es wurde zur Regel, dass Vasallen mit einem *benificium* (später auch *feudum* genannt) ausgestattet wurden und dass, umgekehrt, Lehen nur Vasallen erhielten. Die Aufnahme in die Vasallität erfolgte zunächst durch die Kommendation, d. h. durch einen mündlich geschlossenen Vertrag, der Unterordnungsverhältnisse unterschiedlicher Art begründete und mit dem Tod erlosch. Später traten symbolträchtigere Formen zur Begründung des Lehnsverhältnisses hinzu: Das Einlegen der gefalteten Hände des Vasallen in die des Lehnsherrn *(homagium),* der Treueeid und die Belehnung mit dem Lehnsobjekt unter bestimmten Symbolen (Krone, Zepter, Schwert, Fahne) wurden üblich. Oberster Lehnsherr war der König; die von ihm abhängigen Kronvasallen konnten ihrerseits Lehen an Aftervasallen ausgeben, sodass sich eine ganze Kette von Abhängigkeiten bildete. Dabei ergaben sich Überschneidungen, da ein Vasall mehrere Lehnsverhältnisse zugleich eingehen konnte. Das Lehnswesen stärkte zunächst die Königsmacht im Frankenreich. Es schuf eine breite Schicht dem Herrscher ergebener Berufskrieger und Hofbediensteter. Ursprünglich erlosch das Lehnsverhältnis beim Tod des Lehnsherrn (Herrnfall) oder des Vasallen (Mannfall), doch wurde es schon bald üblich, die Lehen den Erben des Vasallen gegen erneuten Treueeid wiederzugeben. Diese Erblichkeit der Lehen kam schon im 9. Jahrhundert auf und setzte sich zu Anfang des 11. Jahrhundert auch für die kleinen Lehnsträger durch. Hinzu kam, dass nun auch Ämter (Grafschaften), Regalien und andere Rechte und Einkünfte in Form von Lehen vergeben wurden. Bei einer solchen Entwicklung konnte der Lehnsherr immer mehr die Verfügungsgewalt über die von ihm vergebenen Güter und Hoheitsrechte verlieren. Da die deutschen Könige im 10./11. Jahrhundert ihre Amtsrechte gegenüber den Herzögen, Markgrafen und Grafen betonten, sich auf die Reichskirche stützten und Ministeriale einsetzten, konnten sie die zentrifugalen Tendenzen des Lehnswesen noch weitgehend zurückdrängen.

M 9 und M 10, S. 59 Handschrift des Sachsenspiegels (1220–1235) zum Lehnswesen, 14. Jh.

Zuordnung der Texte aus M 10 zu den Illustrationen in M 9:
Bild oben: Der sitzende König verleiht zwei Arten von Lehen. (Bild C)
Bild Mitte oben: Zwei Fürsten mit Wappenschildern. Der Vasall lehnt das Lehnsangebot des einen Fürsten ab und nimmt das Fahnenlehen des anderen entgegen. (Bild D)
Bild Mitte unten: Zwei Personen erhalten ein Reichsgut. Beide nehmen eine weitere Belehnung vor. (Bild A)
Bild unten: Wegnahme des Grundstücks. Der Herr zündet das Haus des Vasallen mit einer Fackel an. Der Herr zieht die Hand zurück und nimmt die Einkünfte an sich. Der Vasall bietet Ähren an. Rechts daneben: Der Herr übergibt einen Handschuh. (Bild B)

Aufgabe 11, S. 59

Siehe Text im Schülerband, S. 48–50, und Erläuterungen zu M 7.

Aufgabe 12, S. 59

Siehe Arbeitsblatt zu Aufgabe 12, S. 59.

Aufgabe 13, S. 59

Siehe Erläuterungen zu M 9 und M 10.

Aufgabe 14 a, b und c, S. 59

Siehe Erläuterungen zu M 8 bis M 10.
Methodisch-didaktischer Hinweis: Die Unterscheidung von Fahnen- und Zepterlehen kann die Schülerinnen und Schüler für die Vergabe von königlichen Lehen an weltliche und geistliche Fürsten sensibilisieren. Die Begriffe „Reichsfürsten" und „Reichskirchensystem" (siehe Lexikon im Schülerband, S. 227) sollten in diesem Zusammenhang noch einmal erläutert werden.
Die Verwendung von Wappen verweist auf das Ritterwesen. Dazu ist anzumerken, dass grundsätzlich nur Adlige – später auch Ministeriale – belehnt werden konnten. Neben Lehen ist der Eigenbesitz (Allod) der adligen Familien Grundlage ihrer Existenz. In der Realität der Grundherrschaft verschmolzen Allodial- und Lehnsgut. Beides wurde von abhängigen Bauern bearbeitet, von deren Abgaben und Diensten der Adel lebte.

Aufgabe 15, S. 59

Siehe Erläuterungen zu M 7 bis M 10.

Aufgabe 16, S. 59

Siehe Erläuterungen zu M 9 und M 10.

Notizen

Arbeitsblatt zu Aufg. 12, S. 59	Vasallen und Lehnsherren

Rechte und Pflichten des Vasallen und des Lehnsherrn

Was bedeutet …	… für den Lehnsherrn?	… für den Vasallen?
„gesund und unversehrt", d. h. ______ ______		
„sicher", d. h. ______ ______		
„ehrenhaft", d. h. ______ ______		
„nützlich", d. h. ______ ______		
„leicht", d. h. ______ ______		
„möglich", d. h. ______ ______		

Arbeitsbereich IV: Die Ständegesellschaft und ihr Selbstbild

M 11, S. 60
Adalbero von Laon über die Ständegesellschaft, um 1017

Zum Autor: Adalbero von Laon, geboren um 947, gestorben um 1030, war ein treuer Anhänger des Karolingers Lothar I. und wurde von diesem 977 als Bischof von Laon eingesetzt.
Zur Quelle: Adalbero von Laon geht in seinem Text von der Unterscheidung zwischen geistlichen und weltlichen Verhältnissen aus. Dabei betont er die Einheit der Christen im Glauben, benennt die (alte) weltliche Auffassung der Teilung der Gesellschaft in Freie und Unfreie und stellt dann ausführlich den „Stand der Knechte" vor. Er beschreibt die gegenseitige Abhängigkeit von Herren und Knechten und vollzieht damit eine gewisse Aufwertung der Arbeit und des Lebens der Unfreien. Gleichzeitig wird mit der Herauslösung der Geistlichkeit („die einen beten") die Eigenständigkeit und das Gewicht der Kirche deutlicher.
Siehe auch Zusatzmaterial ZM 4.2.

M 12, S. 61
Miniaturmalerei, um 1375

Zur Quelle: Nicolas Oresme war ein bedeutender Theologe und Wissenschaftler des 14. Jahrhunderts. Er studierte in Paris und nahm mehrere Kirchenämter in Frankreich ein. Für seine Beratertätigkeit am französischen Hof Karls V. und aus Dankbarkeit für seine wissenschaftlichen Verdienste wurde er 1377 zum Bischof von Lisieux gewählt. Seine lateinischen und französischen Texte befassen sich mit naturwissenschaftlichen, politischen und ökonomischen Fragen. Bekannt ist seine Schrift über Geld und Geldpolitik, die die spätmittelalterlichen Auffassungen über das Finanzwesen stark geprägt hat. Sein Einfluss auf die Politik Karls V. war unverkennbar. Auf königliche Initiative entstanden in den Jahren 1370 bis 1377 Übersetzungen und Kommentare der aristotelischen Ethik, Politik und Ökonomie sowie zum Weltbild. Schon vor 1370, während seiner Lehrtätigkeit am Kolleg von Navarra, lagen naturwissenschaftliche Fragen im Zentrum seiner Interessen. Die meisten seiner naturwissenschaftlichen und mathematischen Schriften stammen aus dieser Zeit.
Zum Bild: Die Buchmalerei zeigt bereits eine deutlich differenzierte Ständeauffassung. An der Spitze, im oberen Drittel der Miniatur, stehen nun – gleichberechtigt – neben den Rittern (Schwertadel) die Ratgeber (Amtsadel). Im mittleren Drittel sind Geistlichkeit und Bauern platziert. Die Entwicklung der Städte und damit verbunden das Gewicht von Handwerkern und Kaufleuten wird im unteren Drittel sichtbar. Die etwa gleichgroße Gestaltung aller Figuren, die Platzierung der Geistlichkeit im „Mittelfeld" und die eigenständige Anordnung von Handwerkern und Kaufleuten deuten die veränderten Verhältnisse zwischen und innerhalb der Stände an.

Aufgabe 17 a und b, S. 61
Siehe Erläuterungen zu M 11 a und ZM 4.2.

Aufgabe 18 a und b, S. 61
Siehe Erläuterungen zu M 11 a und M 12.

Aufgabe 19, S. 61
Siehe Erläuterungen zu M 11 b und ZM 4.2.

Aufgabe 20, S. 61
Siehe Erläuterungen zu M 11 a, b, M 12 und ZM 4.2.

Notizen

Zusatzmaterial ZM 4.2	**Zum mittelalterlichen Bild von den drei Ständen**

Auszug aus einer Darstellung des Historikers Jacques Le Goff (1996)

Das Schema jedoch, das bei der Geistlichkeit und heute bei den Historikern den größten Erfolg hatte, ist das Schema der drei Ordnungen. [...] In der Bibel nicht vorhanden, taucht dieses Schema im christlichen Abendland im 9. und 10. Jahrhundert auf und setzt sich mit einem Text des Bischofs Adalberon von Laon in seinem Gedicht *Poème au roi Robert* (den Frommen) um 1030 durch. Adalberon unterscheidet in der christlichen Gesellschaft drei Bestandteile: *oratores, bellatores, laboratores,* Betende, Kämpfende, Arbeitende. Dieses Schema entspricht der sozialen Landschaft kurz nach dem Jahr 1000. Zunächst sind da die Kleriker und besonders, die Mönche (Bischof Adalberon erkennt mit Bitterkeit ihre Macht an), deren Funktion das Gebet ist, das sie mit der Gotteswelt verbindet und ihnen auf Erden geistige Macht verleiht, dann die Krieger, darunter besonders jene neue soziale Schicht der berittenen Kämpfer, die ein neuer Adel werden sollte, die Ritterschaft, welche die beiden anderen Stände mit Waffengewalt beschirmt, schließlich die Welt der Arbeit, im Wesentlichen vertreten durch die Bauern, deren rechtlich-soziale Lage sich tendenziell vereinheitlicht und die die beiden anderen Stände mit dem Produkt ihrer Arbeit ernähren. Eine scheinbar harmonische, sich wechselseitig ergänzende Gesellschaft, in der die Arbeitenden, wenn nicht gesellschaftlich, so doch ideologisch aufgewertet werden. In der Tat wird das ideologische Schema alsbald von der gesellschaftlichen Wirklichkeit eingeholt und verstärkt diese.

Aus: Jacques Le Goff (Hg.), Der Mensch des Mittelalters, Frankfurt/M. (Fischer) 1996, S. 18.

Arbeitsbereich V: Kultureller Wandel im Mittelalter – Ritter und höfische Kultur

M 13, S. 62
Fränkischer Panzerreiter, Buchmalerei, 9. Jh.

Zum Bild: Die Miniatur zeigt als zentrales Motiv einen Panzerreiter. Auf einem vorstürmenden Pferd sitzend, mit einem Schuppenpanzer, auch Brünne genannt, und einem Spangenhelm geschützt, reitet er gegnerische Fußkämpfer nieder. Dieser Panzer besteht aus schuppenartig übereinanderliegenden Eisen- und Hornblättchen, später auch durch Eisenringe verstärkt, die auf ein Gewand aus Leinwand und Leder genäht sind. Seitlich über dem Rücken des Reiters hängt als weitere Schutzwaffe der hölzerne Rundschild, mit Leder überzogen und einem eisernen Buckel in der Mitte. Als Hauptwaffen führt er die Lanze, hier rechts am Körper, und, in diesem Bild nicht sichtbar, das fränkische Langschwert mit. Sattel und Steigbügel vervollkommnen die Ausrüstung des Panzerreiters und erlauben ihm, sich mit vorgestreckten Beinen gegen den Sattel zu stützen und so größere Stabilität und Durchschlagskraft zu erreichen.
Zum historischen Hintergrund: Die fränkischen Panzerreiter waren Vorläufer der späteren Ritter. Im Frankenreich der Merowinger und Karolinger existierte das an ältere germanische Verhältnisse anknüpfende Heeresaufgebot, d. h. die Pflicht zum Kriegs- und Waffendienst für alle freien Männer. Dabei bestimmten ursprünglich die Fußkämpfer das Kriegsgeschehen. In den Kriegen gegen die Araber, die Sachsen und die Wikinger veränderte sich die Zusammensetzung der fränkischen Heere. Den Kern der Truppen bildeten zunehmend die schwer bewaffneten Reiter. Ein solch reitender Berufskrieger zu sein, war allerdings eine teure Angelegenheit und für die meisten freien Bauern unbezahlbar. Pferd und Ausrüstung erreichten bereits im 8. Jahrhundert einen Gegenwert von 45 Kühen und verteuerten sich in den folgenden Jahrhunderten weiter. Außerdem musste der Reiter ständig den Waffengebrauch und die Beherrschung des Pferdes üben und konnte während dieser Zeit kaum noch andere landwirtschaftliche Tätigkeiten ausführen. Gepanzerte Reiterheere der Lehnsherren und Vasallen waren dauerhaft nur gegen Überlassung von Grund und Boden als Lehen zu formieren. Die Kriegszüge und Fehden belasteten die freien Bauern beträchtlich. Sie gerieten wegen Überschuldung in Unfreiheit oder begaben sich freiwillig in die Abhängigkeit eines Herrn, um den Verpflichtungen des Heeresaufgebotes zu entgehen.

M 14, S. 62
Walther von der Vogelweide, „Reichs-Ton", um 1200

Walther von der Vogelweide, wahrscheinlich ein Anhänger Friedrichs II. von Hohenstaufen, formuliert im vorliegenden Textauszug den Konflikt zwischen Ehre, Besitz und der Gnade Gottes – dem entscheidenden Faktor. Die Einheit dieser drei Elemente wird als hohes, aber nicht zu verwirklichendes Ziel dargestellt. Äußere Einfälle und ständige, immer wieder neu aufflammende Kämpfe zwischen adligen Herrschern prägen das Leben der Menschen. In dieser Zeit der feudalen Anarchie drohen gesellschaftlicher Zerfall und wirtschaftlicher Ruin. Die von kirchlichen Kreisen ausgehende Gottesfriedensbewegung sucht seit Beginn des 11. Jahrhunderts diesem Prozess zu begegnen. Durch Einbindung des Adels und besonders der Ritter soll Gewalt eingegrenzt und kanalisiert werden. Einerseits stehen nun bestimmte Personen, Orte und Zeiten unter kirchlichem Schutz und Verstöße gegen diese Regeln werden zunehmend geahndet. Andererseits werden militärische Fähigkeiten und Gewalt in den Dienst der Kirche genommen und gegen Ketzer und Heiden gelenkt.

M 15, S. 62f.
Johannes von Salisbury, Policraticus, 12. Jh.

Zum Autor: Johannes von Salisbury, um 1115 im englischen Salisbury geboren, war einer der großen Gelehrten des 12. Jahrhunderts. Nach seinen Studien in Paris und Chartres diente er der päpstlichen Kurie und verschiedenen englischen Klerikern in unterschiedlichen Ämtern und wurde schließlich 1176 zum Bischof von Chartres gewählt. 1180 starb er in Chartres. Johannes von Salisbury war mit der antiken Literatur sehr gut bekannt und neigte aristotelischen Denkmodellen zu.
Zur Quelle: In seinem „Policraticus" formuliert er eine moralisierende, zeitkritische Staats- und Gesell-

schaftslehre. Nach dieser Lehre schuf Gott die weltliche Ordnung als eine natürlich gegliederte Hierarchie. Dabei war für die Geistlichen die höchste Stelle in dieser Ordnung – der Platz der Seele – vorgesehen, den Fürsten kam der Platz des Hauptes in diesem System zu.

Zum Quellenauszug: Im Text werden sowohl ein Verhaltenskatalog als auch eine Beschreibung der sozialen Position der Ritter gegeben. Hervorgegangen aus den fränkischen Panzerreitern, etablierten sich seit dem 11. Jahrhundert neben adligen Grundherren auch ursprünglich unfreie Ministerialen als Ritter. Sie gingen in den folgenden drei Jahrhunderten im niederen Adel auf und wurden zum Kern des Ritterstandes. Die Kirche lehnte im frühen Mittelalter üblicherweise militärische Gewalt und Kriege ab. Dagegen stand die große Wertschätzung von Kampf und Heldenmut bei den Laien. Mit der „Bekehrung" der heidnischen Völker im Osten und Norden Europas und mit dem Kampf gegen die islamischen Araber veränderten sich die kirchlichen Positionen. Der Kampf für Kirche und Christentum wurde nun ein gottgefälliges Werk. Das christliche Ritterideal konnte – so wie auch Johannes von Salisbury in seinem Text – den Berufskriegern als erstrebenswertes und auch einträgliches Ziel vorgestellt werden. Die dem Ideal entgegenstehende Realität von gewalttätigen, hinterhältigen und räuberischen Rittern wurde nicht thematisiert.

Aufgabe 23, S. 63
Siehe Erläuterungen zu M 13.

Aufgabe 24 a, b und c, S. 63
Siehe Erläuterungen zu M 15.

Aufgabe 25, S. 63
Siehe Erläuterungen zu M 15.

Aufgabe 26, S. 63
Siehe Erläuterungen zu M 14.

Aufgabe 28 a und b, S. 63
Siehe Erläuterungen zu M 14 und M 16.

M 16, S. 63
Illustration aus einem Ritterroman, Anf. 15. Jh.

Zum Bild: Diese Darstellung aus dem Spätmittelalter knüpft an die idealisierten Vorstellungen von Ritterlichkeit in der höfischen Dichtung an. Konkret werden die Ehre der Familie, die eheliche Treue wie der faire ritterliche Zweikampf im Bild thematisiert. Die links im Bild am Boden liegende Krone soll wahrscheinlich auf die höhere gesellschaftliche Stellung der Frau in diesem Verhältnis zu dem neben ihr liegenden Ritter hinweisen.

Das Ideal der Ritterlichkeit als ein nicht kodifizierter Tugendkodex entwickelte sich im Hochmittelalter unter kirchlichem Einfluss. Dieses ritterliche Tugendsystem basierte auf drei Elementen:

1. Die militärischen Ideale des Lehnswesens wie Treue, Gehorsam, Respekt und Tapferkeit bildeten das historische Fundament.
2. Mit der Ständeauffassung kamen seit dem 10. Jahrhundert für die Ritter (bellatores) kirchlich geprägte Anforderungen hinzu: Schutz von Kirchen, Klöstern und Geistlichen, Kampf gegen Ungläubige, Hilfe für Schwache, Kranke und Wehrlose, Freigiebigkeit und ein gottgefälliges Leben.
3. Durch die höfische Kultur gehörten nun bestimmte Normen und Verhaltensweisen wie Gesang, Tanz und Saitenspiel, Gelassenheit, Zielstrebigkeit, Großmut, Höflichkeit und ehrerbietiges Verhalten gegenüber adligen Frauen zum ritterlichen Verhalten.

Dieser Tugendkatalog war eine höfisch geprägte Idealvorstellung und kollidierte immer wieder mit der sozialen Realität. Der Widerspruch zwischen diesem hohen moralischen Anspruch und der Wirklichkeit wird beispielsweise in den Quellen zu den Gewalttaten der Raubritter und zum Ablauf mancher Turniere deutlich. Trotzdem faszinierte der Traum vom tapferen, frommen und kulturvollen Ritter die Menschen im Mittelalter (und auch später), stabilisierte und legitimierte ständische Verhältnisse.

Methodisch-didaktischer Hinweis: Die Schülerinnen und Schüler können anhand des Bildes darüber diskutieren, inwieweit der Ehrbegriff in Geschichte und Gegenwart mit impliziten geschlechterspezifischen Vorstellungen verbunden war bzw. ist. Ein offensichtlich männlicher Ehrbegriff erlaubt im vorliegenden Beispiel die Tötung einer Frau.

M 17, S. 64
Bumke, höfische Kultur im Mittelalter, 2002

Der Text von Joachim Bumke zu den Tischsitten der höfischen Kultur beschreibt Zustände, Veränderungen und soziale Zielvorgaben. Durch die Erschließung der sog. Benimmbücher wird die Einbeziehung immer neuer Quellen in die historische Forschung sichtbar, auch Rechnungen und Bestelllisten der fürstlichen Küchen gehören dazu. Die Aussagen ordnen sich ein in eine Reihe von sozial- und kulturgeschichtlichen Arbeiten zu Nahrung, Kleidung und Wohnung. Durch die Einbeziehung von Ernährung und Tischsitten in die historische Forschung werden sowohl Nahrungsmittelherstellung, Ernährungszustand und Angebotsstruktur als auch die durch ökonomische Verhältnisse und Verzehrvorschriften bestimmte individuelle Verfügbarkeit von Lebensmitteln sichtbar. Die ständischen Verhältnisse werden so auch symbolisch manifestiert. Veränderungen der Ernährung und der Tischsitten widerspiegeln und stimulieren höfische Kulturentwicklung vom Früh- zum Spätmittelalter, z. B. beim Gebrauch von Gewürzen (Fernand Braudel: Tollheit der Gewürze), bei Weiß- und Graubrotverzehr und Fleischgenuss.

Notizen

M 18, S. 64
Tafelszene, Illustration aus dem Versroman „Tristan und Isolde" von Gottfried von Straßburg, 13. Jh.

Zum Bild: Diese Tafelszene aus dem 13. Jahrhundert deutet auf verfeinerte Tischsitten hin. Das Herrscherpaar, links im Bild, verfügt bereits über jeweils eine eigene Schüssel. Diese befinden sich auf einer mit weißem Tuch gedeckten Tafel. Der in der Mitte des Bildes stehende Mann, wahrscheinlich der Truchsess – ursprünglich der Küchenmeister, dem die Aufsicht über die fürstliche Tafel zustand –, weist mit ausgestreckter Hand dem vor der Tafel knienden Bediensten seine Aufgabe zu. Dieser hält ein abgedecktes Gefäß mit beiden Händen dem Herrscherpaar hin. Rechts im Bild nähern sich weitere Personen mit gefüllten Schüsseln der Tafel. Die Menge der Nahrung – ausschließlich für das Herrscherpaar – deutet einerseits auf die herausgehobene Stellung dieser Personen hin und ist andererseits Ausdruck der Völlerei in dieser Frühzeit höfischer Kultur.

Aufgabe 29 a, b und c, S. 64

Siehe Text im Schülerband, S. 51, und Erläuterungen zu M 17 und M 18.

Methodisch-didaktischer Hinweis: Impulse können durch den Verweis auf folgende historische Vorgänge gegeben werden:

- Anstieg der Agrarproduktion und Landesausbau seit dem 11. Jahrhundert,
- Entstehung von Städten, Wiederaufleben des Handels und der Geldwirtschaft,
- Differenzierungen innerhalb der Stände,
- Rückwirkungen der Kreuzzüge.

Aufgabe 30 a und b, S. 64

Siehe Text im Schülerband, S. 51, und Erläuterungen zu M 17 und M 18.

Arbeitsbereich VI: Methodenarbeit: Mittelalterliche Textquellen interpretieren

M 19, S. 66 f.
Abt Poppo, Textquelle, 1042–1047
Siehe Randnotizen im Schülerband und Erläuterungen zu den Aufgaben 31–35.

Aufgabe 31, S. 67
Beispiele für mittelalterliche Textquellenarten:
- Annalen: M 7, S. 36 (Kapitel 3)
- Lyrik: M 5, S. 6 (Kapitel 1)
- Vita: M 5, S. 55 f. (Kapitel 4)
- Kapitularien: M 6, S. 56 f. (Kapitel 4)
- Rechtsbücher: M 8, S. 55 ff. (Kapitel 3)
- Urbare: M 4, S. 54 f. (Kapitel 4)

Aufgabe 32, S. 67
Siehe Erläuterungen zu M 13.

Aufgabe 33, S. 67
Methodisch-didaktischer Hinweis: Neben den Hintergrundinformationen (Schülerband, S. 47–51) sollten von den Schülerinnen und Schülern folgende Sachverhalte in die Interpretation einbezogen werden:
- die Rolle weltlicher Macht (Vogt und Untervögte) bei der Fixierung verbindlicher Leistungen der Hörigen an das Kloster;
- die Besonderheiten grundherrlicher Verhältnisse in einer Weinbaugegend.
- Die Umwandlung der fixierten Geldabgabe bei guten Erträgen in höhere Naturalabgaben (Wein) ist zu dieser Zeit nur bei besonderen Produkten üblich.
- Fortbestehen der die Bauern besonders belastenden Frondienste.

Aufgabe 34, S. 67
Siehe beispielsweise Erläuterungen zu M 15.

Arbeitsbereich VII: Eine Lehnsherrschaft in der Moderne?

M 20, S. 69
Koydl über das Feudalsystem auf der Kanalinsel Sark, 2006
Das bis vor kurzem auf der Insel Sark bestehende Feudalsystem kann als gegenwartsbezogene Vertiefung in das Thema mittelalterliches Lehnswesen einbezogen werden. Der Text bietet sich auch für eine schriftliche Hausaufgabe an.

Aufgabe 35, S. 69
Methodisch-didaktischer Hinweis: Bei der Gestaltung der Präsentation über die Wirtschafts- und Herrschaftsverhältnisse auf der Insel Sark:
- ist unbedingt auf den exotischen Charakter dieser Ausnahmelage zu verweisen;
- sind die grundsätzlichen Wandlungen trotz Fortbestehens alter, äußerer Formen zu benennen;
- ist ein journalistischer Beitrag in einer Tageszeitung als Ausgangspunkt medienkritisch zu befragen.

M 21, S. 69
Herrenhaus auf Sark, Foto, 2006
Das Foto zeigt den Wohnsitz des Seigneurs von Sark.

Kapitel 5:
Die europäische Stadt im Mittelalter

Hinweise zur Arbeit mit den Materialien:
Siehe den Kasten im Schülerband, S. 75.

M 1, S. 73
Das Rathaus von Stralsund, errichtet im 13. Jh., Foto, 1985

Das Rathaus ist eines der zentralen Symbole bürgerlicher Herrschaft, die sich im Mittelalter in einer kirchlich-feudalen (siehe die Kirche im Hintergrund) Umwelt zu entwickeln beginnt.
Methodisch-didaktischer Hinweis: Die Schülerinnen und Schüler könnten zu Beginn der Unterrichtseinheit zur Stadt eine Fotogalerie mit Aufnahmen von Rathäusern (in der Region, im Bundesland, in Deutschland oder in europäischen Städten) erstellen und an Einzelbeispielen deren Geschichte von der Erbauung bis zur Gegenwart untersuchen und aus dieser Arbeit heraus ggf. auch Leitfragen für den Unterricht entwickeln.

Notizen

Arbeitsbereich I: Entstehung der Stadt, Merkmale, Entwicklungen im Überblick

M 2, S. 75
Miniaturmalerei, 1442

Methodisch-didaktischer Hinweis: Bild M 2 eignet sich insbesondere für eine Skizze des politischen Kräftefeldes, in dem sich die Stadt im Mittelalter entwickelte (damit z. B. auch als Einstieg in ein Teilthema „Städte als Machtfaktoren im Reich"; vgl. Text im Schülerband, S. 74). Zum politischen Kräftefeld in der mittelalterlichen Stadt gehörten drei Gruppen, die anhand der in M 2 abgebildeten Personen und mithilfe der Bildlegende herausgearbeitet werden können:

- Kaiser bzw. König;
- Stadtherr, hier: ein Herzog, d. h. ein hoher Adliger; Stadtherr konnte auch ein Bischof oder der König sein (z. B. bei den sog. Reichsstädten);
- die Führungselite der Stadt: die Patrizier (d. h. die nichtadligen „alten Geschlechter" einer Stadt; das waren in der Regel die männlichen Oberhäupter der Großkaufmanns- und Fernhändlerfamilien).

Die im Hoch- und Spätmittelalter um politische Partizipation kämpfenden Zunfthandwerker sind als Personengruppe auf dem Bild nicht präsent.
Zum Bild: Die Buchmalerei ist mehr als 200 Jahre nach der ursprünglichen Textfassung des „Sachsenspiegels" entstanden und entsprechend „modernisiert". Die vorliegende Darstellung zeigt in einem Bild zwei verschiedene historische Ereignisse: Im Zentrum des Bildes überreicht Kaiser Friedrich II. – mit Reichskrone und einem blauen Mantel – Herzog Otto I. dem Kind, dem Enkel Heinrichs des Löwen, die Lehnsurkunde für sein neu geschaffenes erbliches Herzogtum um Braunschweig und Lüneburg (1235). Herzog Otto hält in seiner rechten Hand den Schild mit seinem reichsfürstlichen Wappen und reicht mit der linken Hand die Urkunde über das Stadtprivileg an die Vertreter der Stadt Lüneburg (1247). Damit demonstriert er seine Rolle als Stadt-

herr. Zu Füßen der Bürger ist das Lüneburger Stadtwappen platziert. Die das Bild umschließenden 24 Patrizierwappen markieren das Selbstbewusstsein der reichen Lüneburger Familien – ursprünglich war nur der Adel zum Führen von Wappen berechtigt. Die Wurzeln für diese Haltung rühren aus der Monopolstellung Lüneburgs als wichtigster norddeutscher Salzproduzent und der frühen Mitgliedschaft (vor 1200) in der Hanse.

Aufgabe 1, S. 75
Siehe Erläuterungen zu M 2.

M 3, S. 76
Grafik: Stadtgründungen und Bevölkerungsentwicklung 1150–1600

Der Höhepunkt der Stadtgründungen in Mitteleuropa liegt in der zweiten Hälfte des 13. Jahrhunderts und korrespondiert mit dem Bevölkerungswachstum. Die mit dem Landesausbau und der deutlich gewachsenen Agrarproduktion verbundenen Prozesse sind die Basis für diese Entwicklung. Die ökonomischen und sozialen Krisenprozesse am Anfang des 14. Jahrhunderts, die Klimaveränderungen und vor allem die Große Pest 1347 bis 1352 führten zu dramatischen Menschenverlusten. Stadtgründungen wurden nun immer seltener und erreichten nie wieder die Größenordnung der zweiten Hälfte des 13. Jahrhunderts. Mehr als 200 Jahre mussten vergehen, bis die Bevölkerungszahl wieder das Niveau vor der Großen Pest erreichte. Die Stadtgründungen gingen dagegen kontinuierlich zurück. Das Bevölkerungswachstum bedeutete nun vor allem Ausbau und Wachstum der vorhandenen Städte.

M 4, S. 76
Karte: Stadtgründungen in Norddeutschland

Bei den Stadtgründungen in den Jahren zwischen 1150 und 1250 in Norddeutschland treten drei unterschiedlich strukturierte Räume hervor:
- So gibt es einmal die Stadtgründungen westlich von Fulda und Weser mit einer räumlichen Konzentration südwestlich von Kassel. Hier sind vor allem Gründungen in den Jahren nach 1220 erfolgt. Westlich und nördlich von diesem Raum sind Stadtgründungen weiter verstreut. Städte entstehen hier im Zeitraum von 1150 bis 1250 relativ gleichmäßig verteilt. Die städtische Siedlungsgeschichte – im heutigen südlichen Niedersachsen und in Nordhessen – ist mit dem Landesausbau in dieser Region in der genannten Zeit verbunden.
- Der Raum südlich von Magdeburg, zwischen Saale und Elbe, weist von der Konzentration und den Gründungsdaten eine ähnliche Struktur auf. Slawische Siedlungen sind hier in den Landesausbau einbezogen.
- Der dritte große Raum der Stadtgründungen liegt östlich der Elbe und nördlich der Spree. Hier fallen die fast ausschließlich nach 1220 gegründeten Städte und ihre weit verstreute Lage auf. Diese Stadtgründungen erfolgen im Rahmen der Ostsiedlung in slawischen Gebieten.

M 5, S. 76 f.
Gründungsurkunde von Freiburg, 1122

Zum Autor: Der aus dem alten alemannischen Adelsgeschlecht der Zähringer stammende Konrad wurde 1122 Herzog von Zähringen. Er stellte sich die meiste Zeit seines Lebens gegen die Staufer und verbündete sich dabei zeitweilig mit den Welfen. Der Name des Adelsgeschlechts ging auf die Burg Zähringen in der Nähe von Freiburg im Breisgau zurück.
Zur Quelle: Ausgangspunkt für die Gründung der Stadt Freiburg war der Markt und das verliehene Marktrecht. Als Stadtherr behielt sich Konrad das Obereigentum an den Grundstücken in der Stadt vor und legte entsprechende Geldabgaben fest. Die in Schriftform gefassten „Privilegien" gaben den Stadtbürgern für damalige Verhältnisse weitgehende Rechte und Sicherheiten. So erhielten die Kaufleute und Marktbesucher Sicherheitsgarantien und Zollfreiheit, das Kölner Recht wurde als verbindlich erklärt, die Bürger konnten ihr Eigentum frei verkaufen und durften Vögte und Priester selbst wählen. Bemerkenswert war die Formulierung eines uneingeschränkten Erbrechts für die Frauen der Freiburger Bürger.

M 6, S. 77
Privileg für Speyer, 1111

Zum Autor: Heinrich V. setzte mit Härte die von seinem Vater begonnene Politik der Stärkung und des Ausbaus der königlichen Territorien fort. Er versuchte durch Anlage bzw. Ausbau von Reichsburgen, Städtegründungen und wechselnde Bündnisse seine Position zu festigen. Den Aufstieg der Territorialfürsten konnte er nicht verhindern. 1125 starb Heinrich V. kinderlos und damit erlosch das Geschlecht der Salier. Sein Bemühen, die Rechte der Krone zu bewahren, trug aber zur Erneuerung der Königsmacht unter den Staufern bei.

Zur Quelle: Auch in dem Privileg werden u. a. Zollfreiheit, städtische Gerichtshoheit und Münzrecht fixiert. Interessant ist neben den allgemeinen Rechtsaussagen die konkrete Formulierung: „Kein Beauftragter unterstelle sich, [...] das Schiff seines Bürgers wider dessen Willen mit Gewalt in den Dienst seines Herren zu stellen." Dieser Verweis weckt Assoziationen zu den Ereignissen in Köln 1074. Die Beschlagnahme eines Kaufmannsschiffes löste den Aufstand der Kölner Bürger gegen ihren erzbischöflichen Stadtherrn aus.

M7, S.77
Tabelle: Stadtbevölkerung in Deutschland

Die große Zahl der Stadtgründungen und der steigende Anteil der Stadtbewohner an der Gesamtbevölkerung korreliert mit dem Wachstumsschub des Hochmittelalters. Zu Stadtgründungen werden nicht nur Neusiedlungen, sondern auch die Erhebung alter Siedlungen zu Städten gerechnet, z. B. durch die Verleihung von Stadtrechten anderer Städte. Im Spätmittelalter gab es im Reich nördlich der Alpen rund 4 000 Orte mit Stadtrecht. Nur etwa 25 hatten mehr als 10 000 Einwohner; die weitaus meisten blieben agrarisch geprägte Ackerbürgerstädte mit weniger als 2 000 Einwohnern. Sowohl in der Aufbauphase bis 1350 wie auch in der folgenden Stagnationsphase ist das relative Wachstum der Stadtbevölkerung auf Zuzug vom Land zurückzuführen. Im 17./18. Jahrhundert entstand als neuer Stadttyp die neu gegründete oder alte Orte umformende Residenzstadt (z. B. Potsdam, Karlsruhe, Ludwigsburg).

M8, S.78
Grundriss von Lippstadt im Mittelalter

Nördlich wird das mittelalterliche Lippstadt von dem Fluss Lippe begrenzt. Der Fluss ist sowohl Element der Stadtbefestigung als auch wichtiger Verkehrsweg (flussabwärts). Die ursprüngliche Altstadt gruppiert sich um das Augustinerkloster (Mönche). Die Augustiner gehören zu den Bettelorden und sind in ihrer Ordensregel durch die päpstlichen Reformen des 11. Jahrhunderts geprägt. Später – im Hochmittelalter – entstehen auch Nonnenklöster der Augustinerinnen, in Lippstadt an der westlichen Spitze innerhalb der Stadtmauer. Zur um 1185 gegründeten Stadt gehören auch die Marienkirche – nach Maria, der Mutter Jesu benannt –, Markt und Rathaus. Diese Altstadt ist von einem Wall umgeben. Getrennt von der Altstadt liegt die ältere Kaufmannssiedlung mit der Nikolaikirche. Kirchen mit diesem Namen sind dem heiligen Nikolaus geweiht und stehen als Patronatskirchen in früheren Kaufmannssiedlungen oder -vierteln.

Mit dem Bau einer Stadtmauer mit fünf Stadttoren ist die Stadterweiterung nach 1220 vorläufig abgeschlossen. Die Stadt umfasst nun ein etwa dreimal größeres Territorium als die Altstadt. In diesem Erweiterungsgebiet entstehen auch das Augustinerinnenkloster und die Jakobikirche. Kirchen mit diesem Namen sind dem Heiligen Jakob geweiht und liegen entweder an einem Abzweig zum Jakobsweg oder sind eine Stiftung nach erfolgreicher Pilgerreise.

Aufgabe 2 a und b, S.78

Siehe Text im Schülerband, S. 71, und Erläuterungen zu M3, M5 und M7.

Aufgabe 3, S.78

Siehe Erläuterungen zu M6.

Aufgabe 4, S.78

Siehe Erläuterungen zu M5 und M8.

Aufgabe 5, S.78

Siehe Erläuterungen zu M2–M8.

Notizen

Arbeitsbereich II: Die mittelalterliche Stadt und ihre Bewohner

Methodisch-didaktischer Hinweis: Für den Arbeitsbereich II bietet sich als Methode u. a. das Lernen an Stationen an. Durch diese Form des interaktiven Lernens können die Schülerinnen und Schüler ihr Arbeitstempo und ihren Schwerpunkt selbst bestimmen, ihre Interessen (z. B. Numismatik und Mode) und das Leistungsniveau werden berücksichtigt. Die Gruppierung der Materialien M9 bis M12 bietet Möglichkeiten, die Wirtschafts- und Sozialstruktur mittelalterlicher Städte zu untersuchen.
Vertiefung: Mithilfe von Zusatzmaterial ZM 5.1 kann das sozialgeschichtliche Thema „Stadtbewohner" um den wirtschaftsgeschichtlichen Aspekt „Geldwirtschaft und Münzwesen" vertieft werden.

Station I: Menschen in der Stadt

M9a, S. 78f. Lukas Rem, Tagebuchauszug, Anf. 15. Jh.

Zum Autor: Lukas Rem entstammt einer alten, wohlhabenden und weit verzweigten Augsburger Kaufmannsfamilie, deren Ursprünge bis in die Zeit der Kreuzzüge zurückreichen.
Zur Quelle: In seinem Tagebuch notiert er z. T. mehr als 150 Jahre zurückliegende Vorgänge. Schriftkundig, der Familientradition verpflichtet und mit kaufmännischem Sachverstand beschreibt er exemplarisch den wirtschaftlichen Aufstieg und das Selbstbewusstsein einer Augsburger Patrizierfamilie. Die erwähnte Zahl von acht Töchtern und vier Söhnen, die finanziell ausgestattet wurden, gibt ein Bild von der Größe reicher Kaufmannsfamilien. Keine Aussage findet sich zu den Todesfällen von Kindern und damit zur Gesamtzahl der Familienangehörigen.

M9b, S. 78f. Clemens Sender, Augsburger Stadtchronik, 1530er-Jahre

Zum Autor: Clemens Sender trat 1496 in das Benediktinerkloster St. Ulrich und Afra in Augsburg ein. 1501 wurde er zum Priester geweiht. Der Benediktinerorden war die erste, ursprünglichste mönchische Bewegung der abendländischen Christenheit. Er prägte mit seinen Regeln das westliche Ordenslebens seit dem frühen Mittelalter. Bezeichnend für das Leben eines Benediktinermönches war und ist die Verbindung von körperlicher und geistiger Arbeit, Studium und Gebet. Neben kleineren Schriften verfasste Sender eine zwölfbändige lateinische Weltchronik – sein Hauptwerk.
Zur Quelle: Die Weltchronik diente Sender auch als Vorlage für seine Chronik über Augsburg von den Anfängen bis 1536. Für seine Stadtchronik nutzte er verschiedene ältere Vorlagen.
Im vorliegenden Ausschnitt geht Clemens Sender auf den Bankrott des Patriziers Hans von Hoy im Jahr 1456 ein. Er kritisiert die eigennützigen Geschäftspraktiken des Bankrotteurs, nennt die dabei geflossenen Gelder und beschreibt ausführlich das geschäftliche Ende des Kaufmanns. Dieses Ende – wie eine gelungene Inszenierung ablaufend – wird von Sender auch mit einer moralisch-erzieherischen Absicht dargestellt.

M9c, S. 80 Tanzfest patrizischer Familien, Tafelbild, 1500

Zur Quellengattung: Tafelbilder sind mit Tempera- oder Ölfarben auf zuvor grundierte Holztafeln gemalte Bilder. Bereits im 11. Jahrhundert entstehen die ersten Tafelbilder. Im 16. Jahrhundert werden in der Malerei die Holztafeln durch die in einem Rahmen eingespannte Leinwand als Bildträger abgelöst.
Zum Bild: Das Augsburger Tanzbild von 1500 stellt ein Fest von Patriziern und weiteren reichen und mächtigen Bürgern im Tanzhaus auf dem Weinmarkt dar. In der ersten Reihe sind – mehr schreitend als tanzend – prächtig gekleidete Paare des Augsburger Patriziats und deren gleichgestellte Gäste zu sehen. Die langen, dunklen, mit Pelz besetzten Mäntel der Männer und die darunter stehenden Namen weisen sie als städtische Amts- und Würdenträger aus. In der zweiten, dahinter platzierten Reihe sind die Personen – auch sie sind durch Namen hervorgehoben – durch Schnitt und Farbe ihrer Kleidung deutlich sowohl von den Männern und Frauen in der ersten Reihe als auch von den Menschen im Bildhintergrund zu unterscheiden. Bei diesen Menschen handelt es sich um zwar beim Tanzfest zugelassene, aber nicht zur Spitze der Gesellschaft gehörige Personen. Davon abgehoben ist die Frau-

engruppe rechts im Bild: die ersten beiden Reihen sitzend und mit aufwändigen und farbenfrohen Kleidern; dahinter, stehend, Frauen in Schwarz. Schließlich sind auf der Empore noch die Musiker zu erkennen. Dieses Tafelbild gibt einen Eindruck vom Selbstbewusstsein und von der inneren Differenzierung der städtischen Oberschicht in Augsburg im ausgehenden Mittelalter und am Beginn der Neuzeit.

M9d, S. 80f.
Burkard Zink, Stadtchronik, 15. Jh.

Burkard Zink stammte aus einfachen Verhältnissen, lernte Schreiben, Lesen und Rechnen und reiste auf der Suche nach Lohn und Brot umher. Er war in verschiedenen Berufen zunächst ohne großen Erfolg tätig und arm. Durch sein Zusammentreffen mit Jos Kramer, einem reichen Augsburger Kaufmann und Beauftragten der Weberzunft, begann sein beruflicher und geschäftlicher Erfolg, wenn auch nicht geradlinig (Eheschließung, Soldatenzeit). Ausgehend von seiner Tätigkeit als Handelsgehilfe (Faktor) übernahm er weitere Anstellungen. Er verknüpfte diese Arbeiten zunehmend mit erfolgreichen Geschäften auf eigene Rechnung mit und ohne Partner. Burkard Zink ist ein Beispiel für wirtschaftlichen und sozialen Aufstieg und soziale Mobilität in der ansonsten fest gefügten städtischen Gesellschaft des ausgehenden Mittelalters.

M10a und b, S. 79
Strukturen der mittelalterlichen Gesellschaft in Europa

Methodisch-didaktischer Hinweis: Die Schülerinnen und Schüler können durch den Vergleich der mittelalterlichen Gesellschaft auf dem Land und in der Stadt Gemeinsamkeiten und Unterschiede anhand folgender Kriterien herausarbeiten:
- ökonomische Basis,
- innere Differenzierung,
- Größenverhältnisse.

Station II: Menschen in der Stadt

M11a, S. 81
Fahrende in einer Stadt, Holzschnitt, ca. 1440/50

Zum Bild: Eine Frau, auf einem Esel reitend, dominiert die Darstellung. Der erste Eindruck assoziiert eine – scheinbar – fürstliche Ausstrahlung. Sie ist in einen farbigen Mantel gehüllt und trägt auf ihrem Kopf einen Korb mit Hühnern – an eine Krone erinnernd. An ihrer Seite ist eine Wiege mit einem Baby befestigt. In dem Tuch auf ihrem Rücken sind Hausrat und andere Gegenstände verstaut. Hinter ihr auf dem Esel sitzt ein Hund (oder eine Katze?). Vom spindelförmig umwickelten Schwanz des Tieres führt ein Faden in die Hände der Frau. Neben ihr geht ein Mann zu Fuß. Seine Kleidung erweckt einen soliden Eindruck. Über der linken Schulter trägt er wahrscheinlich einen Reisesack und an seinem Gürtel hängt ein Messer. Zu Füßen des Esels sind Enten, ein Jungschwein und ein weiteres Tier gezeichnet.
Als Fahrende oder fahrendes Volk wurden die Nichtsesshaften bezeichnet. Damit verfügten sie nicht über das Grundmerkmal der mittelalterlichen Gesellschaft: „Ortsansässigkeit". Sie standen außerhalb der Stände, galten als „unehrlich", waren rechtlich benachteiligt und wurden häufig ausgegrenzt. Die Gründe für ihr Wanderleben wie ihre soziale Herkunft waren sehr unterschiedlich. Kriege, Katastrophen, Krankheiten, familiäre Brüche, uneheliche Herkunft, die Zugehörigkeit zu einer religiös-ethnische Minderheit und wirtschaftlicher Ruin. Aber auch Ausbrüche aus ständischer und religiöser Enge trieben die Menschen über Land. Gleichzeitig waren die Fahrenden für die mittelalterliche Gesellschaft unverzichtbar. Sie erfüllten als Spielleute und Gaukler das Unterhaltungsbedürfnis und waren wichtige Nachrichtenübermittler. Aber auch für Dienste und Verrichtungen im Alltag war das fahrende Volk unverzichtbar. Die Arbeit der Barbiere, Quacksalber, Hausierer, Kesselflicker, Rattenfänger und anderer Fahrender konnte nur im Umherziehen einigermaßen einträglich ausgeübt werden. Die ökonomischen Verhältnisse zwangen sie in der Regel zu mehreren Erwerbstätigkeiten: Landsknecht und Spielmann, Gaukler und Barbier, Rattenfänger und Bettler.

M 11 b, S. 81
Tagelöhner, Federzeichnung, 1456

Zum Bild: Im Zentrum des Bildes ist ein Mann bei Erdarbeiten mit Spaten dargestellt. Er trägt eine einfache grüne Kutte. Sie erinnert an die Bekleidung der Bettelmönche, nur fällt sie hier kürzer aus – sie endet über den Knien. Im Bildhintergrund sind – wahrscheinlich – eine Stadtmauer und zwei Türme zu erkennen. Dieses Bildmotiv und dabei die namentliche Nennung des Tagelöhners Hans Pheuffer gehört zu den eher seltenen Darstellungen in jener Zeit.

Tagelöhner gehören wie Knechte, Mägde, Gesellen ohne Aufstiegschancen, Prostituierte und Angehörige der „unehrlichen" Berufe zur städtischen Unterschicht und erhalten für ihre Arbeit einen Lohn. Sie können davon mehr oder weniger gut existieren. Aber auch Bettler, Krüppel, Blinde und Sieche, die auf fremde Hilfe für ihren Lebensunterhalt angewiesen sind, gehören als Stadtarmut zur Unterschicht. Abhängig von Hungersnöten, Seuchen und Kriegen schätzen Historiker den Anteil dieser Menschen an der Gesamtbevölkerung spätmittelalterlicher Städte auf bis zu 20 Prozent.

Station III: Sozio-ökonomische Gesamtstruktur einer Stadt

M 12, S. 82
Tabelle: Vermögensverteilung in Basel 1429

Im 12. Jahrhundert beginnt der wirtschaftliche Aufschwung Basels, etwa zweihundert Jahre später befreit sich die Stadt von der bischöflichen Herrschaft. 1350 wird Basel Reichsstadt. Das auf der rechten Rheinseite gelegene Kleinbasel, wirtschaftlich und politisch schwächer, wird 1392 für 29800 Gulden von der Stadt gekauft.

Die Tabelle erlaubt Aussagen zu Struktur, Größe und Vermögensverteilung der Steuern zahlenden Stadtbevölkerung Basels. Die Zünfte stellen in Basel (ohne Kleinbasel) 1315 Steuerzahler, Großkaufleute und gleichgestellte Personen 435, das Patriziat 89. Nicht zu den Zünften und der Kaufmannschaft gehörende Bewohner werden von der Steuer nicht erfasst.

In Kleinbasel, dem später hinzugekommenen ärmeren Stadtteil, werden 484 nicht-zünftige Steuerzahler ausgewiesen, zu denen weitere 213 Personen – wahrscheinlich zünftige und kaufmännische – kommen. Hier überwiegen die kleinen Vermögen.

Die großen Vermögen über 2001 Gulden konzentrieren sich bei den Patriziern und weisen in der Gruppe der Großkaufleute (u. A.), entsprechend ihrer Kopfzahl, eine gewisse Streuung aus.

Dagegen ist die Vermögensverteilung innerhalb der Zünfte bemerkenswert: Bei den Brotbäckern mit 70 Personen gibt es 34 (ca. 50 %), die über ein Vermögen von mehr als 151 Gulden verfügen. Die mit 219 größte Zunft der Zimmerleute und Maurer weist dagegen nur 59 (ca. 27 %) in dieser Vermögensgruppe aus.

Methodisch-didaktischer Hinweis: Die Schülerinnen und Schüler können weitere Berechnungen anstellen und damit sowohl Hypothesen über die wirtschaftliche und politische Gewichtung innerhalb der Zünfte sowie zwischen den einzelnen städtischen Schichten formulieren.

Aufgabe 7 a, b und c, S. 82

Siehe Erläuterungen zu M 9 a und b.

Aufgabe 8 a und b, S. 82

Siehe Erläuterungen zu M 9 d.

Aufgabe 9 a und b, S. 82

Siehe Erläuterungen zu M 12.

Aufgabe 11, S. 82

Siehe Text im Schülerband, S. 73, und Erläuterungen zu M 10 b und M 11 b.

Aufgabe 12, S. 82

Siehe Erläuterungen zu M 9 c und M 11 a, b.

Zusatzmaterial ZM 5.1	**Europäisches Münzwesen im Mittelalter**

ZM 5.1 a) Auszug aus einem Text von der Internetseite der „Staatlichen Münzsammlung München" (2008)

Das frühmittelalterliche Münzwesen lehnt sich an die römisch-byzantinische Tradition an. Das Hochmittelalter ist von der Pfennigwährung bestimmt. Wichtigste Münzsorte war der silberne Pfennig. Zählwerte waren Schilling und Pfund (= 240 Pfennige), eine Tradition, die in England bis 1970 fortbestand.

Zunächst brachten die karolingischen Münzreformen Vereinheitlichung und Geltung des Pfennigs im ganzen Reich. Mit dem Zerfall des Karlsreiches vollzog sich die Aufsplitterung nach Regionen. Sie wurde im ostfränkischen Reich noch dadurch gefördert, dass die ottonischen und salischen Kaiser nun das Münzrecht auch den Trägern der Reichskirche verliehen. Die Pfennige von unterschiedlichem Aussehen und Gewicht (Wert) galten meist nur in eng begrenzten Bezirken. Zur besonderen Blüte gelangte die Kunst des Stempelschnitts im 12. Jahrhundert in jenen Gebieten, wo die breiten einseitig aus dünnem Silberblech mit starkem Relief ausgeprägten Brakteaten, geprägt wurden.

Das spätmittelalterliche Geldwesen kam ohne höhere Münzwerte nicht mehr aus. Größere Silbermünzen wie Mehrfachstücke des Pfennigs und Goldmünzen von meist internationaler Geltung bestimmten nun den mehrstufigen Aufbau der Währungen. Verbreitet war der ab 1252 geprägte Florentiner Gulden, der vielfach nachgeahmt wurde. Auch der venezianische Zecchino oder Dukat hatte einen großen Umlaufbereich und lebte als Wertstufe im neuzeitlichen Münzwesen weiter. Unter den Silbermünzen spielte der ab 1266 geschlagene französische Turnosgroschen eine große Rolle. Auch von ihm gibt es viele Nachahmungen. Gleich große Bedeutung hatte der seit 1300 ausgebrachte Prager Groschen. Sein sächsischer Ableger ist der Meißner Groschen.

Das Bedürfnis nach größeren zusammenhängenden Wirtschafts- und Währungsgebieten führte zur Bildung von „Münzvereinen". Der bedeutendste von ihnen hat mit seiner Goldmünze, dem Rheinischen Gulden, die spätmittelalterliche Leitwährung Mitteleuropas geschaffen. [...]

Der Übergang zur Neuzeit im Münzwesen ist bestimmt durch das Entstehen der Talermünze und ihre Einbürgerung in den Geldverkehr. Die sprunghaft ansteigende Silberproduktion im letzten Drittel des 15. und zu Beginn des 16. Jahrhunderts gab den Anreiz, größere Silbermünzen als bisher üblich auszubringen. In Venedig ließ der Doge Nicolò Trono 1472 erstmals das Pfund Pfennige, die Lira, als Münze schlagen. Sie fand bald Nachahmung. Wegen des im Münzbild dargestellten Herrscherkopfs nannte man diese Stücke „Testone". Die entsprechenden Gepräge in der Schweiz und Südwestdeutschland hießen „Dicken".

Zit. nach: http://www.staatliche-muenzsammlung.de/muenzen.html (15. Februar 2008).

Zusatzmaterial ZM 5.1	Europäisches Münzwesen im Mittelalter

ZM 5.1 b) Der Gulden

Der Gulden war die erste Goldmünze, die in Europa weite Verbreitung fand. Sie wurden ab 1252 in der Republik Florenz geschlagen. Darum wird in den Geschäftsbüchern oft die Abkürzung f., fl., Fl., selten gld. benutzt. In Deutschland waren Gulden ab dem 14. Jahrhundert im Süden und im Rheinland verbreitet. Wie bei allen Währungen war der Wert des Guldens zeitlich und territorial unterschiedlich, wobei aber die Rechnungsweise zumeist die gleiche war. In Sachsen galten zu Beginn des 16. Jahrhunderts z. B.:
1 Gulden = 2 halbe Groschen = 7 Schreckenberger = 21 Zinsgroschen = 252 Pfennige = 504 Heller.

ZM 5.1 c) Beispiele für die Kaufkraft in Regensburg im 14. Jh. (Verdienste und Preise)

Jahr	Verdienste	Preise
um 1320	– Tageslohn eines Steinmetz- oder Zimmerergesellen im Winter: 2 Pfennige, im Sommer: 4 Pfennige	– sechs halbe Liter Bier: 1 Pfennig
um 1400	– Tageslohn eines Maurermeisters: 10 Pfennige – Tageslohn eines Erdarbeiters: 3 Pfennige	– ein halber Liter Wein: 1 Pfennig, – eine Mahlzeit im Gasthaus: 3 Pfennige

ZM 5.1 b und c zusammengestellt vom Verfasser.

Arbeitsbereich III: Bildung in der mittelalterlichen Stadt

M 13 a, S. 83
Bild: Unterrichtsstunde, 15. Jh.

Die Buchmalerei in dieser „Chronik des Hennegaus" liefert eine Miniaturansicht Flanderns in der Zeit von 1445 bis 1470. Der Buchtext selbst ist älter. Symbolisch wird die Stadt durch eine Stadtmauer mit sieben Stadttoren – von einem Gewässer umgeben – gekennzeichnet. Auf weitere städtische Merkmale wird weitgehend verzichtet. Dafür hebt dieser Bildausschnitt die städtische Schule übergroß hervor. Vier Personen, wahrscheinlich ein Lehrer und drei Schüler, stehen für Schreiben und Lesen in der Schule. Die Rute – das Attribut des Lehrers auf vielen bildlichen Darstellungen – fehlt hier.

M 13 b, S. 83
Schmieder, Schulbildung in Städten des Mittelalters, 2005

Die Anfänge schulischer Elementarbildung in den Städten lagen in den sog. äußeren Abteilungen der Dom-, Kloster- oder Stiftsschulen für Jungen und Mädchen. In Patrizierfamilien gab es auch Privatunterricht durch Geistliche, Stadtschreiber oder Studenten. Latein war die Unterrichtssprache. Die Schrift hörte aber damit auf, ein Monopol der Geistlichkeit zu sein.
Aus diesen Bildungsvorgängern entstanden seit dem 13. Jahrhundert städtische Schulen. Bei der Organisation, der körperlichen Züchtigung und in den Lehrinhalten – außer im langsamen Vordringen des Gebrauchs der deutschen Sprache – existierte zunächst kaum ein Unterschied zu den kirchlichen Schulen. Die Oberhoheit der Kirche über das Bildungswesen bestand im Patronatsrecht fort. Dieses Recht lag in der Regel in den Händen des Bischofs. Er setzte den Domscholaster zur Aufsicht über die Schulen in seiner Diözese ein. Um dieses Patronatsrecht entbrannten in vielen Städten mehr oder weniger heftige Auseinandersetzungen – in den Hansestädten und in Flandern waren diese stärker als im süddeutschen Raum. Sie wurden in der Regel als Rechtsstreit vor Gericht geführt und endeten häufig in einem Vergleich: Dabei erhielten die Räte das Recht zur Gründung städtischer Schulen und konnten die Lehrer einsetzen, die Kirche behielt die Oberaufsicht über die Lehrinhalte. Es entstanden die städtischen Lateinschulen, die sich in ihrem Unterricht an den sog. sieben freien Künsten orientierten. Im ausgehenden Spätmittelalter kamen dann auch die sog. deutschen Schreib- und Leseschulen hinzu. In ihnen war Deutsch die Unterrichtssprache. Das bürgerliche Rechnen, d. h. das Rechnen mit dem indisch-arabischen Zahlensystem, ergänzte seit dem 15. Jahrhundert das Curriculum. Häufig initiierten die Zünfte diese Schulen.

M 13 c, S. 83
Karte: Universitätsgründungen im Mittelalter

Die erste Universität des Abendlandes entstand im 11. Jahrhundert in Bologna. Nach heutigem Verständnis handelte es sich eher um eine juristische Fakultät. Für diese Gründung waren die Interessen des Kaisers an einer effektiven Ausbildung von Rechtsgelehrten für seine weltliche Gegenmacht zum Papst entscheidend. Es folgten Universitätsgründungen in Modena, Paris, Oxford, Cambridge, Salamanca, Montpellier und Padua. Die wichtigste Aufgabe der Universitäten bestand in der Ausbildung von Theologen, Juristen und Ärzten.
Die Ausbreitung der Scholastik, das zunehmende Interesse am Römischen Recht und die Einflüsse orientalischer Wissenschaften und Literatur im Gefolge der Kreuzzüge stimulierten Universitätsgründungen. Räumlich konzentrierte sich diese Entwicklung von Mittelitalien über Südfrankreich nach Spanien. Die nächste Gründungswelle fand im 14. Jahrhundert im deutschen Sprachraum statt. 1348 wurde nach dem Willen Kaiser Karls IV. die Universität Prag gegründet. Rasch folgten die Fürsten seinem Beispiel: Die Habsburger gründeten 1365 die Universität Wien, die Wittelsbacher 1368 die von Heidelberg und die Wettiner 1409 die von Leipzig. Mächtige Städte errichteten ebenfalls Universitäten, so Köln 1388 und Erfurt 1392.
Diese und andere Gründungen wurden in der Regel durch päpstliche Urkunden bestärkt. In ihnen wurde das Promotionsrecht verliehen und die Existenz als eigenständige juristische Körperschaft fixiert.

Aufgabe 14, S. 83

Siehe Erläuterungen zu M 13 a und b.

Aufgabe 15, S. 83

Siehe Erläuterungen zu M 13 c.

Methodisch-didaktischer Hinweis: Die Frage nach Ursachen und Motiven von Universitätsgründungen und der Standortwahl vom Mittelalter bis zur Gegenwart soll Schülerinnen und Schüler zur Erarbeitung des historischen Kontextes führen:

- Welche politischen Motive existieren?
- Welche ökonomischen Ursachen befördern Universitätsgründungen?
- Welche Rolle spielen Wissenschaftsentwicklung und Kommunikation?
- Welche sozialen Aspekte beeinflussen Universitätsgründungen?
- Welche Rolle spielen Wissenschaftsentwicklung und Kommunikation?
- Welche Rolle spielen individuelle Bedürfnisse und Interessen?

Notizen

Arbeitsbereich IV: Handwerk und Zünfte in der Stadt

M 14 a, S. 84
Bestätigung der Ordnung der Kürschnerzunft in Basel, 1226

Die Basler Urkunde zählt zu den ältesten Dokumenten stadtherrlicher Sanktionierung einer Zunft. Der genossenschaftliche Zusammenschluss wird durch die bischöfliche Urkunde rechtsverbindlich für alle Kürschner der Stadt. Die Entrichtung einer Eintrittsgebühr, eventuelle Strafzahlungen und die Verwendung der finanziellen Mittel werden festgelegt. Besonders hervorgehoben wird der Ausschluss der nicht-zünftigen Handwerker von der Tätigkeit als Kürschner und vom Markt in Basel. Interessant ist die Einbeziehung der Handwerkerfrauen in die zünftigen Verpflichtungen.

M 14 b, S. 84
Zunftordnung der Ulmer Leineweber, 1346

Die Zunftordnung der Ulmer Leineweber unterscheidet sich von der in M 14 a genannten Urkunde durch den Aussteller. Während es sich im Fall der Basler Kürschner um eine Urkunde des Stadtherrn handelt, ist die Zunftordnung der Ulmer Leineweber in genossenschaftlicher Eigenverantwortung entstanden und durch den städtischen Rat sanktioniert. In diesem Dokumentenausschnitt werden spezialisierte Tätigkeiten im Auftrag der Zunft – Vermessung und Qualitätskontrolle der Leinwand – beschrieben. In einem nächsten Punkt wird die Benennung von zwölf Geschworenen, die für die Zunft an politischen Entscheidungen für die gesamte Stadt beteiligt sind, formuliert.

M 14 c, S. 84
Verordnung der Ulmer Leineweberzunft, 1403

Ansehen und Einfluss der Zünfte waren regional sehr unterschiedlich. Während in den nord- und ostdeutschen Städten die Leineweberei als „unehrlicher" Beruf galt, gehörte sie im süddeutschen Raum zu den angesehenen Handwerken. Den Rohstoff für die Garne zur Leineweberei lieferte die umliegende

Landwirtschaft. Flachs als Spezialkultur verbreitete sich.
Nach dem vorliegenden Quellenauszug verfügten die Ulmer Leineweber über beträchtliches politisches Gewicht in der Stadt. Der Eintritt in die Zunft wurde drastisch begrenzt. Ulmer Bürgerrecht, lange Wartezeiten und handwerkliche Ausbildung waren Voraussetzungen für die Zugehörigkeit zur Zunft. Die Position der Leinewebergesellen wurde dabei besonders restriktiv beschrieben. Die Heirat einer Meisterwitwe war für sie die sicherste Chance, in die Zunft aufgenommen zu werden.
In Punkt 6 der Quelle wird die Situation der Baumwollweber (Barchentweber) fixiert. Einerseits musste sich dieses jüngere Handwerk – im Rahmen der fortschreitenden Spezialisierung im Textilgewerbe – außerhalb der Stadt ansiedeln und durfte nur Baumwolltuche herstellen. Andererseits waren die Baumwollweber gezwungen, ihre Erzeugnisse in Ulm anzubieten und sich einer Qualitätskontrolle ihrer Tuche durch Vertreter der Leineweberzunft zu unterziehen.

M 14 d, S. 84 f.
Die *„Reformatio Sigismundi"* über die Zünfte, 1476

Zur Quelle: Die *„Reformatio Sigismundi"* gliedert sich in fünf Abschnitte:
1. die Vorrede mit Forderungen nach einer Kirchenreform,
2. Forderungen nach einer weltlichen Reform,
3. Formulierung einer gesellschaftlichen Vision – Kaiser Sigismund zugeschrieben,
4. ein Abschnitt über das Münzwesen,
5. ein Abschnitt über das Sammeln von Almosen.

Der anonyme Verfasser kritisiert besonders die Missachtung des Rechts durch die weltliche und geistliche Obrigkeit, setzt sich für eine Stärkung der Königsmacht und den Schutz der „kleinen Leute" ein.
Zum Quellenauszug: Im Quellenauszug wird die dominierende Rolle der Zünfte in vielen Städten kritisiert: Durch ihr Gewicht im Rat verhindern die Zünfte wirkliche Kontrolle und fördern gegenseitige Absprachen zum Nachteil der Mehrheit der Stadtbevölkerung. Der Verfasser fordert daher die Abschaffung der Zünfte. Indem jeder Handwerker und Kaufmann bei seinem Gewerbe bleiben soll, macht er sich gleichzeitig ein Grundelement der Zunftordnung zu eigen. Seine Hoffnungen setzt er auf Reichsstädte mit neuen Gemeindevertretungen und kaiserliche Macht.
Die Quelle zeigt, dass die Zünfte mit ihren Abschottungs-, Ausgrenzungs- und Regulierungsfunktionen am Ende des Mittelalters offenbar nicht mehr mit den wirtschaftlichen Bedürfnissen der Marktteilnehmer zu vereinbaren waren und zum Teil als Hindernisse wirtschaftlicher Entwicklung empfunden wurden.
Methodisch-didaktischer Hinweis, Gegenwartsbezug: Die Schülerinnen und Schüler könnten darüber diskutieren, ob man eine mittelalterliche Zunft als „Kartell" bezeichnen könnte.

M 14 e, S. 85
Bild: In einer Schneiderwerkstatt, 1. Hälfte 15 Jh.

Zum Bild: Drei Personen bemühen sich um eine gutsituierte Kundin. Direkt neben ihr ist eine Person mit Maßnehmen bzw. der Anprobe beschäftigt. Rechts am Tisch wird von einem Mann mit einer Schere Stoff zugeschnitten. Links sitzt eine Frau auf einer Bank und hält eine rote Stoffbahn auf ihren Knien. Interessant ist der Ziegenbock an ihrer Seite. Er verweist auf das Wappentier der Schneider – später in Volksliedern ein häufig verwendetes Motiv. An der linken Wand werden farbige Stoffe auf einer Leine präsentiert.
Die Schneiderwerkstatt wird hier idealisiert in einem hellen, großen Raum mit zwei Fenstern dargestellt. Daraus fällt der Blick auf Kirche, Häuser und Bäume. Der laubenartige Charakter des Raumes wird durch die beiden Säulen und die verbindende Pflanzengirlande verstärkt.

Aufgabe 18, S. 85
Siehe Erläuterungen zu M 14 a–c.

Aufgabe 20 a und b, S. 85
Siehe Erläuterungen zu M 14 d.

Aufgabe 22, S. 85
Siehe Erläuterungen zu M 14 e.

Arbeitsbereich V: Konflikte in der Stadt

Fallbeispiel I: Augsburg

M 15 a, S. 86
Zur Geschichte Augsburgs bis zum 13. Jahrhundert, 2007
Der Text bietet Basisinformationen zur Einordnung der Quellen.

M 15 b, S. 86
In einer Augsburger Stadtchronik heißt es zum Jahr 1368:
Der Aufstand der städtischen Handwerker von 1368 richtete sich gegen die Ratsherrschaft der Patrizierfamilien und deren Ämter- und Finanzpolitik. Die Handwerker streben nach politischer Partizipation. Der Text weist ausdrücklich und wohlwollend auf den friedlichen Verlauf des Aufstandes und dessen Zielstellung, Einführung einer Zunftverfassung, hin.

M 15 c, S. 86
„Zweiter Zunftbrief", 1368
Siehe dazu Zusatzmaterial ZM 5.2.

Notizen

Zusatzmaterial ZM 5.2	**Zu den Hintergründen der Zunftkämpfe in Augsburg**

Auszug aus einer Darstellung der Historikerin Evamaria Engel über Zunftkämpfe im Spätmittelalter (2006)

Augsburg war eine Stadt, in der bis 1368 die führenden Geschlechterfamilien die Ratsherrschaft ausübten. Gegen deren Ämter- und Finanzpolitik, gegen ein Ungeld genannte Getränkesteuer und für mehr Durchblick bei den Einnahmen und Ausgaben erhoben sich am 22. und 23. Oktober 1368 die Handwerker der Stadt, deren Anführer uns der Kaufmannssohn und Chronist Hektor Mülich, ein Schwager Jakob Fuggers, namentlich überliefert. Es waren der Weber Weiß, der Bäcker Senzenbach, der Kürschner Witzig, der Salzfertiger Hans Wessisprunner, der Bierschenk Sighart und der Fleischer Hans Erringer. Bewaffnet zogen die Handwerker zum Perlachplatz, besetzten und bewachten Tore, Straßen und Rathaus. Als symbolischen Ausdruck der Macht über die Stadt forderten sie die Schlüssel zu den Toren und zum Archiv mit den städtischen Urkunden, ferner Stadtsiegel, Glocke und das Stadtbuch, das 1276 schriftlich fixierte Stadtrecht. In Augsburg wurden 17 Großzünfte gebildet. Das waren keine Zünfte im Sinne handwerklicher Genossenschaften, sondern politische Vereinigungen, in denen alle Bürger Mitglied sein mussten und zu denen meist verwandte Gewerbe und Wirtschaftszweige zusammengefasst wurden. So gingen die Augsburger Geschlechterfamilien, soweit sie in der Stadt blieben, in die Zunft der Kaufleute, die sich von den übrigen politischen Zünften, abhob und stellten meist den Bürgermeister. Der regierende Kleine Rat bestand nunmehr aus den Meistern der 17 politischen Zünfte und aus zwölf weiteren Zunftvertretern. Diese 29 Ratsherren wählten 15 Angehörige der alten patrizischen Familien hinzu. In Augsburg wurde also – wie in anderen oberdeutschen Städten – eine „Zunftverfassung" eingeführt, es herrschte hier, wie es in den Quellen heißt, die „Gemeinde von den Zünften zu Augsburg". Vor Einführung der Zunftverfassung hatte der Augsburger Rat einen Gesandten in Speyer um nähere Auskünfte nachsuchen lassen, war doch in dieser Stadt die Einreihung aller Bürger – auch der aus Münzern und Hausgenossen bestehenden Patrizier – in 15 politische Zünfte 1349 beendet worden; diese besetzten den aus 30 Mitgliedern gebildeten Rat. Nochmals sei betont, dass diese politischen Zünfte im Unterschied zu den Handwerkerzünften die gesamte Bevölkerung einer Stadt umfassten.

Die Bildung von politischen Zünften, hier Gaffeln genannt, beendete auch die Kölner Bürgerkämpfe von 1396, in deren Folge die Geschlechterherrschaft gestürzt wurde. Alle Bürgerrechtsinhaber mussten den 22 Gaffeln angehören, aus denen 36 Vertreter in den Rat gewählt wurden. Diese 36 Gaffelvertreter kooptierten 13 Ratsherren aus beliebigen Gaffeln – das sogenannte Gebrech –, sodass insgesamt 49 Personen den neuen Rat nach 1396 bildeten. Bis zum Ende des Mittelalters hielten aber die führenden Kaufleutegaffeln im Gebrech und vor allem im Bürgermeisteramt eine überragende Stellung. Die am Beispiel Augsburgs, Speyers und Kölns vorgeführte Zunftverfassung oder Zunftherrschaft bedeutete demnach nicht, dass allein Handwerker die politische Macht ausübten. Sie besagt vielmehr, dass der Stadtrat aus den politischen Zünften oder Gaffeln gebildet wurde, unter denen auch das Patriziat die verfassungsrechtliche Stellung einer Zunft besaß.

Evamaria Engel, Die deutsche Stadt im Mittelalter, Düsseldorf (Albatros) 2005, S. 130–132.

Fallbeispiel II: Braunschweig

M16a, S.87
Braunschweig im 14 Jh., 2007

Der Text bietet Basisinformationen zur Einordnung der folgenden Quellen.

M16b, S.87
Braunschweiger Stadtchronik, um 1500

Die mehr als 120 Jahre nach den Ereignissen von 1374 entstandene Chronik zeichnet ein einseitiges Bild der Auseinandersetzung. Der gewalttätige Aufstand der Zünfte wird als Teufelswerk gebrandmarkt. Die besondere Kritik des Chronisten richtet sich gegen die Bemühungen des neuen Rates um Kontakte und Solidarisierungen mit den Zünften in anderen Städten.

Der Aufstand war von wirtschaftlich erstarkten Händlern und Handwerkern ausgegangen und richtete sich gegen die in der Altstadt ansässigen Patrizierfamilien. Die Anführer der Revolte kamen aus der Kaufmannschaft, die mit der seit 1371 freien Schifffahrt auf Oker und Aller reich geworden waren. Sie besaßen im Rat, der durch die Land besitzenden Patrizierfamilien beherrscht wurde, keine entsprechende Stimme. Die Auseinandersetzung um die Beherrschung des Flusshandels zwischen den alten Patrizierfamilien und der neuen Kaufmannschaft spitzte sich zu. Der unmittelbare Anlass des Aufstandes war die Erhöhung der Kornsteuer. Durch den Erwerb von Schlössern, Burgen und Rechten von den Welfen – hauptsächlich im Interesse des Patriziats – und durch eine Fehde mit dem Magdeburger Erzbischof war Braunschweig in eine Finanzkrise geraten. Das gewaltsame Vorgehen der Braunschweiger Opposition gegen den alten Rat 1374 war aber nicht nur Reaktion auf Steuererhöhung und Finanzmisere, sondern auch „Vergeltungs- und Präventionstat" nach den Berichten über andere städtische Aufstände. Besonders die blutige Rache der Kölner Patrizier an den aufständischen Webern 1371 war in vielen Orten bekannt und wurde später auch in vielen Chroniken reflektiert.

Die Breite der Oppositionsbewegung gegen das Braunschweiger Patriziat zeigte sich schließlich in der sozialen Zusammensetzung des neuen Stadtrates von 1386. Neben 56 Fernhändlern, Gewandschneidern, Wechslern und Goldschmieden waren auch 47 Handwerker vertreten. Die 103 Ratsherren vertraten alle Stadtteile und gehörten zu den reichen und reichsten Bürgern der Stadt.

M16c, S.88
Beschluss der Hansestädte, 1375

Häufig griff die Hanse im Zuge von innerstädtischen Auseinandersetzungen ein, um die Machtverhältnisse im jeweiligen Rat zugunsten der führenden Patrizierfamilien wiederherzustellen. So wurde Braunschweig nach den Ereignissen von 1374 für fünf Jahre von 1375 bis 1380 aus der Hanse ausgeschlossen. Jeglicher Handel mit, nach und von Braunschweig wurde unterbunden. Die Stadt geriet in wirtschaftliche Schwierigkeiten und die aufbegehrenden Handwerker und Kaufleute des neuen Rates unter sozialen Druck. Nach langen Verhandlungen um die Aufhebung des Boykotts der Hanse mussten die Vertreter Braunschweigs 1380 in einem demütigenden Verfahren auf den Stufen des Lübecker Domes um Verzeihung bitten. Schließlich kam 1386 nach dem Ende der Unruhen eine Verfassungsänderung zustande, die die Beteiligung der Zünfte am Stadtrat ermöglichte.

M17, S.87
Grafik: Entstehung städtischer Selbstverwaltung in Europa

Die Grafik verallgemeinert und systematisiert die Entwicklungsetappen städtischer Selbstverwaltung im mittelalterlichen Europa. Dabei werden drei – zeitlich sich häufig überschneidende – Vorgänge dargestellt:

- Das Stadtregiment liegt in den Händen des Stadtherrn und seiner Bediensteten und Beauftragten.
- Nach Auseinandersetzungen mit dem Stadtherrn – in unterschiedlichen Formen – übernimmt ein Rat, gebildet vom Patriziat, wesentliche Elemente des Stadtregiments.
- Nach innerstädtischen Auseinandersetzungen – meist zwischen den Patrizierfamilien und den Zünften – erfolgt häufig eine Beteiligung der Zünfte an der Stadtregierung.

Aufgabe 24, S.88

Siehe Erläuterungen zu M17.

Aufgabe 25, S. 88
Siehe Erläuterungen zu M 15 und M 16.
Methodisch-didaktischer Hinweis: Durch einen Vergleich der Geschehnisse in Augsburg und Braunschweig können die Schülerinnen und Schüler Aussagen über die soziale Zusammensetzung der städtischen Opposition, den Verlauf und die Formen der Auseinandersetzung sowie die Ergebnisse der innerstädtischen Konflikte treffen. In den meisten Städten endeten die Konflikte oder Kämpfe mit einem Kompromiss zwischen altem Patriziat und städtischer Opposition. Neben den fortbestehenden alten Räten (Enger oder Kleiner Rat) – z. T. mit veränderter Zusammensetzung – entstanden mehr oder weniger große Bürgerschaftsvertretungen (Weiter oder Großer Rat) unter Einbindung, d. h. politischer Partizipation der Zünfte.

Notizen

Arbeitsbereich VI: Städte als Machtfaktor im Reich des Spätmittelalters

M 18, S. 88 f.
Beispiel I: Der Rheinische Städtebund; Auszug aus den Tagungsakten, 1254 und 1257

Die Gründung des Rheinischen Städtebundes 1254 war gewissermaßen eine Selbsthilfeaktion der Städte. Aus wechselseitigen Bündnissen zwischen Mainz, Worms, Oppenheim und Bingen war ein Zusammenschluss von etwa 70 Städten zur Sicherung des Landfriedens und zur Abwehr ungerechtfertigter Zölle entstanden. Die Zeit des sog. Interregnums zwischen 1250 (Tod Friedrichs II. 1250, Tod Konrads IV. 1254) und 1273 (Wahl Rudolfs von Habsburg zum deutschen König 1273) war durch schwindende Königsmacht, desolate Zustände im Reich, Anarchie und ausufernde Gewalt geprägt. In einer Doppelwahl waren zwei konkurrierende Könige gewählt worden, die keinerlei Anerkennung in Deutschland erlangten. Der Rheinische Städtebund versuchte – wenn auch nur für kurze Zeit – königliche Aufgaben zu übernehmen. Sein Wirken und seine Größe verliehen ihm gegenüber anderen städtischen Zusammenschlüssen eine besondere Stellung. Er unterschied sich auch durch die Einbindung von Landesherren von anderen Städtebünden. Durch die Aufnahme von Erzbischöfen, Bischöfen und Grafen wollte der Bund mit dieser vergrößerten politischen und militärischen Kraft den Frieden großräumig bewahren, Friedensstörer bestrafen und alle unrechtmäßigen Zölle abschaffen. Gleichzeitig erhöhte die Einbindung landesherrlicher Mitglieder die Interessengegensätze und damit das Konfliktpotenzial im Bund.

M 19, S. 89
Chronologie: Landfrieden und Städtebünde im Reich

Seit dem zweiten Drittel des 13. Jahrhunderts entstehen in verschieden Regionen des Reiches Städtebünde. Das gleichzeitige Auftreten weist auf gemeinsame wirtschaftliche und politische Bedingungen hin und setzt eine bestimmte Dichte des Städtenetzes voraus. Besonders die Interessen der Fernhandelskaufleute erfordern den gemeinsamen

Schutz von Straßen, Personen und Warenzügen. Die Städte erreichen mit der zunehmenden Unabhängigkeit vom jeweiligen Stadtherrn eine höhere Stufe städtischer Selbstverwaltung. Die zugestandene oder ausgeübte Bündnisfähigkeit ist dabei ein wichtiges Merkmal. Die in den Handelshäusern und städtischen Kanzleien aufkommende Schriftlichkeit ist sicherlich eine weitere Voraussetzung für städtische Bündnisse. Die Bündnisse werden durch Vereidigung der jeweiligen Städtevertreter geschlossen und besitzen meist interne Institutionen, z. B. Schiedsgerichte und Ausschüsse. In der Regel gelten die gleichen Gesetze in allen zum Bündnis gehörenden Städten.

Das sich seit der ersten Hälfte des 13. Jahrhunderts wandelnde Verhältnis zwischen König, Fürsten und Städten verändert die politischen Rahmenbedingungen für die Städte. Sie können und müssen ihre Interessen gemeinsam gegen die sich festigenden Landesherrschaften vertreten, sei es gegen landesfürstliche Steuern und Verpfändungen, sei es für Frieden, für Wegerechte und gegen Burgenbau oder für städtische Belange in den sich entwickelnden ständischen Vertretungen. Die schwächer werdende königliche Macht im Reich führt zur Ausweitung von Anarchie, Fehden und Willkür. Die dadurch beeinträchtigten städtisch-bürgerlichen Interessen erfordern Bündnisse für gegenseitigen militärischen Beistand.

Interessant ist in diesem Zusammenhang, dass Städtebünde offensichtlich versuchten, Aufgaben zu übernehmen, die das Reich mangels Staatlichkeit nicht (mehr) erfüllen konnte (z. B. Friedenssicherung; Schutz von Verkehrswegen, Fernhandel, Personen; Gerichtsbarkeit).

Aufgabe 26, S. 89

Siehe Erläuterungen zu M 18 und M 19.

M 20, S. 89 f.
Beispiel II: Dortmund und die Landesherren; Text über einen Besuch Karls IV. 1377 in Dortmund, 2006

Ein Jahr vor seinem Tod besuchte Kaiser Karl IV. aus dem Hause Luxemburg auch Dortmund. Er versuchte die kaiserliche Macht nördlich der Alpen diplomatisch geschickt zu konsolidieren und seine Hausmacht durch zahlreiche Erwerbungen auszubauen. Er förderte besonders die wirtschaftliche Entwicklung Böhmens und machte Prag zum geistig-kulturellen Zentrum des Heiligen Römischen Reiches in dieser Zeit. Nach seiner Kaiserkrönung 1355 in Rom ließ er auf den Reichstagen von Nürnberg und Metz das „Fundamentalgesetz" des Heiligen Römischen Reiches, die „Goldene Bulle" von 1356, verkünden. Dieses Gesetzeswerk war bis zum Ende des Alten Reiches 1806 formal gültig. Die „Goldene Bulle" regelte die Wahl und Krönung der römisch-deutschen Könige durch die Kurfürsten und fixierte deren weitgehende Rechte und Pflichten. Gleichzeitig verbot das Gesetzeswerk Städtebündnisse und Pfahlbürgertum. Damit änderten sich die Kräfteverhältnisse im Reich. Der Kaiser stützte sich einerseits weitgehend auf fürstliche Macht und versuchte aber andererseits noch städtische Interessen anzuerkennen und zu schützen.

Das Beispiel Dortmunds ist ein Beleg für die zunehmenden Auseinandersetzungen zwischen den Städten und den sich herausbildenden Landesherrschaften, die die Städte im Spätmittelalter in ihre Territorien integrieren wollten.

Aufgabe 27, S. 90

Siehe Erläuterungen zu M 20.

M 21, S. 90
Beispiel III: Die Städte und die Reichsreform; Text über das Verhältnis der Städte zum Reich, 2006

Im 15. Jahrhundert fanden zwischen Kaiser, Fürsten und Städten Verhandlungen, wenn auch von längeren Pausen unterbrochen, über eine Reform der Reichsverfassung statt. Die wachsenden sozialen und religiösen Spannungen, die gewalttätigen Auseinandersetzungen, das Unvermögen, das Reich gegen äußere Angriffe zu schützen, die insgesamt zerrütteten Verhältnisse, zwangen die Stände zu Reformversuchen. In den Verhandlungen unterbreiteten Kaiser und Fürsten jeweils nur von den eigenen Interessen geleitete Vorschläge. Die Fürsten setzten dabei unter allen Umständen auf Erhalt und Ausbau ihrer landesherrlichen Positionen. Der Kaiser wiederum wollte vor allem seine habsburgische Hausmacht ausweiten und vermied die offene Konfrontation mit den Fürsten. Beide Seiten versuchten die Kosten eventueller Reformen vor allem auf die Städte abzuwälzen und deren Selbstständigkeit zu untergraben.

Ein Reformprojekt war der Versuch, das Reich in vier bzw. sechs überterritoriale Reichskreise einzuteilen.

Weiterhin wurden langwierige Verhandlungen über vier sachlich eng verknüpfte Reformbemühungen geführt:
- umfassende Reorganisation des königlichen Hofgerichts und eine neue Gerichtsordnung für das Reich,
- Fehdeverbot und Landfrieden,
- Aufstellung eines Reichsheeres,
- Erhebung einer Reichssteuer („Reichspfennig").

Die zahlreichen Projekte zur Reichsreform scheiterten letztendlich an den Interessengegensätzen von König und Fürsten sowie an den fehlenden Finanzen und Verwaltungsstrukturen des Reiches. Der „Ewige Landfrieden", mit dem die Fehde endgültig geächtet wurde, und die Einrichtung des Reichskammergerichts, das oberste Schiedsgericht für die Reichsstände und für die Verurteilung von Landfriedensbrechern, kamen als die einzigen beiden dauerhaften Reformergebnisse schließlich 1495 zustande. Das Reichskammergericht war damit neben dem Reichstag das zweite zentrale Reichsorgan.
Siehe auch Zusatzmaterial ZM 5.3 zur Reichsreform.

Aufgabe 28 a, b und c, S. 90

Siehe Erläuterungen zu M 21, Zusatzmaterial ZM 5.3.

Notizen

Arbeitsbereich V: Europa der Fernhändler – die Hansekaufleute

M 22, S. 91
Karte: Wirtschaftsgebiet der Hanse um 1400

Die Karte zeigt die vier Hauptorte der Hanse um 1400, Danzig, Köln, Lübeck und Magdeburg, und die Konzentration der Hansestädte im norddeutschen Raum. Die Verteilung der Hansestädte und Niederlassungen im gesamten Nord- und Ostseeraum – in Territorien mit unterschiedlichen Herrschaftsverhältnissen – gibt einen Hinweis auf die Ausdehnung des Handels und das wirtschaftliche Gewicht der Hanse.
Methodisch-didaktischer Hinweis: Die Schülerinnen und Schüler können durch die Untersuchung der in der Legende genannten Handelswaren Schlussfolgerungen anstellen und Hypothesen bilden:
- zum Verlauf der Handelsrouten,
- über geeignete Transportmittel und damit verbundene Probleme,
- über Standorte handwerklich-gewerblicher Fertigung,
- über Zentren landwirtschaftlicher und bergmännischer Produktion,
- über Transportmengen.

M 23, S. 91 f.
Zur Geschichte der Hanse, 2007

Der Text bietet Hintergrundinformationen zur Einordnung der Materialien und Quellen dieser Themensonderseite.

M 24, S. 92
Aus dem Hansestatut von 1418

Die Auszüge aus dem Hansestatut beschreiben Verhaltensnormen für beteiligte Städte und Kaufleute. Eine Gruppierung der aufgeführten Punkte ergibt folgendes Bild:
Sicherheit und Recht
- Machterhalt der etablierten Räte in Hansestädten und scharfes Vorgehen gegen alle städtischen Oppositionskräfte und Freibeuter – Stichwort: Verhansung (Punkte 1, 2, 19);

Zusatzmaterial ZM 5.3	**Reichsreform im Heiligen Römischen Reich**

Auszug aus einem Lexikonartikel über die Reichsreform (2008)

[Die] Reichsreform im Heiligen Römischen Reich [umfasste] zunächst auf den Reichstagen von 1434 bis 1438 unternommene Bemühungen um ein Mitregierungsrecht der Reichsstände in Reichsangelegenheiten (Reichsregiment). Die Reichsstände drängten Maximilian I. (ab 1508 Kaiser) auf den Reichstagen von Worms (1495), Augsburg (1500) und Köln (1512) zu wesentlichen Zugeständnissen, u.a. Verkündigung eines Ewigen Landfriedens, Schaffung des Reichskammergerichtes und der Reichskreise, Erhebung einer Reichssteuer („Reichspfennig"; 1. Reichsregiment 1500–1502). Zunächst mit der Wahlkapitulation Karls V. (1519; 2. Reichsregiment) fortgesetzt, scheiterten dessen Versuche, die Reichsverfassung im monarchischen Sinn umzugestalten (Augsburger Reichstag von 1548), am Widerstand der Fürsten.

Zit. nach: http://lexikon.meyers.de/index.php?title=Reichsreform&oldid=133582 (3. Februar 2008).

- Vorzüge des Hanserechts nur für Bürger von Hansestädten – Stichworte: Steuerzahlung, freie und eheliche Herkunft (Punkt 6);

Handel und Geldverkehr

- Festlegungen zum Zahlungsverkehr – Stichwort: Bar- oder Kreditzahlung (Punkt 15);
- Festlegungen zum Getreidehandel – Stichwort: Getreidehandel nur über Hansestädte (Punkt 16);
- Verbot und Bestrafung von Spekulationsgeschäfte – Stichwort: Kauf und Verkauf von Hering erst nach dessen Fang (Punkt 17);
- Beschränkung des Handels mit Nicht-Hanse-Mitgliedern – Stichwort: nur Hering, Wein und Bier waren von Außenhandelsrestriktionen frei (Punkt 32);

Handwerk und Gewerbe

- Festlegungen für handwerkliche Verarbeitung – Stichwort: Qualitätssicherung (Punkt 9).

M25, S.93 Hansestadt Lübeck, Holzschnitt, 1493

Die Schedelsche Weltchronik ist ein bedeutendes Zeugnis deutscher Buchdruckkunst aus dem Spätmittelalter. Mit etwa 1 800 Holzschnitten zählt das Werk zu den besonders reich illustrierten frühen Buchdrucken des ausgehenden 15. Jahrhunderts. Die Holzschnitte entstanden in der Werkstatt des Nürnberger Künstlers Michael Wohlgemut. Bis 1490 ging der junge Albrecht Dürer bei Wohlgemut in die Lehre und so sind wahrscheinlich auch Arbeiten von ihm in der Chronik enthalten. Das Buch – es folgt der Tradition mittelalterlicher Chroniken der sieben Weltalter – wurde in Nürnberg gedruckt und erschien in einer lateinischen und einer deutschen Ausgabe. Unter den Illustrationen befinden sich 29 Stadtansichten, darunter auch die von Lübeck. Der Holzschnitt zeigt eine von einer soliden Stadtmauer und Wasser umgebene Stadt. Die Kirchen treten besonders hervor. Ganz rechts im Bild sind mehrere Hansekoggen zu erkennen.

M26, S.93f. Hammel-Kiesow über Hildebrand Veckinchusen, 1993

Vom Hansekaufmann Hildebrand Veckinchusen sind mehr als 500 Briefen und zehn Geschäftsbücher überliefert. Diese Dokumente sind wichtige Quellen zur Wirtschafts-, Sozial- und Alltagsgeschichte der Hanse im Spätmittelalter.

Der Auszug aus dem Aufsatz des Historikers Rolf Hammel-Kiesow gibt einen Einblick in den Alltag und die Handelspraxis eines typischen Hansekaufmannes, der gewagte Geschäfte riskiert, gewinnt und schließlich alles verliert.

Methodisch-didaktischer Hinweis: Durch Schwerpunktsetzung können die Schülerinnen und Schüler Einblicke in die Geschäftspraxis und Lebenswelt eines Hansekaufmanns gewinnen:

- über das Gewicht familiärer Bande und persönlicher Beziehungen,
- über die Vorzüge der Einbindung in das Gefüge der Hanse,
- über die sprachliche und kaufmännische Ausbildung vor Ort,
- über die von Veckinchusen gehandelten Waren und über die Handelswege,
- über die politischen und sonstigen Risiken für einen Kaufmann.

M27, S.94 Bild: Kaufmann Crispin und seine Frau, um 1440

Bei dem Bild handelt es sich um einen Ausschnitt aus einer Doppeltafel mit Stifterpaaren – Epitaph der Familie Crispin. Auf den Gedenkbildern der Crispinkapelle aus der Katharinenkirche in Lübeck sind die Gottesmutter mit Kind und vier kniende Paare unter Baldachinen zu sehen. Sie stellen vier Generationen einer bedeutenden Lübecker Familie dar; die männlichen Mitglieder waren Bürgermeister und Ratsherren, die weiblichen kamen entsprechend aus den vornehmsten Familien der Stadt. Die Figuren befanden sich ursprünglich als Fresko auf der Südwand der Kapelle, noch heute sind Reste davon zu erkennen. Als die Wandmalerei zu vergehen schien, ließ ein Angehöriger der Familie das gesamte Gemälde auf Holz übertragen und setzte sich und seine Frau als letztes Paar hinzu. Das Bild zeigt – anders z. B. als Kaufmannporträts aus der Frühen Neuzeit –, dass das Selbstbild der Händler zu dieser Zeit noch stark von einer christlichen, d. h. religiösen Weltsicht bestimmt war. Die Bildquelle ist ein Kontrast zu historischen Darstellungen, die im spätmittelalterlichen Fernhändler nur den an weltlichen Dingen, an seinen Geld- und Warengeschäften interessierten Kaufmann sehen, der durch seine Tätigkeit und sein

Selbstverständnis die Grenzen einer christlich-feudalen Gesellschaft überschreitet.
Weitere Informationen zu Bild M 27 siehe:
www.museen-sh.de/ml/digi_einzBild.php?pi=1001 0001669_1907-249b

Aufgabe 29, S. 94 f.
Siehe Erläuterungen zu M 21.

M 28, S. 91 f.
Engel über die Auflösung der Hanse, 2006

Die Historikerin Evamaria Engel führt folgende Problemkreise für den Niedergang der Hanse an:
- Konfrontation Hanse – erstarkende Territorialfürsten,
- kriegerische Konflikte Hanse – aufstrebende Nationalstaaten (z. B. mit Dänemark, 1494 Schließung des Kontors in Nowgorod),
- neue, politisch geschützte Handelskonkurrenten (z. B. dringen holländische Kaufleute in den Ostseeraum vor),
- Sonderinteressen hansestädtischer Gruppen (z. B. Ausschluss Kölns nach 1471 aus der Hanse wegen Verweigerung der Schoßzahlung),
- innerstädtische Auseinandersetzungen um die patrizische Vorherrschaft in den Räten (z. B. im Gefolge des Knochenhaueraufstands Verfassungskrise in Lübeck und 1410 Reichsacht über Lübeck).

Aufgabe 30, S. 95
Siehe Erläuterungen zu M 22 und Text M 23.

Aufgabe 31, S. 95
Siehe Erläuterungen zu M 24.

Aufgabe 32, S. 95
Siehe Erläuterungen zu M 22–M 25.

Aufgabe 33 a, b und c, S. 95
Siehe Erläuterungen zu M 26.

Aufgabe 35 a und b, S. 95
Siehe Erläuterungen zu M 28.

Arbeitsbereich VI: Europa der Fernhändler – die oberitalienischen Kaufleute

M 29, S. 96 f.
Kucklick über Francesco Datini, 1999

Francesco Datini verkörpert den neuen, kapitalistischen Kaufmann, Bankier, Gewerbetreibenden und Spekulanten. Die von ihm geschaffenen und ausgebauten Gesellschaften agieren im Mittelmeerraum, aber auch in England, Flandern und im Gebiet des Schwarzen Meeres.
Auf dem Höhepunkt seiner Geschäftstätigkeit beherrscht er eine Art Holding mit Handelshäusern und Produktionsstätten – 1396 gründet er in Prato eine Gesellschaft für die Herstellung von Wollstoffen, zwei Jahre später eine Bank in Florenz. Diese Struktur bevorzugen vor allem die toskanischen Großhändler, aber nur wenige wagen solche Bank- und Spekulationsgeschäfte wie Datini. Er gilt als Erfinder der „Doppelten Buchführung", die auch „italienische Methode" genannt wird. In den Geschäftsbüchern wird auf der einen Seite das Soll, auf der anderen das Haben notiert. Mit der doppelten Buchführung wird neben den Umsätzen auch der Ein- und Ausgang der Waren dokumentiert. Jedes Unternehmen, an dem Datini beteiligt ist, muss am Jahresende die Geschäftsbücher nach Prato schicken. So ist seine umfangreiche Korrespondenz, etwa 150 000 Papiere – vorwiegend Geschäftsschreiben, erhalten geblieben. In seinem Nachlass findet sich alles, was den Handel und das Bankwesen im 14. Jahrhundert revolutioniert: Wechsel, Versicherungspolicen, Börsenberichte, Bilanzen.
Trotz geschäftlicher Modernität und Reichtum war Datini ein Mensch des späten Mittelalters. Die kirchliche Kritik an Zinsen und Wucher traf ihn im Alter zunehmend. Er fürchtete um sein Seelenheil. Der Historiker Aron J. Gurjewitsch schreibt dazu: „Francesco Datini verlegte sich im Alter auf die Buße, unternahm Wallfahrten, fastete und verfügte schließlich, dass beinahe sein gesamtes riesiges Vermögen (75 000 Florin) für mildtätige Zwecke verwandt werden sollte, was ihn allerdings nicht von dem Gefühl der Schuld und ‚Melancholie' befreien konnte."
(Aus: Jacques Le Goff [Hg.], Der Mensch des Mittelalters, Frankfurt/M. [Fischer] 1996, S. 301.)

M 30, S. 96
Francesco Datini, Ölgemälde, 15. Jh.

Datini ist auf dem Bildausschnitt in einem langen, weiten, roten Gewand und mit einer Kappe dargestellt. Mit dieser Bekleidung wird er von den damals üblichen Modetrends konservativ abgegrenzt. Lange, weite Gewänder waren ein Zeichen von Würde und bevorzugter ständischer Position. Sie wurden von Gelehrten, Klerikern, Richtern und städtischen Räten getragen. Rot galt als Farbe der Macht und des Heiligen Geistes. In der Renaissance wurde die Kleidung zum Hauptbestandteil der Repräsentation und damit zum wirkungsvollen Ausdruck individueller Ansprüche auf Rang und Macht.

M 31, S. 97
Karte: Die oberitalienischen Seestädte

Die Karte zeigt die überragende Stellung Venedigs im Adria-Raum, in den Gebieten des heutigen Griechenlands und in den Kreuzfahrerstaaten. Der Konkurrent Genua ist stärker um das Schwarze Meer präsent. In einigen Territorien gibt es zeitliche und räumliche Überschneidungen der Interessengebiete, z. B. rund um den Bosporus. Pisa ist im westlichen Mittelmeer relativ früh mit Besitzungen und Handelsniederlassungen vertreten. Schwächer als Genua und Venedig verliert es aber Einfluss und Besitzungen an Genua.

M 32, S. 98
Marco Polo und sein Bruder verlassen Venedig, Buchmalerei, 14. Jh.

Marco Polo stammte aus einer venezianischen Kaufmannsfamilie – vermutlich um 1254 geboren und 1324 gestorben. Zusammen mit Vater und Onkel brach er 1271 per Schiff zu seiner 17-jährigen Asienreise auf und betrat in Akko erstmals asiatischen Boden. Heute werden seine Berichte über seine China-Reise von der Mehrzahl der Historiker in Zweifel gezogen. Unabhängig vom Wahrheitsgehalt seiner Berichte werden ihm entscheidende Impulse für die Entwicklung eines regen Austauschs zwischen West und Ost zugeschrieben.

Zum Bild: Diese Miniatur zeigt die prächtigen Bauten Venedigs. Von Wasser umgeben und von Kanälen durchzogen wird die besondere Lage der Stadt deutlich. Auf dem Wasser sind verschiedene Schiffe, darunter die auch mit Rudern versehenen Galeeren, dargestellt. Interessant sind die links unten im Bild platzierten Löwen und der auf einer Säule, direkt am Wasser, thronende geflügelte Löwe – das Wappentier Venedigs. Oben links im Bild sind im Obergeschosse eines Gebäudes vier Pferde zu erkennen. Sie stehen für die bronzene Quadriga der Markuskirche und gelangten, wie zahllose andere Kunstschätze, gewaltsam von Byzanz nach Venedig.

M 33, S. 98 ff.
Procacci zur Geschichte Venedigs und der oberitalienischen Seestädte, 1983

Siehe dazu das Arbeitsblatt.

Methodisch-didaktischer Hinweis: Die Schülerinnen und Schüler können auf der Basis von M 30 bis M 33 und weiterer Informationsquellen die im Arbeitsblatt genannten Punkte konkretisieren und – eventuell – mit Zeitangaben ergänzen.

M 34, S. 99
Bild: Oberitalienische Geldwechsler, ca. 14. Jh.

Die beiden Geldwechsler haben auf ihrer banca Münzen bzw. Edelmetallstücke, Federkiele und ein Buch abgelegt. Das Wort Bank geht, wie viele andere Begriffe (Konto, Giro, Lombardsatz), auf die Geschäftswelt in den oberitalienischen Städten zurück. Das Münzchaos machte Geldwechsler zu wichtigen Personen im Wirtschaftsleben und brachte einigen sehr großen Reichtum ein. Allgemeine Wertschätzung über den örtlichen Bereich hinaus erfreuten sich Goldstücke. Sie kamen aus wirtschaftlich starken und modernen oberitalienischen Städten. In Florenz entstand 1252 der Gulden oder Florin/Florentiner. Wenig später, im Jahr 1284, kamen die venezianischen Dukaten, auch Zechinen genannt, in Umlauf.

Siehe dazu auch Zusatzmaterial ZM 5.1 über das mittelalterliche Münzwesen.

M 35, S. 100
Südindien, Malerei, um 1400

Dieser Bildausschnitt zeigt den „europäischen Blick" auf eine Episode bei der Pfefferernte. Sechs dunkelhäutige Männer sammeln Pfefferschoten ein. Sie schütten ihre gefüllten Erntekörbe in ein Holzfass, das nach Form und Verarbeitung auf europäisches Böttcherhandwerk verweist. Ein weiß gekleideter,

hellhäutiger Mann kontrolliert den angelieferten Pfeffer.
Indien ist das Ursprungsland des Pfeffers. Seit der Antike war Pfeffer im Mittelmeerraum bekannt. Er wurde ursprünglich auf dem Landweg nach Europa transportiert. Pfeffer war sowohl Luxusprodukt als auch Konservierungsmittel und sehr kostbar. Zeitweilig wurde er mit Gold aufgewogen. Das Pfeffermonopol in den Ursprungsgegenden lag bei den arabischen Händlern und Venedig verfügte über das Handelsmonopol für die Lieferungen nach Europa. 1498 gelang es Vasco da Gama, eine Ladung Pfeffer aus Indien nach Europa zu bringen. Das Bild zeugt von den internationalen, über Europa hinausgreifenden Verbindungen der großen Fernhandelskaufleute.

Aufgabe 38 a, b und c, S. 100
Siehe Erläuterungen zu M 29 und M 30.

Aufgabe 39, S. 100
Siehe Erläuterungen zu M 31–M 35.

Notizen

Arbeitsblatt zu M 33, S. 98	Die oberitalienischen Seestädte

Die Wirtschaft der oberitalienischen Seestädte im Mittelalter

	Beispiele	Zeit
beteiligte Seestädte		
Handelswege, -formen, -güter		
Verhältnis zum byzantinischen (oströmischen) Kaiser		
Rolle während der Kreuzzüge		
Verhältnis zum römisch-lateinischen Kaiserreich		
kultureller Transfer Orient – Okzident		
technische Entwicklungen und Innovationen		
städtische Selbstverwaltung		

Arbeitsbereich VII: Forschungspositionen zur mittelalterlichen Stadt

M 36, S. 101
Forschergruppe, 2003
Die in sechs Thesen formulierten Positionen zur spätmittelalterlichen Stadt sind sozialgeschichtlich angelegt. Sie versuchen durch den Blick auf Zusammenhänge und Synthese von Wirtschaft, Politik und Kultur ein gesellschaftsgeschichtliches Gesamtbild zu entwerfen.

M 37, S. 102
Schilp, 2006
Der Historiker Thomas Schilp kennzeichnet die europäische Stadt im Spätmittelalter als gemeinsamen Rechtsraum und Ort der politischen Autonomie. Mit der Kategorie „Öffentlichkeit" setzt er einen Schwerpunkt und berührt damit die Theorie von Jürgen Habermas zum kommunikativen Handeln.

M 38, S. 102 f.
Feldbauer, 1995
Der Historiker Peter Feldbauer wählt einen interkulturellen Ansatz. Bei seinem Vergleich der Stadt im Orient und im Okzident überwiegen – trotz regionaler und zeitlicher Unterschiede – die übereinstimmenden städtischen Entwicklungs- und Funktionsmerkmale.

Aufgabe 41 a und b, S. 103
Siehe Erläuterungen zu M 36.

Aufgabe 42, S. 103
Siehe Erläuterungen zu M 37.

Aufgabe 43, S. 103
Siehe Erläuterungen zu M 36 bis M 38.

Notizen

Kapitel 6: Politische Herrschaft im Früh- und Hochmittelalter

Hinweise zur Arbeit mit den Materialien:
Siehe den Kasten im Schülerband, S. 109.

M 1, S. 106 Karte: Germanische Reiche um 500 n. Chr.

Mit dem Vordringen germanischer und anderer Völker nach 370 gingen tiefgreifende Veränderungen in der römischen Welt einher. In einem komplizierten Wechselspiel von innerer Krise sowie Ansturm und Integration germanischer Stämme wurde mit der Absetzung des jugendlichen Kaisers Romulus Augustulus durch Odoaker 476 das weströmische Kaisertum faktisch beendet. Auf dem Gebiet des Weströmischen Reiches entstanden verschiedene, sich gegenseitig bekämpfende, germanische Reiche von mehr oder weniger begrenzter Lebensdauer. Nur das Frankenreich wurde die einzige dauerhafte Reichsgründung mit historischer Fernwirkung. Die Karte zeigt die fränkische Expansion in westliche, südliche und südöstliche Richtung in der Zeit Chlodwigs und seiner Söhne.

M 2, S. 108 Silbermünze Karls des Großen, nach 804

Karl der Große setzte neben anderen Reformen auch eine Münzreform im gesamten Reich durch, die zu einer einheitlichen Silberwährung führen sollte. 805 gab er sogar die Anweisung, dass Münzen nur noch in den kaiserlichen Pfalzen geprägt werden sollten. Dieser kaiserliche Befehl wurde nie streng befolgt.
Die hier abgebildete Silbermünze (Vorderseite) gehört mit dem lorbeergekrönten Porträt Karls und der Inschrift KAROLUS IMP[erator] AUG[ustus] in der Umschrift zu einer zahlenmäßig kleineren Prägeserie nach seiner Kaiserkrönung. Die weitaus meisten Münzen dieser Zeit, durch zahlenmäßig reiche Funde belegt, waren die königlichen Pfennige mit Namen und Titel CAR(o)LUS REX FR[ancorum] und häufig einem Kreuz auf der Rückseite.
Dals Bild ist ein Beleg für die translatio imperii, d. h. für die Anknüpfung der fränkischen Kaiseridee an die römische Kaiserwürde.

Arbeitsbereich I: Person und Herrschaft im Frühmittelalter

M 3, S. 109 f. Die „falschen Friedriche"

Methodisch-didaktische Hinweise: M 3 eignet sich insbesondere als Einstieg in den großen Themenbereich der politischen Herrschaft (siehe Kapitel 6, 7 und 8) und in die Auseinandersetzung mit dem Begriff Staat, der den Schülerinnen und Schülern meist nur schwer zugänglich ist – auch wenn sie ihn unbewusst täglich erfahren (Schulpflicht, Straßenverkehrsordnung, Polizei, staatliches Gesundheitssystem u. a.). Die Schülerinnen und Schüler können anhand von M 3 in einem ersten groben Zugriff erkennen, dass Staatlichkeit im europäischen Mittelalter nicht in dem Maße – bzw. kaum so – ausgebildet war wie im modernen europäischen Staat der Gegenwart. Sie könnten auch Beispiele für heutige Länder nennen, in denen die Staatlichkeit nur mangelhaft ausgeprägt ist, erkennbar z. B. an den Warlords, die mithilfe von Privatarmeen, Gewalt und illegalen Geschäften (z. B. Drogenhandel) über Teile eines Landes herrschen (dem Staat fehlt in diesem Fall das Gewaltmonopol); ein Beispiel wäre Afghanistan.
Ergänzend zu M 3 sollte in diesem Fall der Darstellungstext „Politische Herrschaft = Herrschaft des Staates?" (Schülerband, S. 105) mit herangezogen werden, damit sich die Schülerinnen und Schüler die Merkmale des modernen Staates bewusst machen können. Als Diskussionsanregung könnten sie sich auch mit der Frage auseinandersetzen, ob man ein politisches Gemeinwesen, wie es sich in M 3 darstellt, überhaupt als „Staat" bezeichnen kann.
Zum Text: Die Geschichte kennt vom Mittelalter bis zur Frühen Neuzeit zahlreiche Beispiele für das Auftreten von Personen, die sich nach dem Tod eines Herrschers für diesen ausgaben. Dabei sind die gesellschaftlichen Rahmenbedingungen sowie die Interessen und Wunschvorstellungen mehr oder weniger großer Teile der Bevölkerung die Basis für solche Phänomene. Die besonderen Eigenarten und Vorzüge des verstorbenen Herrschers, die zeitbedingten

Kommunikationsmöglichkeiten und das Talent des Epigonen prägen den historischen Einzelfall.
Im konkreten Beispiel schlüpft der „falsche Friedrich" in die Rolle des Kaisers und erfüllt die Wunschvorstellungen bestimmter Interessengruppen. Es ist dabei eher unwahrscheinlich, dass dieser „Dietrich Holzschuh" Bauer oder Handwerker gewesen sei. Sein Tun und vor allem der Schriftgebrauch sprechen für eine andere Herkunft.
Die Herrschaftsverhältnisse am Ende der Stauferzeit und die Wirren des sog. Interregnums trugen zur Instrumentalisierung solcher Geschehnisse bei. Noch enthielt königliche bzw. kaiserliche Macht viele Elemente der früheren Personenverbandsherrschaft und die Entwicklung institutioneller Strukturen steckte in den Anfängen. Im Heiligen Römischen Reich führte diese Ausprägung staatliche Institutionen schließlich zu den Landesherrschaften.

Aufgabe 1, S. 110
Siehe Erläuterungen zu M 1.

Aufgabe 2, S. 110
Siehe Erläuterungen zu M 1.

Notizen

Arbeitsbereich II: Karl der Große und das Frankenreich

M4, S. 110 f. Aus den Kapitularien Karls des Großen, 802

Unter Karl dem Großen wurden bestimmte Elemente einer Reichsverwaltung etabliert bzw. ältere Vorläuferformen umgewandelt. Der umherziehende Königshof bildete den Kern der Herrschaft. Dort gab es bereits seit langer Zeit feste Hofämter; Truchsess, Marschall, Kämmerer und Mundschenk hatten dabei die vier wichtigsten Positionen inne. Die Kleriker am Königshof waren bereits seit Pippin neben geistlichen Aufgaben auch mit diplomatischen Aufträgen und Kanzleiarbeiten befasst und bildeten die Hofkapelle. Unter Karl dem Großen traten ausgewählte Freunde und qualifizierte Ratgeber in den Kreis der Hofgesellschaft. Zur Beherrschung des Großreiches wurde die ältere Grafschaftsverfassung auf das gesamte Reich ausgedehnt. Die vom König eingesetzten Grafen handelten zunächst als seine Beauftragten mit militärischen, richterlichen und administrativen Vollmachten. Später wurde das Grafenamt zum Lehen und dann auch erblich. In der Zeit Karls des Großen wurden die Grafen aber noch von den Königsboten *(missi dominici)* kontrolliert. Zu deren Aufgaben gehörten auch die Kontrolle kirchlicher Einrichtungen, die Verkündung der Kapitularien, die Einladung des Adels zu Hofbesuchen und Reichsversammlungen und die Rechtsprechung.
Der Quellenauszug betont Verantwortung und Reichstreue der Königsboten und zeigt, dass hier eine zentrale Königsherrschaft aufgebaut und durchgesetzt werden sollte. Damit wird eher eine Wunschvorstellung als die Wirklichkeit beschrieben, zumal Kontrolleure und Kontrollierte zunehmend in Zweckbindungen traten.

M5, S. 111 f. Kerner über die Herrschaft Karls des Großen und die Königsboten, 2000

Bei einem auf Personen und ihren Treuebindungen beruhenden Herrschaftssystem waren die Königsboten ein Teil des Versuches, königliche Herrschaft real durchzusetzen. Die Königsboten waren eng mit der

Machtausübung und der Persönlichkeit Karls des Großen verbunden und verschwanden nach seinem Tod relativ schnell aus der Herrscherpraxis. Die an die konkrete Person, an die Nachfolgestreitigkeiten und die äußere Bedrohung gebundenen Faktoren sind aber nur eine Begründung für die Auflösung des Reiches Karls des Großen. Ein anderer Aspekt sind die sozialen Veränderungen im Frankenreich, d.h. die volle Ausprägung des Lehnswesens und der damit verbundene Machtzuwachs des Adels, die besonderen Probleme der Kaiserwürde und die unterschiedlichen wirtschaftlichen Entwicklungen der einzelnen Reichsteile zu sehen. Das fränkische Großreich zerfiel in kleinere Reiche, die zunächst eine effektivere Herrschaftsausübung ermöglichten. Die fränkisch-römische Kaiseridee lebte aber im ostfränkischen Reichsteil fort.

M6, S.112
Karte: Frankenreich unter Karl dem Großen

Die Karte zeigt die Orte und die Häufigkeit der Besuche während des Reisekönigtums Karls des Großen. Aachen mit 27 und Worms mit 16 Aufenthalten waren dabei die am häufigsten besuchten Königshöfe. Große Reichsteile werden dagegen von seiner Reisetätigkeit nicht erfasst. Neben den Pfalzen dienten auch Klöster und Bischofssitze als zeitweilige Residenzen (z.B. Verden, Würzburg). Die Einrichtung von Marken (z.B. die Spanische Mark) zur Grenzsicherung und vor allem die Eroberungen im Osten entlang der Elbe und des Herzogtums Benevent südlich von Rom markieren die größte Ausdehnung des Frankenreiches.

M7a bis c, S.112f.
Karl der Große und Europa in modernen Deutungen

Die drei Texte liefern unterschiedliche Deutungen der Wirkungen und Nachwirkungen Karls des Großen. Während im Katalog (M7a) und bei Jaques Le Goff (M7b) der moderne Europagedanke, jeweils mit entgegengesetzten Vorzeichen, in einer mehr oder weniger direkten Traditionslinie in die Vergangenheit projiziert wird, bleibt Johannes Fried (M7c) in seinem Text bei der historischen Situation um 800. Er erklärt und wertet Leben und Taten Karls des Großen aus der religiösen und politischen Vorstellungswelt seiner Zeit.

Methodisch-didaktischer Hinweis: Anhand dieser drei Texte können sich die Schülerinnen und Schüler auch mit dem Begriff des Geschichtsbewusstseins auseinandersetzen. Nach Bodo von Borries ist Geschichte kein „maßstabgerechtes, verkleinertes Modell der Vergangenheit, sondern ein mentales Phänomen, nämlich präsente und relevante Vergangenheit in narrativer Struktur mit erklärendem und sinnstiftendem Charakter". Geschichtliche Erkenntnis ist einerseits stets auf Quellen angewiesen und andererseits immer an Auswahl, Perspektiven, Interessen und Gegenwartsbezug geknüpft. Daraus ergibt sich in der Geschichtswissenschaft wie in der Schule das Problem der Verknüpfung von „Objektivität" und „Rezeption" durch die nachfolgenden Generationen.

Aufgabe 3, S.113
Siehe Erläuterungen zu M1 und M6.

Aufgabe 4 a und b, S.113
Siehe Erläuterungen zu M2.

Aufgabe 5 a, b und c, S.113
Siehe Erläuterungen zu M4 bis M6.

Aufgabe 6, S.113
Siehe Erläuterungen zu M7.

Notizen

Arbeitsbereich III: Urkundenfälschung (Vertiefung)

M8, S. 114
Die Konstantinische Schenkung

Die Konstantinische Schenkung gewinnt ihre Bedeutung erst im Kontext der Reformbemühungen, besonders seit Gregor VII., Papst von 1073–1085. Die zentralistische Kirchenreform veränderte die Verhältnisse innerhalb und außerhalb der Kirche. Die Institution Kirche wurde nun ausschließlich zu einer Körperschaft der Priester und Mönche, die gegenüber dem Papst zu Gehorsam verpflichtet waren. Das Verdrängen der Laien aus der Hierarchie und die Entscheidung über das Einsetzen der lokalen und regionalen Kleriker standen im Mittelpunkt der päpstlichen Reform. Damit beanspruchte Gregor die geistliche Gewalt über die weltlichen Herrscher und stellte sich gegen das in Deutschland verankerte Reichskirchensystem. Die Auseinandersetzungen mit Kaiser Heinrich IV. mündeten im Investiturstreit.

Aufgabe 7, S. 114

Siehe Erläuterungen zu M8 und ZM6.1.

Aufgabe 8, S. 114

Siehe Erläuterungen zu M8.

Methodisch-didaktischer Hinweis: Durch den Hinweis auf die Bedeutung der sog. Konstantinischen Schenkung für den lange andauernden Kampf zwischen Papsttum und Kaisermacht, beginnend mit dem Investiturstreit, kann ein historischer Längsschnitt zur Auseinandersetzung zwischen geistlicher und weltlicher Macht bis zur Reformation angelegt werden (vgl. Kapitel 8). Dabei können die Entwicklungen in den sich formierenden westeuropäischern Nationalstaaten und in den Landesfürstentümern im Heiligen Römischen Reich (vgl. Kapitel 7) verglichen werden.

Aufgabe 9, S. 114

Siehe auch Erläuterungen zu M8 und Zusatzmaterial ZM6.1.

Notizen

Zusatzmaterial ZM 6.1	**„Betrug der Weltgeschichte"?**

Der Historiker Horst Fuhrmann über Urkundenfälschungen im Mittelalter und ihre Bedeutung für Kirche und Papsttum (1996)

Von der generellen Frage, wo überall Fälschungen auf die Ausgestaltung hauptsächlich des kirchlichen Lebens eingewirkt haben [...], sei eine spezielle abgetrennt, um den Erfolg ins allgemeine gehender Fälschungen beurteilen zu können. In welcher Weise ist das Papsttum in seiner hierarchischen Verfestigung und seiner Erscheinungsform von Fälschungen gestützt worden? Oder anders ausgedrückt: Haben Fälschungen den Ausbau einer zentralistischen Papstkirche gefördert oder sogar herbeigeführt? Vor über einem Jahrhundert hat diese Frage eine zentrale Rolle gespielt, und München mit Ignaz Döllinger (1799–1890), der den Beschlüssen des Ersten Vatikanischen Konzils von 1870 die Anerkennung verweigerte und deshalb exkommuniziert wurde, ist sozusagen die wissenschaftliche Heimat der These, dass sich der päpstliche Primat und die Papstkirche auf Fälschungen stützen.

Die *Actus Silvestri* – die Legende um die Wunderkraft des in Wirklichkeit blässlichen Papstes Silvester I. (314–335), der Kaiser Konstantin (306–337) vom Aussatz heilte und von ihm dafür reich beschenkt wurde, ein mit seinen über 350 Handschriften noch ungenügend durchforschter Komplex [...] –, diese *Actus Silvestri* sind sowohl als Heiligenerzählung, zumal sie Kirchenrechtliches enthalten, wie als Vorlage und Anregung der Konstantinischen Schenkung in die Tradition eingegangen. Die Verleihung der Kaiserkrone und damit der höchsten irdischen Gewalt wie die Begründung des Temporale, des Kirchenstaats, sind mit dieser Fälschung verbunden. Um 500, im Zusammenhang mit der Gefahr, dass über den nicht gerade sittenstrengen Papst Symmachus (498–514) [...] geurteilt werden konnte, entstanden die aus mehreren Teilstücken zusammengesetzten sogenannten Symmachianischen Fälschungen mit der zentralen Devise, „dass der erste Sitz von niemandem gerichtet wird" *(Prima sedes a nemine iudicatur).* Der Grundsatz der Nichtjudizierbarkeit[1] des Papstes begleitete die Kirchengeschichte durch die nächsten Jahrhunderte – man hat von „natürlicher Scheu" gesprochen, den römischen Bischof abzusetzen (H. Zimmermann) –, ohne dass die Symmachianischen Fälschungen wörtlich zitiert sind. Erst das die Überlieferung durchmusternde 11. Jahrhundert hantierte explizit mit den Fälschungen um Symmachus.

Zu diesen recht umfassenden Falsifikaten[2] aus der Zeit der frühen Kirche – Silvesterlegende und Symmachianische Fälschungen – treten andere Fiktionen wie [...] angebliche Briefe des Papstes Clemens, wonach Petrus ihn als Nachfolger bestimmt und ihm gewisse Grundsätze der in Rom gipfelnden Hierarchie vermittelt habe [...].

Silvesterlegende mit Konstantinischer Schenkung, Symmachianische Fälschungen, Pseudo-Clemens-Briefe [...]: Allen diesen Fälschungen ist eigentümlich, dass sie zur Zeit ihrer Entstehung kaum gewirkt haben. Sie hatten, von der Entstehungszeit her gesehen, antizipatorischen[3] Charakter. Der Silvesterlegende wurde vom 8. Jahrhundert an besondere Aufmerksamkeit zugewendet, womit ihre Ergänzung durch die Konstantinische Schenkung zusammenhängt. Die Schenkung Konstantins wiederum zeigte erst vom 11. Jahrhundert ab Wirkung. Die Symmachianischen [...] Fälschungen: Auch sie wurden energisch gleichfalls erst vom 11. Jahrhundert an in das Rechtsleben der Kirche aufgenommen. Wenn – und dem Historiker ist es manchmal erlaubt, mit einem „wenn" zu arbeiten, um das Offensein einer historischen Situation für die Zukunft deutlich zu machen – wenn im 11. Jahrhundert nicht jenes Aufwachen und jene vorwärtstreibende Unruhe aufgekommen wäre, die nach einer Orientierung für die Gestaltung eines selbstheiligenden Lebens suchen ließ und deshalb die Überlieferung und den Rechtszustand prüfte, ohne diese Besinnung, die zugleich zu ei-

Zusatzmaterial ZM 6.1	**„Betrug der Weltgeschichte"?**

ner Systematisierung der Rechtsquellen und zu einer Diskussion über die normativen Autoritäten führte, ohne diese Hinwendung zur Frage, was von dem Überkommenen beachtenswert sei, hätten alle diese Fälschungen vermutlich weiter ihren Dämmerschlaf gehalten. [...]

„Was ist Wahrheit?" Die Frage des Pilatus gilt. Allen diesen Trugschriften wird man bescheinigen müssen, dass sie ekklesiologische[4], vielleicht sogar existenzielle „Wahrheiten" angesprochen haben. Das eben ist der Vorteil der Fälscher, dass sie eine Welt nach ihrer Vorstellung entwerfen können, die nicht eingeengt ist von der Wirklichkeit. [...]

Noch wichtiger aber ist etwas anderes. Alle diese Schriften haben sozusagen warten müssen, bis ihre Stunde gekommen war. Keine hat im Moment der Entstehung Entscheidendes bewegt. [...] Erst als Jahrhunderte später in einer gewandelten Zeit diese Schriften mit der eigenen Vorstellung übereinstimmten und ihre Argumentationskraft erkannt wurde, sind diese Fälschungen in das Bild von Welt und Kirche eingebaut worden. Die Frage nach der formalen Echtheit ist daher sekundär. Man ist versucht, mit Begriffen und Sätzen der Evolutionstheorie zu arbeiten, die auf die Frage, was sich schließlich durchsetze, die Antwort parat hat: „Das Recht des Geeigneteren gilt uneingeschränkt" (G. Neuweiler). An allen diesen großen Fälschungen hat man offenkundig von einem bestimmten Moment an einen hohen Grad des Geeignetseins entdeckt, und hinter dieser Qualität traten Zweifel an der formalen Echtheit zurück. [...]

Es gibt eine ganze Reihe mittelalterlicher Autoren, die auf der einen Seite vermerken, diese oder jene Schrift sei suspekt, um auf der anderen Seite Sätze aus ihr als gültigen Beleg zu zitieren: das „Geeignetere gilt uneingeschränkt". Das Geeignetsein lässt auch das kritische Argument der Humanisten und der modernen Philologie[5] unwirksam erscheinen: als ob es darauf ankäme. War ein Satz durch die Tradition, eine Autorität oder vielleicht nur durch seine evidente[6] Tauglichkeit sanktioniert, so erschien er verwendbar.

An dem verzögerten Erfolg der Fälschungen wird deutlich, dass erst das Umfeld bestehen muss, um eine Fälschung wirken zu lassen. Es ist ein naiver Positivismus, wenn man meint, Fälschungen der hier vorgeführten Art hätten die Welt verändert. Ein solcher Satz vertauscht Ursache und Wirkung: Vielmehr hat eine entsprechend veränderte Welt die Fälschungen aufgenommen. Oder anders ausgedrückt: Der sich herausbildende Zentralismus des Papsttums hatte die Fälschungen nicht nötig; wohl aber hatten die Fälschungen für ihren Erfolg den Zentralismus des Papsttums nötig.

Wir stehen bei unserer Betrachtung im 11. Jahrhundert vor einer Epoche, für die verschiedene Namen verwendet werden: Zeitalter der Reform, das Ende der archaischen Epoche und der Aufbruch Europas, das alteuropäische Zeitalter, zweiter Feudalismus, alles Bezeichnungen, mit denen die Jahrzehnte des endenden 11. und des beginnenden 12. Jahrhunderts gemeint sind. In langer Diskussion wird damals sozusagen das „geeignete" Glaubens- und Rechtsgut umrissen. Die Zahl und die Art der Sakramente[7] werden festgelegt, die Kirche gliedert die Laien aus und definiert sich als Gemeinschaft der Sakramentsverwalter, das römische Recht wird aufgenommen und wirkt normativ ein, Gratian (um 1140) prüft die kirchlichen Rechtsquellen und fasst sie in seinem Dekret zusammen. Erstaunlich ist die allgemeine Anerkennung, die seine *„Concordia discordantium canonum"*, seine „Harmonisierung widersprüchlicher Rechtssätze", findet. Denn in einem formalrechtlichen Sinne hat das Dekret nicht Gesetzeskraft erhalten, aber seine Wirkung wäre kaum anders ausgefallen, wenn es in einem legislatorischen[8] Akt verkündet worden wäre, zumal es häufig als kirchliches Kodifikationszeugnis[9] analog zum römischen *„Corpus Iuris Civilis"* angesehen wurde. Da der Gesetzescharakter fehlte, behielt theoretisch jede Quellenstelle, auch jede Fälschung, ihren originalen Charakter: Unter diesem Aspekt war das Werk nichts anderes als eine Zusammenstellung von rund 4000 Kapiteln einschließlich der *„dicta Gratiani"*, der

Zusatzmaterial ZM 6.1	**„Betrug der Weltgeschichte"?**

Zusätze Gratians. Darin eben liegt die Leistung der neu aufkommenden kirchlichen Rechtswissenschaft, dass sie sich bereit fand, den gesamten Text des *„Decretum Gratiani"* ohne Unterscheidung der Herkunft als von gleicher Qualität anzusehen: „Was im Dekret gesammelt ist, gilt [...] als gleichwertiges Argument" (K.W. Nörr). Spielte die Fälschungsqualität mancher Schriften schon vorher eine untergeordnete Rolle: Hier kam es nur noch auf den Inhalt, nicht auf den Ursprung an. Die Fälschungen waren voll inkorporiert.

Horst Fuhrmann, Überall ist Mittelalter. Von der Gegenwart einer vergangenen Zeit, München (C. H. Beck) 1996, S. 52 ff.

1 *d. h., dass der Papst nicht vor Gericht gestellt werden kann*
2 *Fälschungen*
3 *vorwegnehmenden*
4 *die Kirchenlehre betreffende Fragen*
5 *moderne, kritische Sprachwissenschaft*
6 *klar ersichtlich*
7 *zeichenhafte Handlungen Jesu, in denen dem Menschen in sinnlich wahrnehmbarer Weise die Gnade Gottes übermittelt wird (z. B. Abendmahl, Taufe; für Katholiken auch die Ehe)*
8 *gesetzgeberischen*
9 *Kodifikation: Rechtsaufzeichnung (im Gegensatz zu einem mündlich überlieferten Recht)*

Arbeitsbereich IV: Das ostfränkische Reich unter den Ottonen

M9a und b, S. 115 Siegel Ottos I.

M9a: Dieses Siegel stammt von 936 (d.h. noch vor der Kaiserkrönung Ottos I. 962).
M9b: Dieses Siegel stammt von ca. 965 (d.h. aus der Zeit nach der Kaiserkrönung); Otto nennt sich jetzt in der Umschrift *„Imperator Augustus"*.
Mit Siegeln wurden Urkunden und andere herrschaftliche Dokumente beglaubigt. Als Prägewerkzeuge fanden sowohl Siegelstempel als auch Siegelringe Verwendung. Rotes Wachs deutet in der Regel auf kaiserliche, königliche oder landesfürstliche Siegel hin. Das abgebildete Königssiegel war in eine Bergkristallplatte geschnitten, der kaiserliche Siegelstempel trug eine Metallplatte. Die Darstellungsformen (Profil oder frontal) sind u.a. auch dieser veränderten Technik zuzuschreiben.
Die Siegelabbildungen sind auch im Katalog zur Ausstellung „Otto der Große, Magdeburg und Europa" von 2001 zu finden. Im Katalogtext heißt es u.a.: „Gegenüber Ottos I. Königssiegel zeigt das kaiserliche eine entscheidende Abwandlung, der für die Zukunft der deutschen Königs- und Kaisersiegel größte Bedeutung zukommen sollte. Der Herrscher wird nicht mehr als Krieger mit Schild und Lanze, sondern ausschließlich im Schmuck der königlich-kaiserlichen Insignien mit Krone, Kreuzzepter und Reichsapfel dargestellt. Sein Bild erscheint nicht im Profil, sondern frontal." *(Katalog und Handbuch zur Ausstellung: Otto der Große, Magdeburg und Europa, hg. von Matthias Puhle, Bd. 1: Essays, Bd. 2: Katalog, Mainz: [Philipp von Zabern] 2001, S. 109.)*
Zur Bildentschlüsselung siehe auch das Arbeitsblatt.

M10, S. 115f. Laudage über die Herrschaft der Ottonen, 2001

Der Historiker Johannes Laudage zieht Symbole und Rituale der Macht zur Antwort auf die Frage heran, wie Kommunikation und Handlungen in der mittelalterlichen Gesellschaft ablaufen. In den Schrift- und Bildquellen findet sich eine Fülle von symbolischen Handlungen. Das Mittelalter war viel stärker als die heutige Gesellschaft durch Rituale und Symbole geprägt. Allegorische Deutungen der Welt, des Menschen und der Gesellschaft gaben allen Lebensbereichen eine transzendentale Bedeutung. Es entstand ein Bewusstsein für den Umgang mit dieser formalisierten Kommunikation und für die Entschlüsselung dieser Zeichen. Durch die Einbeziehung derartiger Quellen konstruiert Johannes Laudage eine Geschichte ottonischer Herrschaft, ohne sie beliebig zu modellieren.

M11, S. 116f. Widukind von Corvey über die Königskrönung Ottos I. 936, um 970

Widukind von Corvey stammte aus einem angesehenen sächsischen Geschlecht und trat um 942 in das Benediktinerkloster Corvey ein. Dort entstand auch seine „Sachsengeschichte", eine Parteinahme für die aus sächsischem Adel stammenden ostfränkischen Könige Heinrich I. und Otto I. Quellenkritisch müssen diese Huldigung und einige zweifelhafte Aussagen bei der Beschreibung der Krönungszeremonie mit berücksichtigt werden. Trotzdem liefert der Text ein anschauliches Bild der Rituale und Machtsymbole. Die Stammesherzöge werden bei der Krönungsfeier in Aachen von Widukind erstmals als Inhaber der Hofämter (Truchsess, Marschall, Kämmerer und Mundschenk) genannt und damit das Herzogamt als Dienst für den König beschrieben. Ausgeklammert bleibt an dieser Stelle die Auseinandersetzung Ottos mit seinem jüngeren Bruder Heinrich um die Krone. Heinrich sollte durch den sächsischen Herzog Sigfrid, Ottos Onkel, „erzogen" werden.

M12, S. 117 Buchmalerei aus der Chronik des Bischofs Otto von Freising (1112–1158)

Im Ringen um die Vorherrschaft im Königreich Italien (Königreich der Langobarden) bezieht sich das Bild auf die Episode der Belehnung des Berengar (II.) von Ivrea im Jahr 952. Nach wechselvollen Kämpfen und der endgültigen Niederlage 964 ergab sich Berengar. Otto I. schickte ihn als Gefangenen nach Bamberg. Dort starb er 966. Damit war der nördliche Teil der italienischen Halbinsel in den Händen Ottos I. und das Königreich Italien (bzw. der Langobarden) formal als Reichsitalien in die imperialen Pläne Ottos I. eingebunden.

Zum Bild: Im Bildmittelpunkt sitzt Otto I. auf einem Thron, der von zwei Löwen flankiert ist. Die Textstelle im Bild weist Otto als THEUTONICUS REX, als König aus – etwa 10 Jahre vor seiner Kaiserkrönung 962. Links im Bild kniet Berengar von Ivrea als Zeichen der Huldigung und leistet den Treueid. Er empfängt das Schwert als Symbol der Macht über das als Lehen erhaltene Königreich. Hinter ihm stehen mit geöffneten Händen, offensichtlich waffenlos, seine Anhänger. Rechts im Bild ist das Gefolge von Otto I. angedeutet. Dabei fallen zwei Personen besonders auf: eine in einem langen, schlichten Gewand, mit einem nach oben gerichteten Schwert in der Hand und eine zweite Person in einem Ringpanzer, mit Helm und Schwert an der Seite.

Aufgabe 10, S. 117

Siehe auch Erläuterungen zu M 1 und M 6.

Aufgabe 11 a, b und c, S. 117

Siehe Erläuterungen zu M 9, M 11 und M 12 und das Arbeitsblatt.

Aufgabe 12, S. 117

Siehe Erläuterungen zu M 10.

Aufgabe 13 a, b und c, S. 117

Siehe Erläuterungen zu M 11.

Aufgabe 14, S. 117

Siehe Erläuterungen zu M 12.

Aufgabe 15, S. 117

Siehe das Arbeitsblatt „Könige und Kalifen".

Notizen

Arbeitsblatt zu M9, S. 115	**Siegel Ottos I.**

M9a) Königssiegel, 936

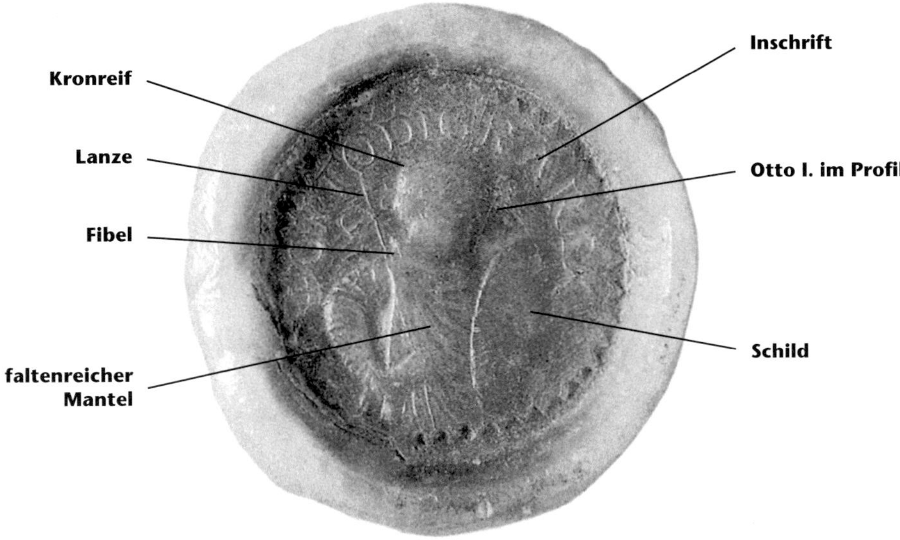

M9b) Kaisersiegel, ca. 965

Arbeitsblatt zu Aufg. 15, S. 117

Könige und Kalifen – Herrschaft im Vergleich

	Könige im lateinisch-römischen Westen	Kalifen im islamischen Kulturraum
Zeitraum und historisches Beispiel		
Symbole der Herrschaft		
Rechte des Herrschers		
Pflichten des Herrschers		
Herleitung herrschaftlicher Legitimation		
Verhältnis zu religiösen Institutionen		
Herrschaft und soziale Gruppen		
Herrschaft und ökonomische Verhältnisse		
Herrschaft und Dynastien		

Arbeitsbereich V: Symbole der Herrschaft: die Heilige Lanze (Vertiefung)

M 13 a und b, S. 118 Die Heilige Lanze, 8. Jh.

M 14, S. 118 f. Luitprand von Cremona über den Erwerb der Heiligen Lanze durch Heinrich I., 10. Jh.

Ursprünglich war die Heilige Lanze das wichtigste Element der kaiserlichen Insignien. Sie verkörperte die gottgewollte kaiserliche Macht. In der Quelle findet sich sowohl ihre Herkunftsgeschichte als auch eine Beschreibung ihrer geistlich-weltlichen Symbolik. Nach Bischof Luitprands Schrift wird eine „Ahnenlinie" von der Kreuzigung Jesu über Kaiser Konstantin bis zu König Heinrich I. aufgemacht. Im Streit um das Besitzrecht an der Heiligen Lanze zwischen Heinrich I. und dem Burgunderkönig Rudolf stand nach Luitprands Auffassung nur Heinrich dieses Herrschaftssymbol rechtmäßig zu.

Um die Geschichte der Heiligen Lanze ranken sich verschiedene, ähnliche Erzählungen. Im 6. Jahrhundert wird die Existenz der Heiligen Lanze in einer Kirche in Jerusalem erwähnt. Danach wurde sie in der Hagia Sophia in Konstantinopel aufbewahrt. Um 1240 brachte der an zwei Kreuzzügen teilnehmende französische König Ludwig IX. die Spitze der Heiligen Lanze mit nach Frankreich. Eine andere Lanze wurde von den Türken erobert und 1492 als Geschenk an den Papst geschickt.

M 15, S. 119 Widukind von Corvey über die Schlacht auf dem Lechfeld, um 970

Mit der Niederlage der ungarischen Reiterscharen in der Schlacht auf dem Lechfeld 955 ging die Zeit der Einfälle in das ostfränkische Gebiet zu Ende. Für viele Zeitgenossen bedeutete die Schlacht auch einen Zeitenwandel und eröffnete eine positive Sicht auf die Zukunft. All das beförderte eine entsprechende Legendenbildung und Instrumentalisierung dieses historischen Geschehens. Otto I. stärkte mit dem Sieg sein königliches Ansehen und seine Macht. Er bereitete damit auch den Weg für seine Kaiserkrönung 962. Neben der im Text eher beiläufig erwähnten Heiligen Lanze wurde der siegreiche Ausgang der Schlacht auf ein weiteres Symbol geistlich-weltlicher Macht zurückgeführt. Die seinen Kämpfern voranwehende Fahne mit dem Bild des Erzengels Michael soll entscheidend für den Sieg gewesen sein.

Aufgabe 16, S. 119

Siehe Text im Schülerband zu M 13 a und b, S. 118.

Aufgabe 17 a, b und c, S. 119

Siehe Erläuterungen zu M 14 und M 15.

Aufgabe 18, S. 119

Siehe Erläuterungen zu M 14.

Notizen

Arbeitsbereich VI: Methodenarbeit: Herrscherbilder interpretieren

M 16, S. 120
Elfenbeinrelief mit Otto II. und Theophanu, 972

Zum Bild: Dargestellt ist die symbolische Krönung von König Otto II. und seiner Frau Theophanu (die aus dem griechisch-orthodoxen Byzanz stammte), durch Jesus Christus.

Die dargestellte Gruppe wird durch das kostbare Material und den geschnitzten Rahmen (Baldachin auf zarten Spiralsäulen, palmettenförmige Eckakroteren, unsichtbar geraffter, geöffneter Vorhang) herausgehoben. Christus, Otto und Theophanu stehen auf jeweils separaten Podesten. Christus ist gegenüber dem Kaiserpaar durch das breitere, höhere und reicher verzierte Podest ausgezeichnet. Dasjenige Ottos ist gegenüber dem der Theophanu leicht erhöht angelegt; sein unterer Rahmen wird durch die in Proskynese (Kniefall) verharrende, vielfach mit Johannes Philagothos identifizierte Person verdeckt. Die Reverenz des Johannes bezieht sich auf Otto II.

Das Bildnis stellt Christus, in der Mitte zwischen dem Herrscherpaar stehend, mit Kreuznimbus dar; er ist mit Tunika und Mantel sowie Sandalen bekleidet und legt die rechte Hand auf das Haupt Ottos und die linke auf das Haupt Theophanus. Das kaiserliche Paar ist gegenüber Christus wesentlich kleiner dargestellt, Kaiser und Kaiserin sind jedoch gleich groß. Beide tragen Bügelkronen mit Pendilien (an der Krone befestigte Perlenketten, die typisch für die byzantinischen Kronen sind) sowie prachtvolle Gewänder im Stil des byzantinischen kaiserlichen Ornates. Man hält es für möglich, dass die Tafel anlässlich der Vermählung des Paares 972 entstanden ist, die Inschriften sind auf jeden Fall nach 982 hinzugefügt worden. Von da ab gebrauchte die kaiserliche Hofkanzlei den Titel Imperator Romanorum. Otto starb schon am 7. Dezember 983. Diese unsicheren Datierungen erschweren es, die Aussage der Bildtafel eindeutig zu bestimmen.

Die Bildtafel steht in der Tradition byzantinischer Darstellung des Kaiserpaares, setzt die sogenannte Romanos-Eudokia-Tafel von 945 voraus und ist in dieser Form im westlichen Kulturkreis ohne Vorbild. Insofern ist M 16 immer wieder herangezogen worden, um die spezifische Rolle der Theophanu als Herrscherin zu untersuchen.

Zum Hintergrund: Zum Kontext des Bildes gehört der seit dem 5. Jahrhundert latente Konflikt zwischen lateinischer Papstkirche im Westen und griechisch-orthodoxer Kirche im Byzantinischen Reich. Wenige Jahrzehnte nach der Entstehung des Kunstwerkes erreicht das sog. Morgenländische Schisma 1054 mit der Exkommunizierung des Patriarchen von Konstantinopel durch Papst Leo IX. einen Höhepunkt. Entscheidend im langfristigen Prozess der Trennung von Ost- und Westkirche waren nicht theologische Differenzen, sondern kirchenpolitische Faktoren, besonders die wachsende – auch weltliche – Macht und das Ansehen des Papstes.

M 18, S. 121
Otto III. in der Miniaturmalerei aus einem Evangeliar, spätes 10. Jh.

Zur Quellengattung: Ein Evangeliar ist ein Teilbuch der Bibel, das den vollständigen Text der vier Evangelien (Matthäus, Markus, Lukas und Johannes) des Neuen Testaments enthält. Bei den mittelalterlichen Evangeliaren handelt es sich um kunstvoll gestaltete und oft mit Bildern versehene Handschriften, in denen dem Evangelientext in der Regel weitere Begleittexte (z. B. Konkordanztabellen, Lebensgeschichten der Evangelisten) beigegeben sind. Evangeliare als Widmungs- und Stiftungsexemplare für Könige und Fürsten gehören zu den kostbarsten Büchern überhaupt. Diese wertvollen Handschriften entstanden in verschiedenen Klöstern. Zum Kloster auf der Insel Reichenau gehörte ein solches berühmtes Scriptorium. Dort wurden Handschriften im Auftrag des Königs oder großer weltlicher und geistlicher Fürsten geschaffen, so auch das „Reichenauer Evangeliar" im Auftrag Ottos III. Auch sein Nachfolger Heinrich II. förderte weiter das Reichenauer Scriptorium.

Zum Bild: Das Thronbild Ottos III. ist Bestandteil eines zweiseitigen Kaiserbildes aus dem Evangeliar des Herrschers. Die zwischen 998 und 1001 entstandene Handschrift stellt einen Höhepunkt der ottonischen Kunst dar. Berühmtheit erlangte das mit einem kostbaren Goldeinband versehene Evangeliar insbesondere aufgrund der beiden Widmungsseiten. Die vorliegende Seite zeigt den jungen Kaiser, der ausgestattet mit Zepter, Reichsapfel und Krone in der Bildmitte thront. Zu seiner Rechten stehen zwei geistliche Würdenträger, zu seiner Linken sind zwei weltliche Adlige dargestellt. Durch den Vorhang hinter dem Thron wird der in förmlicher Haltung sitzende Kaiser optisch in den Vordergrund gerückt. Das geradezu majestätische Bild verzichtet auf Attribute, die auf die Göttlichkeit des Herrschers hinweisen könnten (z. B. Hand Gottes, allegorischer Schleier, Engel). Otto III. wird hier nicht als weltlicher, sondern vielmehr als christlicher Herrscher dargestellt. Auf der zweiten, hier nicht abgebildeten Hälfte des Widmungsbildes nähern sich vier gekrönte Frauen unterschiedlicher Hautfarbe in ehrerbietiger Haltung dem Kaiser. Sie stellen die Personifikationen der Provinzen des Reichs dar. Die Ikonographie des Kaiserbildes wird durch spätantike Darstellungen des Kaisers und seiner Würdenträger, der Personifikationen der Provinzen sowie der Huldigung der Heiligen Drei Könige vor Christus bestimmt.

Notizen

Arbeitsbereich VII: Mittelalterliche Reiche und moderne Staaten in Europa im Vergleich

Methodisch-didaktischer Hinweis: Die Entwicklung der Stauferzeit wird im vorliegenden Heft nur gestrafft abgehandelt, d. h. über den Sekundärtext von Rexroth (M 20, S. 122).

M 20, S. 122
Rexroth über die Stauferherrschaft, 2005

Der Historiker Frank Rexroth sieht in folgenden Sachverhalten die Gründe für den deutschen Entwicklungsweg:
- kaiserlich-imperiale Ambitionen der Staufer in Italien,
- kaum rückgängig zu machende Zugeständnisse an die Fürsten,
- Größe des Reichsgebietes mit den vielen königsfernen Territorien.

Die Ausbildung von Staatlichkeit vollzog sich in Deutschland – anders als in Frankreich oder England – über die Landesfürstentümer und Städte.

M 21, S. 123
Boldt zum Vergleich moderner Staaten mit mittelalterlichen Reichen, 1984

In seiner Gegenüberstellung von mittelalterlicher Herrschaft und modernem Staat nutzt der Verfassungshistoriker Franz Boldt den nächsthöheren Gattungsbegriff „politische Ordnung" und formuliert die jeweils artbildenden Unterschiede anhand der Faktoren „identifizierbare Bevölkerung" und „identifizierbares Gebiet". Ausgehend von dieser übergreifenden Definition werden dann die Spezifika mittelalterlicher und moderner politischer Systeme punktuell genannt.

Methodisch-didaktischer Hinweis: Durch folgende Impulse können die Schülerinnen und Schüler den Vergleich von mittelalterlichen Reichen und modernen Staaten strukturieren:
- Personalisierung und Rechtsverhältnisse,
- Institutionalisierung der Macht,
- Territorium und Bewohner.

Dabei sind die Veränderungen innerhalb der relativ langen Entwicklungslinien des mittelalterlichen, des frühneuzeitlich-absolutistischen und des modernen bürgerlichen Staates zu berücksichtigen.

Aufgabe 20, S. 123
Siehe Erläuterungen zu M 20.

Aufgabe 21, S. 123
Siehe Erläuterungen zu M 21.

Notizen

Arbeitsbereich VIII: Die Ostsiedlung (Vertiefung)

M 22, S. 124
Karte: Die deutsche Ostsiedlung im Mittelalter

Die Karte bündelt mehrere Informationsebenen zur deutschen Ostsiedlung im Mittelalter:
1. Siedlungsetappen vom 12. bis 14. Jahrhundert,
2. Rechtsstatus von Städten im Ostsiedlungsgebiet,
3. verbliebenes Siedlungsgebiet slawischer Völker,
4. nach Osten zunehmendes Wald- und Sumpfland,
5. Verteilung der Zisterzienserklöster.

Dabei sind folgende Details beachtenswert: Die Ostsiedlung im 14. Jahrhundert vollzog sich hauptsächlich außerhalb der Reichsgrenzen in Pommerellen und im Gebiet des Deutschen Ordens. Alle Küstenstädte – mit Ausnahme von Königsberg – übernahmen das Lübecker Recht. Die Hanse wirkte dabei als Katalysator. Im Raum zwischen Elbe, Oder und Weichsel dominierte bei Stadtgründungen das Magdeburger Recht. Die Städte in Böhmen und Mähren führten andere, vorwiegend süddeutsche Stadtrechte ein. Neben der vollständigen Assimilierung der slawischen Bevölkerung im größten Teil des Ostsiedlungsgebietes blieben in einigen Regionen slawische und andere Stämme als eigenständige Gemeinschaften erhalten (an der Neiße um Cottbus die Sorben, an der Ostseeküste um Stolp und Königsberg). Die Zisterzienserklöster spielten eine Vorreiterrolle bei der Binnenkolonisation in den weiten Sumpf- und Waldgebieten.

M 23, S. 125
Borgolte über Merkmale der Ostsiedlung, 2002

Der Historiker Michael Borgolte kennzeichnet die Ostsiedlung als Herrschaftsausbau und Wirtschaftsentwicklung folgendermaßen:
- Landgewinnung und Landesausbau,
- Verdichtung der Siedlungsstrukturen, ausgewogene Verteilung von Dörfern und Städten,
- Siedlungsbewegung im Rahmen der damals üblichen Mobilität,
- Bevölkerungswachstum und spätere Siedlungswellen vorwiegend aus dem Neusiedelgebiet selbst,

- ambivalentes Verhältnis zur slawischen Stammbevölkerung (Assimilation, Gewalt und Vertreibung).

M24a, S.126 Helmold von Bosau über die Ostsiedlung, um 1150

Zum Autor: Der Chronist und Geistliche Helmold von Bosau gehörte zu den Augustinerchorherren und war nach 1156 Priester im holsteinischen Missionsstützpunkt Bosau bei Plön.
Zur Quelle: In seiner „Slawenchronik" beschreibt er die Christianisierung der östlich der Elbe wohnenden Westslawen von Karl dem Großen bis zur Kolonisation und Neubesiedlung zur Zeit Heinrichs des Löwen. Trotz seines offensichtlich „prosächsischen" Standpunktes, seiner Verarbeitung bereits bekannter Quellen und seines räumlich begrenzten eigenen Erfahrungshorizontes ist seine „Slawenchronik" eine wichtige Schriftquelle der Siedlungstätigkeit im nordostdeutschen Raum im 12. Jahrhundert.
Zum Quellenauszug: Im Textauszug werden die Herkunftsgebiete und die Neusiedelgebiete der angeworbenen Siedler benannt, ihre Arbeit und der Reichtum des Landes gepriesen. Die besondere Behandlung der slawischen Bevölkerung wird durch den Verweis auf deren Ansiedlung im Raum Oldenburg, Lütjenburg und an der Küste sowie deren Zinspflicht gegenüber dem Grafen Adolf hervorgehoben. Ebenfalls erwähnt Helmold von Bosau die Nutzung der slawischen Dörfer und Burgen durch die Neusiedler.

M24 b, S.126 Boleslaw V. von Polen über Ansiedlungsrechte in Gnesen, 1272

In der Urkunde Boleslaws V. wird dem Schulzen Nikolaus ein 42-Hufen-Dorf für Siedlungsvorhaben übertragen. Der Siedlungsunternehmer (Lokator) erhielt im Rahmen der Ostsiedlung neben Privilegien und Einnahmen häufig auch das Schulzenamt. In den Dörfern umfasste das Amt die niedere Gerichtsbarkeit und allgemein die Dorfobrigkeit. Die Formulierung „Besetzung nach deutschem Recht" ist im Text besonders wichtig. Sie sagt nichts über die slawische oder deutsche Herkunft der Dorfbewohner aus. Vielmehr werden den Neusiedlern mit diesen Rechtsverhältnissen Anreize für den schwierigen Neuanfang geboten: persönliche Freiheit (keine Leibeigenschaft), zeitweise Befreiung von Abgaben und Diensten, dörfliche Selbstverwaltung.

M24 c, S.126 f. Freibrief von König Andreas II. von Ungarn, 1224

Nach Auseinandersetzungen des ungarischen Königs Andreas II. mit dem Deutschen Ritterorden und dem ungarischen Adel, der ihn 1222 zu Zugeständnissen zwang, stellte er 1224 eine Urkunde *(Privilegium Andreanum)* aus, die den deutschen Siedlern in Siebenbürgen bestimmte Rechte zusicherte. Später wurden diese Privilegien auch anderen deutschen Siedlungsgebieten in Ungarn gewährt und damit neue Siedler ins Land gezogen. Im Text wird besonders auf den nun einheitlichen Rechtsstatus des gesamten Siedlungsraumes, mit Ausnahme von Hermannstadt, verwiesen. Den Bewohnern sicherte man die eigenständige Wahl von Richtern zu, die nur noch gräflicher Bestätigung bedurften. Eine pauschale Geldabgabe der gesamten deutschen Gemeinde von 500 Silbermark wurde verfügt und den Kaufleuten weitgehende Zollfreiheit zugesichert.

M25, S.127 f. Seibt über den Deutschordensstaat, 1987

Mit dem Verlust der Festung Montfort in Galiläa 1268 war die Funktion des Ordens im Heiligen Land beendet. Der Hochmeister Hermann von Salza nutzte 1211 zunächst einen Hilferuf des ungarischen Königs Andreas II. und führte den Orden zum Kampf gegen Turkvölker im Osten Ungarns. Der Deutsche Orden versuchte dabei in Siebenbürgen eine eigene Herrschaft zu errichten, geriet in Konflikt mit Andreas II. und musste 1225 das Land wieder verlassen. Danach richtete der Orden seine Missions- und Siedlungsbestrebungen in nordöstliche Richtung zur Weichselmündung. Bis zur Niederlage in der Schlacht am Peipussee 1242 hatte der Ritterorden rasche Missions- und Siedlungserfolge im Gebiet der Prussen, in Livland und Kurland, später auch in Richtung Westen (Pomerellen) erreicht. Diese Expansion des Ordensstaates führte zum Konflikt mit dem wieder erstarkten Polen und schließlich zur Niederlage in der Schlacht bei Tannenberg 1410. Die Besonderheiten des mönchischen Ordensstaates waren einerseits Voraussetzung für dessen raschen Aufstieg und verhinderten andererseits letztendlich seine erfolgreiche Umwandlung in eine fürstliche Landesherrschaft.

M 26, S. 127
Polnisches Denkmal zur Erinnerung an die Schlacht bei Grunwald, 1910

Die „Schlacht bei Tannenberg" vom 15. Juli 1410 – von der polnischen Geschichtsschreibung „Schlacht bei Grunwald" genannt – gilt als die größte Schlacht des Mittelalters, an der Schätzungen zufolge bis zu 60 000 Ritter teilgenommen haben sollen, darunter viele Söldner. Die Angaben sind umstritten, da zeitgenössische Berichte stark ideologisch gefärbt sind. Die militärische Niederlage leitete den machtpolitischen Niedergang des Ordens im 15. Jahrhundert ein, während der polnisch-litauische Staat zur europäischen Großmacht avancierte. Das Denkmal, das 1939 von der deutschen Wehrmacht gesprengt wurde, zeigt den erschlagenen Hochmeister Ulrich von Jungingen zu Füßen der Sieger liegend. Nach dessen Tod zog sein Nachfolger Heinrich von Plauen das Ritterheer in die Marienburg zurück, die bis September 1410 von polnischen Königstruppen erfolglos belagert wurde. Im Friedensschluss von Thorn (1411) verpflichtete sich der Deutsche Orden, eine Summe von 260 000 ungarischen Gulden zu zahlen, was eine langfristige Finanznot zur Folge hatte.
Dieses Denkmal demonstriert – aus polnischer Perspektive – die im 19. und 20. Jahrhundert übliche Verfahrensweise der nationalen Identitätsstiftung durch Rückgriff auf oder Konstruktion von historischen Ereignissen. Die Schlacht war aber weder eine nationale und erst recht keine „rassische" Auseinandersetzung zwischen Deutschen und Slawen. Sie war, wenn auch eine der größten und blutigsten Schlachten, die Auseinandersetzung konkurrierender Feudalmächte im späten Mittelalter.

Aufgabe 22, S. 128
Siehe Erläuterungen zu M 22.

Aufgabe 23 a, b und c, S. 128
Siehe Erläuterungen zu M 23.

Aufgabe 24, S. 128
Siehe Erläuterungen zu M 24 a, b und c.

Aufgabe 25, S. 128
Siehe Erläuterungen zu M 24 a, b und c.

Aufgabe 26, S. 128
Siehe Erläuterungen zu M 22 bis M 24.

Aufgabe 27, S. 128
Siehe Erläuterungen zu M 25.

Aufgabe 28, S. 128
Siehe Erläuterungen zu M 25 und M 26.

Notizen

Notizen

Arbeitsbereich IX: Heinrich der Löwe im Geschichtsbild der NS-Zeit (geschichtskulturelle Vertiefung)

M 27 a bis c, S. 129 Darstellung Heinrichs des Löwen in Quellen aus der NS-Zeit

Die drei Quellen stehen für die Instrumentalisierung historischer Ereignisse und Personen in der NS-Zeit. Die Geschichtspolitik der Nazis war auf die Konstruktion historischer Leitlinien und Rechtfertigungen ausgerichtet. In einem breiten Spektrum vom Alltagsbewusstsein (Banknote), über die Propaganda (Rede des NS-Politikers Walter Darée) bis zur wissenschaftlichen Arbeit (Historiker Hans Martin Elster) wurde diese Geschichtspolitik umgesetzt.

Methodisch-didaktischer Hinweis: Die Zahl der Quellen wurde an dieser Stelle bewusst kurz gehalten, da die Schüler selbstständig nach weiteren Materialien zu diesem Thema recherchieren sollen. Gleichwohl eignen sie sich für eine Kurzbehandlung des Themas im Unterricht. Hierbei sollte der Schwerpunkt auf einer Kurzanalyse der Sprache in den Textquellen M 27 b und c liegen.

Kapitel 7: Politische Herrschaft im Spätmittelalter: Auf dem Weg zum modernen Staat?

Hinweise zur Arbeit mit den Materialien:
Siehe den Kasten im Schülerband, S. 133.

M 1, S. 130
Karte: England und Frankreich vom 11. bis 13. Jh.

Die Karte zeigt ein einheitliches Königreich England und ein durch komplizierte lehnsrechtliche Beziehungen „dreigeteiltes" Frankreich. Der Kern des späteren Frankreich liegt um Paris (Ile de France) in den Krondomänen des französischen Königs und den davon unmittelbar beeinflussten Territorien mit dem Herzogtum Burgund und der Grafschaft Flandern. Die westlich und südlich gelegenen Gebiete stehen formal in unterschiedlichen Abhängigkeitsverhältnissen zum französischen König. Die Expansions- und Heiratspolitik der Könige und des Hochadels und die damit verbundenen lehnsrechtlichen Konstruktionen führten zu solchen – für das Mittelalter typischen – „territorialer Gemengelagen" und waren im lateinischen Europa die Regel.

Aufgabe 1, S. 133

Siehe Text im Schülerband, S. 130 f., und Erläuterungen zu M 1.

Notizen

Arbeitsbereich I: Staatsbildung in Frankreich

M 2, S. 133 ff.
Haas über Staatsbildungsprozesse in Frankreich unter Philipp II., 2002

Durch erfolgreiche militärische Operationen gegen äußere Konkurrenten und durch Modernisierung und Straffung der Herrschaft im Inneren legte Philipp II. den Grundstein für eine starke Königsmacht in Frankreich. In der Schlacht bei Bouvines (1214) besiegte er die verbündeten und zahlenmäßig überlegenen Heere des englischen Königs Johanns I. und des deutschen Königs Ottos IV. Auf Seiten des englisch-welfischen Bündnisses standen auch die Grafen von Flandern und von Boulogne. Die Ursachen der Auseinandersetzung waren einerseits der Streit um die englischen Lehen in Frankreich und andererseits die Parteinahme Philipps im deutschen Thronstreit für den Staufer Friedrich II. und gegen den Welfen Otto IV., der wiederum mit dem englischen Königshaus über seine Frau verwandt war. Der Sieg Philipps bei Bouvines hatte Auswirkungen auf alle beteiligten Seiten:

- Im Heiligen Römischen Reich besiegelte die verlorene Schlacht endgültig die Niederlage Ottos IV. in der Auseinandersetzung mit dem Staufer Friedrich II., der 1215 erneut zum König im Reich gewählt wurde.
- In England musste der geschlagene König Johann I. (Johann Ohneland) 1215 mit der Magna Charta dem Adel und den Städtebürgern weitgehende Rechte zugestehen.
- Für Philipp II. bedeutete der Sieg von Bouvines die Stärkung der französischen Königsmacht und die Beschneidung der Macht der Thronvasallen. Das Gebiet nördlich der Loire blieb französisches Kronland.

Den militärischen Erfolg von Bouvines kombinierte Philipp II. mit solider Konsolidierungsarbeit im Inneren seines Königreiches. Mit politischem Weitblick und mit beträchtlichen diplomatischen Fähigkeiten nutzte er das Lehnsrechts und formte es um. Mit der

Forderung nach und der Durchsetzung von ligischer Treue, d.h. einer besonders strengen Form der Lehnsbindung (vgl. im Schülerband, S.135, Anm. 2 zu M2), setzte er seine Vorrangstellung im Lehnsrecht durch. Die Rechte und die Stellung des ortsansässigen Adels wurden von Philipp II. gemindert. Das unmittelbare Verhältnis des Vasallen zum König war jetzt entscheidend. Zu diesen lehnsrechtlichen Veränderungen trat eine vom König vorangetriebene Verwaltungsmodernisierung, z.T. nach normannischem Vorbild organisiert. Sie konzentrierte sich mehr und mehr in Paris und beförderte die Schriftlichkeit. Es entstanden Hofgericht, Archiv und Registerwesen. Philipp II. gründete auch die Universität Paris. Die Kosten für die Verwaltung und der allmähliche Wandel vom Ritter- zum Söldnerheer erhöhten den Finanzbedarf und brachten ein leistungsfähiges Finanzwesen für die Geldbeschaffung hervor. Mit Philipp II. war die Erbmonarchie in Frankreich faktisch durchgesetzt und damit frühzeitig eine Grundlage für die Herausbildung des Zentralstaates gelegt.

M3, S.134
Aufstand in Montpellier 1379, Buchmalerei, ca. 15 Jh.

Methodisch-didaktischer Hinweis: Die Bilder M3 und M4 rücken eine andere Perspektive als der Text M2 in den Vordergrund: Während der Sekundärtext die Merkmale und Tendenzen der Herausbildung eines königlichen französischen Zentralstaates betont, der sich erfolgreich gegen intermediäre Gewalten und Interessengruppen durchsetzen konnte, zeugen die beiden Abbildungen vom Widerstand, den es offensichtlich gegen diese Entwicklungen gegeben hat, d.h. konkret: die Widerstände und Aufstände des Hochadels (M4) und der Städte, die ihre Autonomie und wirtschaftliche Unabhängigkeit gefährdet sahen (z.B. durch das Eintreiben königlicher Steuer durch königliche Beamte; M3).
Die Schüler sollten erkennen, dass die Aussagekraft der Bildquellen insofern etwas eingeschränkt ist, als diese aus dem 15. Jahrhundert stammen und damit erst eine Zeit gut zweieinhalb Jahrhunderte nach der Herrschaft Philipps II. beleuchten. Die Staatsbildungsprozesse waren zu diesem Zeitpunkt bereits wesentlich weiter fortgeschritten als zu Beginn des 13. Jahrhunderts.
Zum Bild: Die beiden in rote Roben gekleideten königlichen Beamten im Vordergrund weisen blutige Verletzung im Gesicht auf. Sie haben die waffenlosen Hände abwehrend gehoben und sind von einer Gruppe Bewaffneter umringt. Die bewaffneten Männer tragen Helme und schwingen ihre Schwerter, Dolche und Hellebarden; wahrscheinlich handelt es sich um städtische Soldaten.
Zum Hintergrund: Seit 1369 flammten die Kampfhandlungen zwischen Franzosen und Engländern im seit 1340 andauernden Hundertjährigen Krieg erneut auf. Der Geldbedarf des französischen Königs Karl V., der Weise, war beträchtlich. Eine effiziente Staatsverwaltung, die auf hergebrachte Privilegien mitunter wenig Rücksicht nahm, und die Einrichtung eines permanenten Steuerwesens sollten das nötige Geld beschaffen. Der Konflikt mit den Ständen war vorbestimmt. In Paris und verschiedenen Städten kam es zu Unruhen, auf dem Land erhoben sich die Bauern. 1379 kam es auch in Montpellier zu Unruhen. Der französische König Philipp VI. hatte die Stadt erst 1349 gekauft. Sie war nach Paris die zweitwichtigste im französischen Königreich. Durch die Große Pest verlor die Stadt in der zweiten Hälfte des 14. Jahrhunderts mehr als ein Drittel ihrer Bevölkerung und büßte erheblich an Wirtschaftskraft ein.

M4, S.134
Schwur der Ligue du Bien Public, Buchmalerei, ca. 1502

Methodisch-didaktischer Hinweis: siehe die Hinweise zu Bild M3.
Zum Bild: Zwei Personengruppen haben sich in einem Raum versammelt. Ihre ausgestreckten Hände weisen auf ein aufgeschlagenes Buch. Es liegt auf einem altarähnlichem Podest, das mit einem Tuch in den Farben und Symbolen des Königs (blaues Tuch, goldene Lilien) bedeckt ist. Ihre Haltung demonstriert, wenn auch unterschiedlich ausgeprägt, Entschlossenheit und legitimen Anspruch für ihr Tun.
Zum Hintergrund: In der *Ligue du Bien Public* (Liga für das Allgemeinwohl) schloss sich 1465 eine große Fraktion des französischen Hochadels zusammen. Unter Führung Karls von Charolais, des späteren Burgunderherzogs Karls des Kühnen, revoltierten diese Herzöge und Gruppen anderer Adliger gegen König Ludwig XI. Die Adelsrevolte richtete sich gegen die Politik des Königs, der nach dem siegreich beendeten Hundertjährigen Krieg die Macht des Hochadels zurückdrängen wollte. In ihrem Manifest vom 10. März 1465 formulierten sie, einer „unordentlichen und jämmerlichen Regierung" entge-

gentreten zu wollen. Anstelle Ludwig XI. sollte der erst 18-jährige Bruder des Königs als Regent eingesetzt werden.

Aufgabe 2, S. 135
Siehe Erläuterungen zu M 2 und den Tafelanschrieb.

TAFELANSCHRIEB

Ausbau der königlichen Macht unter Philipp II.

- Grundlage: Sieg bei Bouvines und wirtschaftlicher Aufschwung in Stadt und Land
- Veränderungen im Lehnsrecht: Einführung der Ligesse
- Veränderungen im Erbrecht: Land und Herrschaft gingen ungeteilt an **einen** Erben über
- König ist Schutzherr der Kirche
- Ausbildung einer eigenständigen Verwaltung im königlichen Auftrag: Prévôts, Baillis
- Durchsetzung einer königlichen Rechtsordnung: Hofgericht ist für **alle** königliche Interessen berührenden Rechtsfälle zuständig
- Einrichtung einer effektiven Finanzverwaltung: wachsende Steuer- und Abgabeeinnahmen
- Historische Legitimierung: Karl der Große als Vorbild und Ziel

Aufgabe 3, S. 135
Siehe Erläuterungen zu M 2–M 4.

Arbeitsbereich II: Staatsbildung in England

M 5, S. 136 f.
Auszug aus der *Magna Charta Libertatum*, 1215

M 6, S. 136
Original der *Magna Charta* von 1215
1215 zwangen aufständische Barone den englischen König Johann I. zur Ausstellung der *Magna Charta Libertatum.* Nach der Niederlage in der Schlacht von Bouvines (1214; vgl. die Erläuterungen oben zu M 2) und der allgemeinen Unzufriedenheit mit der königlichen Herrschaft bei Kronvasallen, Städtebürgern und freien Bauern kapitulierte der geschwächte König. Er musste, wenn auch in Form eines von ihm gewährten Privilegs, die Einschränkung der Königsmacht akzeptieren. Besonderes Gewicht erhält in diesem Zusammenhang der Punkt 61 (Zeile 132 ff.), der durch die Einsetzung eines Rates der Barone ein Beschwerde- und Kontrollrecht fixiert. Vom 13. bis zum 15. Jahrhundert wurde zwischen den Ständen und dem König mehrfach um Gültigkeit und Auslegung der *Magna Charta* gestritten. Die Absetzung von fünf englischen Königen zwischen 1327 und 1485 bestätigen Lebenskraft und Wirksamkeit der Charta.
Ein Teil der Forschung betont heute, dass die Könige in den Jahrhunderten nach 1215 zunächst versuchten, einige Rechte der Charta wieder zurückzunehmen bzw. nicht einzulösen. Die Forschung hat diese Entwicklungen lange Zeit nicht zur Kenntnis genommen. Grund war eine mit der Glorious

Notizen

Revolution 1688/89 einsetzende, retrospektive Überhöhung der in der Charta von 1215 niedergeschriebenen Rechte, die im Zuge der Nationalstaatsbildungen des 19. Jahrhunderts noch einmal verstärkt wurde und bis heute nachwirkt, da die Charta von 1215 zum nationalen Selbstverständnis der Engländer gehört.
Zur Charta siehe auch Zusatzmaterial ZM 7.1.

M 7, S. 137
König Edward I. im englischen Parlament, Buchmalerei, um 1524

Zum Bild: Das Bild zeigt die zur Regierungszeit Edwards noch nicht ausgeprägte Sitzordnung und Raumgestaltung im Parlament. Der König auf seinem Thron, oben im Bild, ist unter seinem Wappen platziert. Links und rechts von ihm sind die Herrscherwappen von Schottland und Wales zu erkennen, ganz außen die Wappen zweier Bischöfe. An der Tafel davor sind Vertreter des Hofes, der königlichen Familie und, ganz außen, zwei Bischöfe zu erkennen. In der unteren Bildhälfte sind die Vertreter der Stände versammelt:

- in schwarzer und roter Robe die geistlichen Lords (links und unten),
- in roter Kleidung die weltlichen Lords (rechts),
- in unterschiedlicher Kleidung die städtischen Vertreter (in der Mitte).

Im Zentrum haben, herausgehoben auf vier Bänken, jeweils vier Männer Platz genommen, davon zwölf Personen in roter Kleidung.
Diese Miniatur ist über 200 Jahre nach der Herrschaft Edwards I. entstanden, in der Zeit König Heinrichs VIII., der sich durch die Suprematsakte (1534) zum obersten Kirchenherrn erklärte und die englische Kirche von Rom löste. Damit sind Bildelemente eingebracht, die erst einer späteren Zeit angehören.
Zum Hintergrund: Aus der Versammlung der geistlichen und weltlichen Lords, die nach Verkündung der *Magna Charta* zur Regelung der das Königreich betreffenden Angelegenheiten zusammentraten, entwickelte sich unter Edward I. das englische Parlament. Unter ihm wurde seit 1295 diese Versammlung noch um Vertreter der Grafschaften und Städte erweitert. 1297 erhielt diese Körperschaft das Steuerbewilligungsrecht zuerkannt.

Aufgabe 5, S. 137
Siehe Erläuterungen zu M 5.
Methodisch-didaktischer Hinweis: Beispielsweise können die Schülerinnen und Schüler nach der Analyse des Textausschnitts der *Magna Charta* Bezüge zum Grundgesetz und zu den Verfassungsorganen der Bundesrepublik herstellen. Sie ordnen dabei den ausgewählten Textstellen der Charta Artikel des Grundgesetzes zu.

Aufgabe 6, S. 137
Siehe Erläuterungen zu M 5–M 7.

Aufgabe 7, S. 137
Siehe Erläuterungen zu M 5–M 7.

Notizen

Arbeitsblatt zu Aufg. 7, S. 137	Vergleich Frankreich–England

Staatsbildungsprozesse in Frankreich und England im Mittelalter

	Frankreich	England
Veränderungen im Lehnswesen		
Rolle von König und Hof		
Verhältnis Kirche und König		
Organisation und Prinzipien der Rechtsprechung		
Festsetzen und Eintreiben der Steuern		
Verwaltungsstruktur und -organisation		

Zusatzmaterial ZM 7.1	**Rechtsverhältnisse in England vor der Magna Charta**

Aus einer Darstellung des Historikers Wolfgang Reinhard (2000)

Nach dem Herzogtum Normandie und dem Königreich Sizilien wurde England durch die Eroberung von 1066 die dritte der straff organisierten normannischen Monarchien und diejenige, die überlebte, denn nach der japanischen und der päpstlichen ist sie die älteste, die noch existiert. Freilich konnte sie ältere Strukturen des angelsächsischen Königtums mitbenutzen, insbesondere dessen volksrechtliche Elemente wie die Gliederung des Landes in Grafschaften *(Shire, County)*, die Allgemeine Besteuerung und die Regierung mittels knapper schriftlicher Weisung des Monarchen, des Writ (lat. *breve*). Kraft Eroberung wurde alles Land Königsland, es gab kein Eigengut (Allod) mehr wie in Deutschland. Nach dem Grundsatz „kein Land ohne Herr" *(nulle terre sans seigneur)* existierten nur noch Krongut oder vom König vergebene, erbliche Lehen, die weiterverliehen werden konnten. Trotz der an bestimmten Gebieten haftenden Adelstitel wurden die Lehen aber planmäßig gestreut und wurde das Entstehen geschlossener Adelsherrschaften verhindert. Außerdem gab es in allen Lehenseiden einen Treuevorbehalt zugunsten des Königs sowie einen Allgemeinen Treueid auf ihn. Die Besteuerung wurde ebenso beibehalten und gestrafft wie die Grafschaftsverfassung; dabei stützte sich der König auf den Vizegrafen, den Sheriff, dessen Stellung ein widerrufbares Amt blieb, auch wenn er aus zuverlässigen Kronvasallen ausgewählt wurde. […]

Heinrich II. (1154–1189), Thronerbe aus dem Hause Plantagenet, gebot zusätzlich über halb Frankreich.[1] Er wurde für England zum wichtigsten Begründer eines einheitlichen königlichen Rechts, des *Common Law*. Die Hochgerichtsbarkeit war stets in der Hand der Krone geblieben. Darauf beruhten die Justiz königlicher Reiserichter, die sich vor Ort auf den Sheriff und zur Tatsachenfeststellung auf eine Jury aus zwölf Geschworenen stützten, und schließlich die Entstehung ständiger zentraler Gerichtshöfe in der Hauptstadt London/Westminster. Dort fertigte die Kanzlei gegen Bezahlung Writs zur Einleitung von Verfahren aus, die hohe Rechtssicherheit boten, daher viel genutzt und ein reiche Einnahmequelle wurden. Obwohl die Könige noch im 13. Jahrhundert die Gott allein verantwortliche, nur durch den Krönungseid gebundene Vollgewalt *(plenam potestatem et liberum regimen)* einschließlich Gesetzgebungshoheit beanspruchten, verbreitete sich bereits die Vorstellung, dass auch der König unter diesem königlichen Recht stehe.

Wolfgang Reinhard, Geschichte der Staatsgewalt. Eine vergleichende Verfassungsgeschichte Europas von den Anfängen bis zur Gegenwart, Frankfurt/M. u. a. (Büchergilde Gutenberg) 2000, S. 69 f.

1 *Vgl. Karte M 1, S. 130, im Schülerband.*

Arbeitsbereich III: Staatsbildungsprozesse im römisch-deutschen Reich

M8, S. 138
Gesetz zugunsten der Fürsten, 1232

Der Weg in Richtung landesfürstlicher deutscher Territorialstaaten war mit der Erhebung des Grafen Balduin von Hennegau 1188 zum Reichsfürsten durch Friedrich I. Barbarossa (um 1122–1190) vorgezeichnet. Später folgten weitere Erhöhungen in den Reichsfürstenstand und die Könige fanden sich zunehmend einer von gemeinsamen Interessen geleiteten reichsfürstlichen Gruppe gegenüber. Kennzeichnend für diesen Reichsfürstenstand wurden die gewohnheitsrechtlich akzeptierten „staatlichen" Rechte in ihren jeweiligen Territorien. Sie standen in direkter Lehnsabhängigkeit zum König und wurden zu Bewahrern des Landfriedens sowie zu Inhabern der hohen Gerichtsbarkeit. Diese Eigenständigkeit der Fürsten erhielt durch den sog. Thronstreit seit 1198 weiteren Auftrieb. Die bisherige Praxis, die spezifischen Privilegien des einzelnen Fürsten durch den jeweils neuen König zu gewähren bzw. zu bestätigen, wurde durch das Statutum in favorem principum verändert. Das Privileg wurde 1231 in Worms dem in den deutschen Reichsteilen herrschenden König Heinrich VII., Sohn Friedrichs II., von den Reichsfürsten abgepresst. 1232 musste Kaiser Friedrich II. das Privileg bestätigen. Seine imperialen Ambitionen und damit verbunden seine Auseinandersetzungen mit den Päpsten zwangen ihn zu diesem weitgehenden Zugeständnis an die deutschen Reichsfürsten. Die städtefreundliche und die die Königsmacht stärkende Politik Heinrichs VII. hatten den latenten Konflikt mit den Reichsfürsten verschärft. Städte und Königsmacht waren nach diesem Privileg die eindeutigen Verlierer. Die Hoffnungen des Kaisers auf die stärkere Mitverantwortung der Fürsten für das Reich als Ganzes erfüllten sich nicht. Die Fürsten verfügten schon über die reale Macht, sowohl dem jungen Heinrich VII. als auch seinem Vater Friedrich II. solche Zugeständnisse abzuringen. Dieses Privileg garantierte den Fürsten den Ausbau ihrer Landesherrschaften durch Selbstständigkeit bei der Verwaltung des Territoriums, eigene Gerichtsbarkeit, Erhebung von Zöllen und Prägen von Münzen.
Siehe auch den Tafelanschrieb.

TAFELANSCHRIEB

Inhalt des Statutum in favorem principum

Artikel 1–5:
- Verbot des Baus von königlichen Burgen und Städten auf kirchlichem Grund bzw. zu Lasten der Fürsten. Städtegründungen auf kirchlichen Landflächen hatten zu Unmut bei den geistlichen Fürsten geführt.
- Alte Märkte dürfen durch die Gründung neuer Märkte nicht geschädigt werden. Der Zwang zum Besuch bestimmter Märkte wird aufgehoben, die Bannmeile um neu gegründete königliche Städte wird beseitigt.

Artikel 6–9:
- Anerkennung des Gesetzgebungsrechts der Fürsten durch Friedrich II., langfristig wird so das bisherige Gewohnheitsrecht durch territoriales Landrecht abgelöst.

Artikel 10–23:
- sind hauptsächlich gegen königliche Städte gerichtet, z. B. Verbot, fürstliche und kirchliche Leibeigene, Hörige und Dienstleute aufzunehmen, Verbot, die städtische Gerichtsbarkeit auf Kosten der fürstlichen auszudehnen, Rückgabe der von Städten in Besitz genommenen Eigengüter und Lehen an die Fürsten, Garantie des fürstlichen Geleit- und Münzrechts.

M9, S. 139 f.
Die Goldene Bulle Kaiser Karls IV., 1356

Nach langwierigen Verhandlungen einigte sich 1356 König Karl IV. (1316–1378) auf den Reichstagen von Nürnberg und Metz mit den Kurfürsten unter Beteiligung der deutschen Reichsstände auf ein Regelwerk zur Wahl des Königs und zu den Rechten und Pflichten der Kurfürsten im Heiligen Römischen Reich. Dieses später als Grundgesetz des Reiches bezeichnete Privileg blieb mit nur wenigen Veränderungen bis zum Ende des „Alten Reiches" 1806 gültig. Nach seiner Kaiserkrönung am 5. April 1355 in Rom wollte Karl IV. seine Hausmacht, ausgehend vom Königreich Böhmen, absichern und erweitern. Dazu sollte auch die Frage der deutschen Königswahl prinzipiell geregelt werden. Seit dem ausge-

henden 12. Jahrhundert war es immer wieder zu Doppelwahlen bzw. zur Wahl eines Gegenkönigs gekommen. Die nachfolgenden politischen Auseinandersetzungen lähmten und schwächten das Reich. Die Verhandlungen Karls IV. mit den Kurfürsten und den Reichsständen sollten diesen Zustand beenden. Die Goldene Bulle regelte dazu die Wahl des deutschen Königs durch die sieben Kurfürsten nach dem Mehrheitsprinzip. Zum Ort der Wahl wurde Frankfurt, zur Krönungsstätte – zunächst – Aachen bestimmt. Weiterhin wurden die Rechte der Kurfürsten detailliert festgeschrieben:
- Erbfolge der weltlichen Kurfürsten (Primogeniturfolge, d. h. Nachfolge des Erstgeborenen anstelle von Gebietsteilungen),
- Bergregal,
- Münzrecht,
- Gerichtsbarkeit.

Damit wurden die Rechte der Kurfürsten in ihrem Territorium nun auch formal königlichen Rechten gleichgestellt. Außerdem wurde die Rechte der Pfahlbürger drastisch beschnitten und damit die Städte erneut geschwächt. Schließlich wird ein weiterer Versuch zur Eingrenzung des Fehdeunwesens unternommen.
Mit der Goldenen Bulle war das Wahlkönigtum für Deutschland definitiv verankert. Karl IV. gelang es dennoch zu seinen Lebzeiten, die Kurfürsten 1376 zur Wahl seines ältesten Sohnes Wenzel zum Nachfolger zu veranlassen. Die Macht der Kurfürsten war so gefestigt, dass sie eine faktische Erblichkeit der Königswürde nicht mehr fürchteten und der Wahl nach weiteren Zugeständnissen zustimmten.
Methodisch-didaktischer Hinweis: Die Schülerinnen und Schüler können durch den Vergleich der Wirkung der Goldenen Bulle mit der heutiger Gesetze die wesentlichen Unterschiede zwischen mittelalterlicher und heutiger politischer Praxis feststellen. Heute wird erwartet, dass ein beschlossenes und verkündetes Gesetz sofort angewendet wird. Im Mittelalter konnten Gesetze bzw. ähnliche Regelungen „relativiert" werden: Wenn die Umstände sich anders darstellten als ursprünglich gedacht, wurde die Anwendung des Gesetzes ausgesetzt oder das Gesetz gegen seinen eigenen Sinn interpretiert.
- Goldene Bulle (handschriftliche Urkunde mit dem goldenen Siegel) = Privileg, kein allgemein gültiges Gesetz (d.h. der Aussteller [Kaiser] gibt dem Empfänger [Kurfürsten] Sonderrechte, die alle anderen Fürsten beispielsweise nicht haben).
- Keine verbindliche Anwendung der in der Urkunde festgelegten Regeln, so z.B. hat Karl IV. die Vorschriften, die er in der Goldenen Bulle niedergelegt hat, bei der Wahl seines Sohnes Wenzel nicht angewandt. Er wollte den Kurfürsten entgegenkommen, damit sie seinen Sohn wählen, und hat dafür im Gegenzug auf bestimmte Vorschriften verzichtet.

Siehe auch das Tafelbild zu M9.

Aufgabe 8a, b und c, S.141

Siehe Methodensonderseite im Schülerband, S.66, und Darstellungstext, S.131f., Sekundärtext M20, S.122, und Erläuterungen zu M8.

Aufgabe 9a, b und c, S.141

Siehe Erläuterungen zu M9.

Aufgabe 10, S.141

Siehe Erläuterungen zu M8 und M9.

Notizen

Tafelbild zu M 9, S. 139	**Inhalt der Goldenen Bulle**

Die Goldene Bulle legte fest:

1. Zur Königswahl sind die sieben Kurfürsten wahlberechtigt (u. a. Kap. I/8–12 und IV/2)

- Die Königswahl ist formell unabhängig von der Zustimmung des Papstes. Der Papst wird im Vertragstext nicht erwähnt.
- Die Wahl muss nicht mehr einstimmig, sondern kann mit Mehrheit erfolgen (Kap. II/3).
- Kurfürsten dürfen erst nach der erfolgreichen Wahl eines Königs Frankfurt verlassen (Kap. II/3).
- Wenn innerhalb von 30 Tagen keine erfolgreiche Wahl erfolgt ist, dürfen die Kurfürsten nur noch Wasser und Brot zu sich nehmen (Kap. II/3).
- Als Ort der Wahl wird Frankfurt am Main festgelegt (Kap. I/15).
- Der Erzbischof von Mainz ist für die Einladung aller Kurfürsten zur Wahl per Brief zuständig (Kap. I/15).
- Nach Einladung muss jeder Kurfürst innerhalb von drei Monaten in Frankfurt zur Wahl erscheinen (Kap. I/16).
- Der Erzbischof von Mainz leitet der Wahl, befragt die anderen Kurfürsten in festgelegter Reihenfolge und gibt als Letzter seine Stimme ab (Kap. IV/2).
- Jeder Kurfürst kann sich durch einen Bevollmächtigen bei der Wahl vertreten lassen (Kap I/1, 18).
- Die Selbstwahl ist zulässig (Kap. II/5).

2. Kurfürsten und Reihenfolge bei der Stimmabgabe

1. Erzbischof von Trier
2. Erzbischof von Köln
3. König von Böhmen
4. Pfalzgraf bei Rhein
5. Herzog von Sachsen
6. Markgraf von Brandenburg
7. Erzbischof von Mainz

M 10, S. 141
Graf Eberhard III. von Württemberg mit seinen Räten, Malerei, ca. 15. Jh.

Zum Bild: Das Bild eröffnet einen Blick auf eine Zusammenkunft des Grafen Eberhard III. von Württemberg mit seinen Räten. In der Bildmitte, unterhalb der beiden Fenster, ist Eberhard III. in schwarz-goldener Robe deutlich hervorgehoben. Links und rechts von ihm sind die Bischöfe von Augsburg und Konstanz platziert, ihre Wappen stehen zu ihren Füßen. Die den Grafen in einer Runde umgebenden Räte sind über ihren Köpfen bzw. am Bildrand mit ihren Wappen ausgewiesen. Im freien Raum in der Bildmitte sind drei Hunde zu erkennen. Rechts im Bild, dem Fenster gegenüber, sind in einer Nische von oben nach unten ein Vogel, Schriftstücke und Bücher sowie goldene und silberne Gegenstände angeordnet.

Die 1540 angefertigte Kopie (Ölbild auf Holz) nach einem Original (vermutlich von 1440) befindet sich im Württembergischen Landesmuseum, Stuttgart.

Zum Hintergrund: Eberhard III., Graf von Württemberg, geboren um 1362, gestorben 1417, wurde „der Milde" genannt. Er war zunächst mit einer Mailänder Gräfin aus dem Hause Visconti verheiratet. Nach ihrem Tod heiratete er die Tochter des Burggrafen Johann III. von Nürnberg. Während seiner Herrschaftszeit betrieb er eine vorwiegend auf Ausgleich und Bündnis orientierte Politik gegenüber den benachbarten Fürstenhäusern und Reichsstädten. Gemeinsam mit dem Erzbischof von Mainz, dem Markgraf von Baden und schwäbischen Städten schloss er 1405 den „Marbacher Bund". Dieser war gegen die Hausmacht- und Territorialpolitik des deutschen Königs Ruprecht I. aus dem Haus Wittelsbach gerichtet, existierte aber nur bis 1407. Die Reichsstädte in Schwaben sahen trotz der Bündnisse in den Grafen von Württemberg eine Bedrohung ihrer Unabhängigkeit. Sie lebten ständig in der Sorge, vom Kaiser an den Landesherrn verpfändet zu werden. Auch die im südwestdeutschen Raum zahlreichen Reichsritter standen im Gegensatz zu den Landesherren. Diese versuchten die Ritter in ihre Territorien einzugliedern. Durch die Gründung von Rittergesellschaften (z. B. 1393 Gründung des „Bundes der Schlegler") versuchten die Ritter ihren Kampf um Reichsunmittelbarkeit und gegen landesfürstliche Eingliederungsversuche gemeinsam zu führen.

M 11, S. 141 f.
Mertens über den Landesfürsten Graf Eberhard V. im Bart, 1997

Graf Eberhard V. von Württemberg (1445–1496) regierte als Graf seit 1457 unter Vormundschaft, seit 1459 allein im Uracher Landesteil und ab 1495 als erster Herzog von ganz Württemberg. 1468 reiste er ins Heilige Land und behielt auch nach seiner Pilgerfahrt den Pilgerbart. Daher kommt der Namenszusatz Graf Eberhard im Bart.

In den dynastischen Krisen im Hause Württemberg und in den Auseinandersetzungen mit den Habsburgern bewies Eberhard diplomatisches Geschick und war auch militärisch erfolgreich. 1482 gelang ihm der Zusammenschluss der beiden seit 1442 durch Erbvertrag geteilten Landesteile. Durch zwei weitere Verträge 1485 und 1492 sicherte er endgültig die Unteilbarkeit Württembergs. Mit dem Münsinger Vertrag von 1482 wurde nicht nur die Landeseinheit wieder hergestellt, er markierte auch die Voraussetzungen für eine zentralisierte Landesverwaltung unter Graf Eberhard V.: Stuttgart wurde zur Residenz und Hauptstadt des Landes erklärt. Der „Landesherrliche Rat", zunächst ausschließlich mit Adligen besetzt, wurde das wichtigste Instrument des Landesherrn beim Aufbau eines starken Territorialstaates. Die zentralen Behörden und territorialen Gerichte waren durch Mitglieder dieses Rates besetzt. Das landesherrliche Regiment wurde auf die Kirchen ausgedehnt. Für den wachsenden Schriftverkehr wurde eine Kanzlei eingerichtet und das bisher von Klerikern besetzte Kanzleramt wurde von weltlichen, juristisch geschulten Berufsbeamten übernommen. Im Jahr 1495 erließ Eberhard im Bart mit der „Landesordnung" die erste einheitliche Gesetzgebung für Württemberg. Bereits 1477 hatte er die Universität Tübingen gegründet. Der Finanzbedarf für die wachsenden Staatsaufgaben einerseits und die Interessen der Ritterschaft, Prälaten und Vertreter aus den Ämtern andererseits führten während der Regierungszeit des Grafen Eberhard dazu, dass die Landstände immer häufiger in die Landespolitik einbezogen wurden.

1495 wurde Württemberg von Kaiser Maximilian I. zum Herzogtum erhoben und zu einem unteilbaren und unveräußerlichen Reichslehen erklärt. Das Erstgeburtsrecht im Haus Württemberg wurde reichsrechtlich sanktioniert. Diese Erhöhung war der geschickten und langfristigen Politik Eberhards zuzuschreiben. Seine Beteiligung am Schwäbischen

Bund seit 1488 und der damit verbundene Bündniswechsel von den Wittelsbachern zu den Habsburgern hatten die Voraussetzungen dazu geschaffen.

M 12a bis c, S. 142ff. Urteile über den württembergischen Landesfürsten Eberhard im Bart

M 12 a, der Reformator Melanchthon über Eberhard im Bart (Anf. 16. Jh.): Diese in Variationen kolportierte Geschichte von der Volkstümlichkeit Eberhards im Bart knüpft an seine Leistungen beim Ausbau einer lebens- und leistungsfähigen Territorialherrschaft an. Aufgeschlossen fördert er Bildung und Kultur. Unter seiner Herrschaft gelangen nichtadlige Räte in hohe Ämter und zunehmend werden sachbezogene Entscheidungen in der Verwaltung gefällt. Ausgeblendet bleiben in diesem Bild das machtbesessene und gewalttätige Vorgehen Eberhards und sein Judenhass. Mit diesen Verhaltensmustern stand Eberhard in einer Reihe mit den fürstlichen Standesgenossen seiner Zeit.

M 12 b, der Historiker Pahl (1827): Dieser Textauszug des Historikers Johann Gottfried Pahl ordnet sich in die für die ausgehende Romantik und das ganze 19. Jahrhundert typische Fürstenverehrung ein. Im Unterschied zu der später und vor allem in Preußen gepflegten gesamtnationalen Sicht ist es bei Pahl die landesherrschaftliche Betrachtung.

M 12 c, der Historiker Borst (1988): Der Historiker Otto Borst hebt die Qualitäten und Leistungen Eberhards im Bart hervor, auch im kritischen Vergleich zu seinen Vorgängern aus dem Haus Württemberg. Gleichzeitig beschreibt er die zeittypische Herrschaftspraxis Eberhards ohne Verklärung und bescheinigt ihr neben Gewalt und Intrige nachwirkende Effizienz.

M 13, S. 143 Der heutige Landtag von Baden-Württemberg, Foto, 2006

Aufgabe 11 a, b und c, S. 144
Siehe Erläuterungen zu M 5–M 7.

M 14, S. 144 f. Rexroth über Staatsbildung im römisch-deutschen Reich, 2005

Der Historiker Frank Rexroth nennt sechs Gründe für die im Vergleich zu den westeuropäischen Königreichen „besondere Entwicklung" im Heiligen Römischen Reich:

- Wahlkönigtum und dynastische Diskontinuität,
- stabiles Herrschaftszentrum fehlt,
- „königsnahe", „königsoffene" und „königsferne" Regionen im Reich,
- Umwandlung der königlichen Lehen in Eigengut des Adels,
- Funktionselite für Verwaltung des Reichsgutes fehlt,
- Finanzschwäche des Königtums (Verpfändung des Reichsguts und keine Reichssteuern).

Die Ausbildung und Konkurrenz von Großdynastien und der Gegensatz zwischen Kurfürsten und den übrigen Reichsfürsten prägen nach Ansicht Rexroths die dualistische Reichsverfassung. Trotzdem bleibt aber die Frage offen, warum deutsche Könige keinen nationalen Machtstaat zustande gebracht haben, was den französischen und englischen Königen bei teilweise schlechteren Ausgangsbedingungen gelang.

Aufgabe 12 a und b, S. 145
Siehe Erläuterungen zu M 11 und M 14.

Notizen

Zusatzmaterial ZM 7.2	Staatsbildung in Deutschland

Aus einer Darstellung des Historikers Wolfgang Reinhard (2000)

In Deutschland hat sich der moderne Staat im Gegensatz zu allen anderen Ländern Europas auf der Ebene der Territorien durchgesetzt. Die Würfel dafür sind endgültig, aber erst 1648 gefallen. Zur Zeit Karls V. glichen deutsche Fürstentümer stärker den üblichen europäischen Hochadelsherrschaften als werdenden modernen Staaten. Kein Wunder, ist doch deutsche Landesherrschaft durch Sammeln und Bündeln von Herrschaftsrechten verschiedenster Art zustande gekommen, durch Kauf, Tausch, Erbschaft, Heirat, Schenkung oder auch Gewalt. Es handelte sich um Grundherrschaft, Vogtei, Hoch- und Niedergericht, Bann- und Lehnrechte, dazu Königsrechte (Regalien) wie das Münz-, Zoll- und Geleitrecht, das Forst-, Jagd- und Fischereirecht, das Befestigungsrecht, das Bergregal, das Judenregal und andere mehr. Manchmal bildete ein geschlossener Komplex von Hoch- und Niedergerichtsbarkeit den Kern, an den das übrige angelagert wurde, das war aber nicht die einzige Möglichkeit. Insgesamt wurden solche Rechte mehr und mehr im Sinne der vordringenden eigentumsrechtlichen Herrschaftsauffassung (*dominium*) verstanden.

Die Folge waren Erbteilungen, durch die Fortschritte der Herrschaftsbildung wieder verloren gehen konnten. 1352 machte die Goldene Bulle die Kurlande unteilbar, aber erst 1495 wurde in Württemberg die Unteilbarkeit des Landes mit Primogeniturerbfolge festgelegt, in Bayern 1506, in Brandenburg 1603, in Österreich, wo noch im 17. Jahrhundert Teilungen vorgenommen wurden, endgültig erst 1713, anderswo erst kurz vor Ende des Reiches.

Unteilbarkeit gehört in den Zusammenhang des Übergangs von der Landesherrschaft zum Territorialstaat, einer von der Person des Inhabers unabhängig existierenden Anstalt. Die meist aus finanziellen Gründen geschaffenen Landstände konnten zu deren Zusammenhalt beitragen. Da der Landesfürst bis ins 15. oder 16. Jahrhundert keine Gesetzgebungshoheit besaß, entstanden die ersten Landes- und Policeyordnungen oft auf Betreiben von Landständen durch Vereinbarung mit diesen. Zwar tauchten schon im 14. Jahrhundert auch Formeln wie *„princeps imperator in territorio suo"* auf, wurden aber sehr vorsichtig rezipiert und erst in der Neuzeit Gewohnheitsrecht. Einen weiteren Staatsbildungsschub brachte die reformatorische Transformation landesherrlicher Kirchenherrschaft in regelrechte Landeskirchen, und zwar bei den Katholiken kaum weniger als bei den Evangelischen. Konfessionelle Identität stärkte die territoriale, als der Territorialstaat zusätzlich zum Konfessionsstaat wurde. Aus dem Bündel von Rechten wurde dann bis ins 17. Jahrhundert das *ius territoriale,* bis ins achtzehnte die eigenständige, nicht mehr vom Reich hergeleitete Landeshoheit, der freilich durch das Reichsrecht und die Rechte der Untertanen teilweise die Hände gebunden blieben. Von „Souveränität" sollte man nur in Fällen wie Brandenburg-Preußen sprechen, wo der Landesherr mächtig genug war, um sich über solche Grenzen hinwegzusetzen und mit der normativen Kraft des Faktischen neues Recht zu schaffen.

Wolfgang Reinhard, Geschichte der Staatsgewalt. Eine vergleichende Verfassungsgeschichte Europas von den Anfängen bis zur Gegenwart, Frankfurt/M. u. a. (Büchergilde Gutenberg) 2000, S. 56 f.

Arbeitsbereich IV: Mittelalterliche Grundlagen der Staatsbildung in Europa

M 15 a, S. 145 Oberreuter, Politikwissenschaftler, 2001

Heinrich Oberreuter sieht in drei Formen der Gewaltenteilung machtbegrenzende Faktoren in der europäischen Entwicklung:
- horizontale Gewaltenteilung (Legislative, Exekutive, Judikative),
- vertikale Gewaltenteilung (Föderalismus und Entscheidungsrechte abgestufter Einheiten),
- soziale und politische Gewaltenteilung (selbstorganisierte Gemeinschaften von Bürgern, Berufsgruppen usw.).

Interessant ist bei Oberreuter der Gedanke, den Föderalismus als Element moderner Gewaltenteilung zu betrachten und damit als eine Institution, die zentralstaatliche Gewalt beschränken und kontrollieren kann.

M 15 b, S. 145 f. Mitterauer, Historiker, 2003

Aus dem Dualismus Fürst – Stände leitet Michael Mitterauer, neben den Wurzeln des Parlamentarismus, direkt die Gewaltenteilung als Grundkonzept europäischer Staatlichkeit ab. Er betont dabei das Element der Kontinuität von den mittelalterlichen zu den modernen „Staatsorganen". Offen bleiben bei dieser Betrachtung die tiefen Brüche in der Entwicklung europäischer Staatlichkeit.

M 15 c, 146 ff. Schulze, Historiker, 1994

Hagen Schulze formuliert als Grundprinzip der europäischen Staatenwelt seit dem ausgehenden Mittelalter die „Doppelherrschaft" zwischen Herrscher und Ständen. Die aus den Rechts- und Verwaltungskompetenzen des grundbesitzenden Adels herrührende Macht der Stände ist für ihn Barriere gegen die Macht des Herrschers. Ausgehend von diesem in ganz Mittel- und Westeuropa anzutreffenden Verhältnissen beschreibt er die Unterschiede in den verschiedenen Herrschaftsgebilden. Diese Erklärung für die „Doppelherrschaft" lässt aber unerwähnt, dass

1. der König (oder ein sonstiger Herrscher) in der Regel selbst der größte Grundherr in seinem Territorium war bzw. wurde und
2. die Interessenlage der nicht grundbesitzenden Bevölkerung in den Ständen nicht oder nur unzureichend repräsentiert wurde.

M 16, S. 147 Reichstag, Ölgemälde, Ende 17. Jh.

Zum Bild: Etwa 150 Jahre nach dem Reichstag 1530 in Augsburg wurde dieses Ölgemälde vom Coburger Hofmaler Georg Balthasar von Sand geschaffen. Es ist eine idealisierende, die historischen Gegebenheiten verfremdende Darstellung. Über der Runde der drei Kollegien des Reichstags thront Karl V. Rechts von ihm ist ein Bischof als Prinzipalkommissar, d. h. Vertreter des Kaisers auf dem Reichstag, auszumachen. Daneben sind drei weitere Bischöfe – die drei geistlichen Kurfürsten – platziert. Links vom Kaiser sind die vier weltlichen Kurfürsten, dabei erhöht der böhmische König, vom Maler angeordnet. Der Reichsfürstenrat mit seinen geistlichen und weltlichen Fürsten ist über den gesamten Raum verteilt, bedeutende Fürsten sind durch Wappen zu ihren Füßen hervorgehoben. In der Realität der Reichstage saßen die weltlichen Fürsten auf der linken, die geistlichen auf der rechten Raumseite und die Vertreter der Reichsstädte, der Städterat, dem Kaiser gegenüber. Der historisch korrekte Platz der Kurfürsten ist auf einer Bank hinter dem Kaiser.

Die drei Männer im Zentrum stehen für das wichtigste Thema des Augsburger Reichstags von 1530, die Auseinandersetzung um das Augsburger Bekenntnis (Confessio Augustana). Melanchthon ist der Wortführer der protestantischen Vertreter der Reichsstände. Er ringt um die Anerkennung des protestantischen Bekenntnisses durch den Kaiser und die katholischen Vertreter in den Reichsständen.

Aufgabe 13, S. 148

Siehe Erläuterungen zu M 15 a.

Aufgabe 14 a und b, S. 148

Siehe Erläuterungen zu M 15 b.

Aufgabe 15, S. 148

Siehe Erläuterungen zu M 15 c.

Aufgabe 16, S. 148

Siehe Erläuterungen zu M 15 a und M 16.

Arbeitsbereich V: Europa-Ideen im Mittelalter (Vertiefung)

M17, S.149
Traktat des Rechtsgelehrten Pierre Dubois, 1306

Zum Autor: Pierre Dubois, ein Schüler des Thomas von Aquin, steht als scholastisch geprägter Schriftsteller und Jurist auch im Dienst des französischen Königs Philipp IV. In der scharfen Auseinandersetzung zwischen dem französischen König und dem universalen Machtanspruch Papst Bonifatius' VIII. behält der König, unter Einbeziehung der Generalstände, die Oberhand. Das Papsttum wird entscheidend geschwächt. Nach dem Tod Bonifatius VIII. wird 1305 ein französischer Bischof zum Papst Clemens V. gewählt. In der Folge residieren von 1309 bis 1377 die Päpste unter dem „Schutz" der französischen Könige in Avignon.

Zur Quelle: Dubois gehört auch zu den Gegnern Papst Bonifatius VIII. und plädiert gegen dessen weltlichen Machtanspruch und für die Trennung von Kirche und Staat. In seiner Schrift fordert er das friedliche Zusammenwirken der „katholischen" Fürsten Europas unter der Klammer des christlichen Glaubens. Das Gewaltpotenzial sollte gebündelt und ausschließlich gegen die Feinde des christlichen Glaubens und zur Befreiung der Heiligen Stätten eingesetzt werden. Ein nennenswerter Einfluss seiner Ideen auf die Politik des französischen Königs ist nicht nachweisbar.

M18, S.149f.
Rede Piccolominis vor dem Frankfurter Reichstag, 1454

Zum Autor: Enea Silvio Piccolomini, ein Mann der Renaissance und spätere Papst Pius II., nahm als Gesandter und später im Dienst Kaiser Friedrichs III. an mehreren Reichstagen teil. Nach der Eroberung Konstantinopels versuchte er die christlichen Fürsten mehrfach zum gemeinsamen Handeln gegen die vordringenden Türken zu bewegen. Dabei zeichnete er ein Bild von den Türken als einem barbarischen Volk, ohne Gesittung und antike Geschichte.

Zur Quelle: In seiner Rede vor dem Reichstag greift er neben dieser Begründung die These vom gerechten Krieg auf, die Augustinus 420 n.Chr. formuliert hatte und kirchliche Positionen zum Krieg im gesamten Mittelalter bestimmte. Der Aufruf zum gemeinsamen Kampf gegen den äußeren, barbarischen Feind im Namen des christlichen Glaubens blieb aber weitgehend folgenlos. Nach der Rede Piccolominis zu urteilen, scheint sich ein Europa-Gedanke am Ende des Mittelalters in Abgrenzung zu den in Südosteuropa vordringenden Türken zu konstituieren. Die Rede Piccolominis ist ein Zeugnis dafür, dass sich politische Identitäten immer auch in Abgrenzung zu anderen konstituieren.

M19, S.150
Rede Winston Churchills, 19. September 1946

Diese Churchill-Rede vom 19. September 1946 greift die Idee eines vereinigten Europas als Konsequenz aus dem Zweiten Weltkrieg auf. Nur die europäische Einheit eröffne Zukunftschancen und sichere in den Auseinandersetzungen im kommenden Kalten Krieg das Überleben (angedeutet in: „vor dem endgültigen Verderben bewahrt werden soll").

M20, S.150
„Festung Europa", Karikatur, 1992

Methodisch-didaktischer Hinweis: Der Karikaturist knüpft mit seinem Bild an die Metapher der mittelalterlichen Burg an, bestückt mit Kanonen und umgeben von einem Graben. Seine Perspektive auf das geeinte Europa impliziert die Kritik an dessen Abschottungspolitik.

M21, S.151
Protestaktion des Bundes für Umwelt und Naturschutz Deutschland, Foto, 30. Juni 2006

Das Foto konzentriert die Kritik an der Föderalismusreform auf die aus der Bundesverantwortung an die Länder übergegangenen Kompetenzen im Umweltschutz. In dieser Aufgabenverteilung, ähnlich auch bei Bildungsfragen, sehen Kritiker eine heutigen Anforderungen nicht genügende, eine „zersplitterte" Antwort der Politik. Föderalismus wird hier – anders als z.B. in der Analyse von Oberreuter (siehe M15a) – negativ bewertet.

Kapitel 8: Weltliche und geistliche Macht: Papst und Kaiser im Mittelalter

Hinweise zur Arbeit mit den Materialien:
Siehe den Kasten im Schülerband, S. 156.

M1, S. 152
Fresko aus der Kirche St. Benedikt in Mals (Südtirol), um 800

Zum Bild: Dieses Fresko zeigt in der Mitte unter einem Bogen Christus mit einem aufgeschlagenen Buch, flankiert von zwei Engeln. Rechts ist ein Kleriker mit dem Modell einer Kirche, links ein weltlicher Herr mit einem Schwert in den Händen zu erkennen. Eine Bildinterpretation sieht darin einen Benediktinermönch und einen Krieger, stellvertretend für materielle und geistige Stärke. Eine andere Interpretation sieht sie als weltliche und kirchliche Königsboten *(missi dominici)*, die die Grafschaften im Karolingischen kontrollieren.
Bei der Freskenmalerei werden Kalkfarben auf den noch feuchten Kalkputz der Wände aufgetragen. Sie verbinden sich unlöslich mit dem Untergrund. Diese Art der Wandmalerei unterscheidet sich von der sog. Seccomalerei, bei der die Farbe auf die trockene Wand aufgetragen wird.

Notizen

Arbeitsbereich I: Päpstliche Herrschaftssymbole und Amtsverständnis von Päpsten im frühen Mittelalter

M2, S. 156
Insignien von Bischöfen und Päpsten

Neben den hier abgebildeten Insignien sind auch Art und Farbe der Kleidung symbolträchtige Kennzeichen. Der Papst trägt bei bestimmten Anlässen einen roten Mantel und einen roten Hut. Diese Farbe ist zunächst den Päpsten vorbehalten und seit der Wahl Bonifatius' VIII. 1294 ständige Amtstracht. Im Hochmittelalter sind auch päpstliche Legaten und die Mitglieder des Kardinalskollegiums mit roten Hüten und Mänteln bekleidet. Das Rot ist der römischen Antike entlehnt; Imperatoren, römische und byzantinische Kaiser trugen diese Farbe. Nach christlicher Überlieferung bekleidete Kaiser Konstantin 314 n. Chr. Papst Silvester I., der die weiße apostolische Tunika trug, mit dem roten Mantel der römischen Kaiser und Senatoren. Damit erhob er den obersten Hirten der bisher ausgegrenzten Christen symbolisch zur höchsten öffentlichen Würde.

M3, S. 156f.
Das päpstliche Amtsverständnis von Leo I. und Gregor I. im Vergleich

Zum Text: Der Kirchenhistoriker Georg Denzler stellt das unterschiedliche Selbstverständnis zweier Päpste des frühen Mittelalters gegenüber. Entscheidend bei der Interpretation der von Denzler vorgestellten Befunde und Quellenzitate ist, dass im frühen Mittelalter (und erst recht im frühen Christentum) noch nicht klar war, in welche Richtung sich das römische Bischofsamt entwickeln würde. Während Leo I. machtbewusst die Ansicht vom Primatsanspruch des römischen Bischofs vertritt, steht ihm mit Gregor I. ein Papst gegenüber, der sich im vorliegenden Dokument gegen die Bezeichnung „Universalpapst"

wehrt und die Gleichrangigkeit mit den Patriarchen der Ostkirche hervorhebt.
Auch wenn die katholische Kirche in den folgenden Jahrhunderten der Ansicht Leos mit dem universalen Herrschaftsanspruch des Papstes gefolgt ist, historisch betrachtet war diese Position in der frühen und der frühmittelalterlichen Kirche noch nicht selbstverständlich. Sie ist – das wird exemplarisch der Investiturstreit (vgl. Schülerbuch, S. 159 ff.) zeigen – ein Ergebnis gesellschaftlicher, rechtshistorischer und politischer Auseinandersetzungen, die der Papst im Laufe des Mittelalters mit den weltlichen Herrschern (Frankenkönige, Könige des Heiligen Römischen Reiches, Könige Frankreichs), mit dem Patriarchen von Konstantinopel und der griechisch-orthodoxen Kirche, innerkirchlichen Kritikern u. a. geführt hat.
Methodisch-didaktischer Hinweis: Die Schülerinnen und Schüler sollten anhand der Befunde Denzlers und der Quellenzitate erkennen, dass historische Prozesse prinzipiell offen sind und in unterschiedliche Richtungen gehen können. Welche Richtung sich dann durchsetzt, hängt von den Interessen und Handlungen der beteiligten Personen und Personengruppen ebenso ab wie von politischen, militärischen, wirtschaftlichen, sozialen und kulturellen Strukturen, Prozessen und Ereignissen.
Zu Papst Leo I.: Papst Leo I., auch Leo der Große genannt, um 400 geboren, 461 gestorben, war der bedeutendste römische Patriarch des 5. Jahrhunderts. Er war der erste Papst, der den Primatsanspruch des römischen Bischofs sowohl im Inneren der römischen Kirche als auch nach außen in dieser Art und Weise formulierte und durchsetzte. Sein großer Einfluss auf Kaiser Valentinian III. führte zur kaiserlichen Bestätigung des römischen Primats. Leo I. war auch der erste Bischof von Rom, der den Titel des *Pontifex Maximus* verwendete, eine Amtsbezeichnung, die zuvor, neben anderen, ausschließlich der römische Kaiser führte. Er bekämpfte abweichende christliche Strömungen (z. B. die *Miaphysiten*) sehr hart und äußerte sich in Briefen und Abhandlungen zu Fragen des rechten Glaubens. Sowohl von der römisch-katholischen als auch von der griechisch-orthodoxen Kirche wird er als Heiliger verehrt.
Zu Papst Gregor I.: Papst Gregor I., genannt der Große, um 540 geboren, 604 gestorben, war einer der bedeutendsten Päpste überhaupt und ist der jüngste der vier großen lateinischen Kirchenlehrer. Gregor entstammte einer alten, angesehenen, sehr reichen römischen Senatorenfamilie. Er wurde Mönch und gründete mehrere Klöster. Als erster Mönch wurde Gregor 590 zum Papst gewählt. In dem krisenerschütterten Rom sorgte er durch Getreidelieferungen und durch Verhandlungen mit den Langobarden für Stabilität und legte damit den Grundstein für die weltliche Macht der Päpste, den Kirchenstaat. Er forcierte die Missionstätigkeit bei den Germanen. Als Heiliger und durch seine zahlreichen Schriften erlangte Gregor über Jahrhunderte in der katholischen Kirche große Bedeutung. In seinem Buch „Hirtenregel" formulierte er Anweisungen für die Tätigkeit der Priester. Als Theologe folgte er den Ansichten des heiligen Augustinus und gilt als Papst des Übergangs von der Spätantike zum Mittelalter.

M4, S. 157
Wappen Benedikts XVI. (Papst seit 2005)

Siehe dazu auch Zusatzmaterial ZM 7.1 mit Informationen zu päpstlichen Insignien.

Aufgabe 1, S. 157

Siehe Erläuterungen zu M 2 und M 3.

Aufgabe 2 a und b, S. 157

Siehe Erläuterungen zu M 2 und M 3.

Notizen

Zusatzmaterial ZM 8.1	**Päpstliche Insignien**

Auszug aus dem Internetlexikon von Radio Vatikan (2008)

Die päpstlichen Insignien sind besondere Ausführungen bischöflicher Insignien. Neben dem päpstlichen Thron sind es die heute abgeschaffte Papstkrone oder Tiara, der päpstliche Hirtenstab, Ferula, und der Fischerring, *anulus piscatoris.* Daneben gehören auch einige liturgische Gewänder zu den Insignien des Papstes.

Der Hirtenstab Ferula ist im Gegensatz zum Stab der Bischöfe oben nicht krumm, sondern mündet in ein Kreuz. Bis zum Ende des 2. Vatikanischen Konzils wurde die Ferula dem Papst meist vorangetragen und hatte nur sehr selten liturgische Bedeutung – etwa bei der Kirchweihe. Papst Johannes Paul II. zum Beispiel trug die Ferula fast immer selbst.

Die Tiara wird seit dem 4. Jahrhundert bezeugt und erinnert in ihrer Form genau wie die Mitra an die phrygische Mütze. Sie hat eine dreistufige Form als Bild für die päpstliche Macht in ihren drei Gewalten. 1559 werden sie im Pontificale Romanum als „Vater der Fürsten und Könige, Lenker der Welt und Stellvertreter Christi auf Erden" aufgezählt. Erst Paul VI. legte die Tiara 1963 nach seiner eigenen Krönung ab und ersetzte sie bei liturgischen Handlungen fortan durch die Mitra.

Der Fischerring ist jünger als die Tiara und zählt erst seit dem 14. Jahrhundert zu den päpstlichen Insignien. Seine erste Erwähnung fand er unter Papst Clemens IV. um die Mitte des 13. Jahrhunderts. Das Bild auf dem Stein des Ringes zeigt Petrus als Fischer und erinnert an Mt 4,18f., wo Jesus Petrus und seinen Bruder Andreas auffordert, ihm nachzufolgen und Menschenfischer zu werden. Beim Tod eines Papstes wird der Fischerring zerbrochen und sein Stein in einen neuen Ring mit dem Namen des neuen Papstes eingefügt. Seit 1843 ist der Siegelring in seiner Funktion durch einen Stempel mit dem gleichen Bild ersetzt worden und wird benutzt mit der Formel *„datum sub anulo piscatoris".*

www.radiovaticana.org/tedesco/Vatikanlexikon/storia/insigne_papale.htm (20. Februar 2008).

Arbeitsbereich II: Das ottonisch-salische Reichskirchensystem

Methodisch-didaktischer Hinweis: Die Beschäftigung mit dem Reichskirchensystem ist insbesondere im Hinblick auf den Investiturstreit von Bedeutung, da das Reichskirchensystem, d.h. das Verwobensein von Institutionen und Interessen der geistlichen und der weltlichen Herrschaft, im Investiturstreit vom Papst in Frage gestellt wird.

M5a, S.158 Dhondt über das Reichskirchensystem, 1971

Der Historiker Jan Dhondt beschreibt die Ausbildung des Reichskirchensystems als einen wechselseitigen Prozess königlicher, kirchlicher und regionaler adliger Interessen:

- Voraussetzung waren die Eigenkirchen. Diese auf dem Land eines Grundherrn, also auch des Königs, errichten Kirchen oder Klöster gaben dem Herrn das Recht der Investitur, d.h. der Ein- und Absetzung der Geistlichen.
- Otto I. baute durch Übertragung staatlicher Hoheitsrechte (Grafenamt), durch Ausweitung der Immunität und durch Schenkung von Grundbesitz (Reichskirchengut) die Reichskirche zu einem Gegengewicht gegen die Herzöge aus.
- Die von Otto belehnten Bischöfe waren an dessen königliche Macht gebunden, konnten ihre Herrschaft in der Regel nicht vererben und waren territorial flexibel einsetzbar. Ihre Interessen konkurrierten mit denen des regionalen Adels der Umgebung.
- Die Bischöfe und Äbte der Reichskirche wurden ihrerseits zu Leistungen herangezogen. Dabei war ihre Rolle in der Hofkapelle, in der eigentlichen zentralen Reichsverwaltung, entscheidend.
- Sozial rekrutierte sich diese Elite der Reichskirche in der Regel aus den nicht erbenden Söhnen des hohen Adels.

M5b, S.158f. Ruotger über die Reichsbischöfe, 10.Jh.

Zur Quelle: Der Kölner Kleriker Ruotger hebt die weltlichen Leistungen des Erzbischofs Bruno hervor und betont dabei besonders dessen Einsatz für friedliche Verhältnisse. Die durchaus weit verbreitete Kritik am politischen und militärischen Einsatz hoher Kleriker wird von Ruotger indirekt reflektiert und pragmatisch zurückgewiesen.

Zu Bruno I.: Bruno I., Erzbischof von Köln und. h.ilig gesprochen, wurde 925 als jüngster Sohn König Heinrichs I. geboren. Er begleitete seinen Bruder Otto I. nach Italien und stand ihm in der Zeit des Aufstandes seines Sohnes Liudolf von Schwaben und seines Schwiegersohnes Konrad von Lothringen treu zur Seite. 953 veranlasste Otto I. Brunos Wahl zum Erzbischof von Köln und übertrug ihm auch die Verwaltung des Herzogtums Lothringen. Von 961 bis 964, während Ottos Romzug zu seiner Kaiserkrönung, vertrat Bruno gemeinsam mit dem Erzbischof Wilhelm von Mainz den König im Reich. Bruno reformierte die Reichsabtei Lorsch im Bistum Mainz, brachte die von Karl dem Großen gegründete, aber längst verfallene Hofschule zu neuer Blüte, gründete Kloster- und Stiftsschulen, die Stifte St. Andreas und St. Martin in Köln, St. Patrocli in Soest und die Abtei St. Pantaleon in Köln. Er übte auf die Besetzung der Bistümer maßgebenden Einfluss aus und stärkte damit auch die Reichsgewalt.

M5c, S.159 Erzbischof Bruno, Buchmalerei, 1.Hälfte 13. Jh.

Zum Bild: Diese Miniatur ist ca. 250 Jahre nach dem Tod Brunos entstanden. Sie zeigt den Erzbischof mit einer Lanze mit Wimpel (eventuell die Heilige Lanze darstellend) in der rechten Hand und mit der linken auf eine Kirche weisend. Über seinem Kopf mit Mitra sind sein Vater König Heinrich I und seine Mutter Mathilde von Ringelheim abgebildet. Zu seinen Füßen liegt der heiligen Patroklus. Dieser vermutlich römische Legionär starb während der Christenverfolgung um 260 n. Chr. den Märtyrertod. Erzbischof Bruno überführte die Reliquien des Märtyrers um 960 zunächst nach Köln, später nach Soest. Links und rechts flankieren jeweils sieben medaillonartige Herrscherporträts (von Otto I bis Heinrich VII.) die Figur des Erzbischofs.

Methodisch-didaktischer Hinweis: Das Beispiel Brunos zeigt, wie die Ottonen und Salier Kirche und Kleriker im Reich für den Auf- und Ausbau ihrer eigenen Herrschaft nutzten. Im vorliegenden Fall ist der Reichsbischof, Bruno I., zudem noch ein Bruder von König bzw. Kaiser Otto I.
Zu Bruno I.: siehe Erläuterungen zu M 5 b.

Aufgabe 4, S. 159
Siehe Erläuterungen zu M 5 a–c.

Aufgabe 5, S. 157
Siehe Erläuterungen zu M 5 a–c und M 18, S. 121 (Kapitel 6).

Aufgabe 6, S. 157
Siehe Erläuterungen zu M 5 b und c.

Notizen

Arbeitsbereich III: Der Investiturstreit: Hintergründe, Ereignisse, Ergebnisse und Folgen

Methodisch-didaktischer Hinweis: zur Rezeption des Canossaganges in der Nachwelt siehe im Schülerbuch die „Weiterführenden Arbeitsanregungen", S. 180.

M 6, S. 159 f. Investiturstreit – Station I: Hintergründe

Zum Kontext: Mit der Kirchenreform des 11. Jahrhunderts versuchte das Papsttum der tiefen innerkirchlichen Krise und den gesellschaftlichen Umbrüchen zu begegnen. Es ging um die Neuordnung des Verhältnisses von Klerikern und Laien, von Mönchen und Weltgeistlichen, von Kirche und weltlicher Ordnung. Mit der Schaffung einer zentralisierten und straff hierarchisierten Institution sollten die vielfältigen lokalen kirchlichen Strömungen ausgeschaltet bzw. integriert und die Konflikte mit den weltlichen Mächten zugunsten der Päpste entschieden werden. Dabei knüpfte man an die Reformbewegungen der Klöster von Gorze bei Metz und Cluny in Burgund an und stützte sich auch personell auf Angehörige dieser Klöster. Diese Reformbemühungen waren vor allem mit zwei Päpsten verbunden:
- Leo IX., der auf eine Neuordnung des Priestertums drängte und sich von der Vorstellung eines an mönchischem Leben orientierten Klerus leiten ließ.
- Gregor VII., der der Reform den Namen gab („Gregorianische Reform") und den offenen Machtkampf mit dem Kaiser aufnahm.

Inhaltlich ging es um eine Professionalisierung der Kirche und die deutliche Abgrenzung der Institution der römischen Kirche von den Laien. Praktisch bedeutete es die wirksame Kontrolle der Geistlichen, die Nutzung der neuen Mönchsorden als päpstliche Instrumente und die systematische Ausgestaltung des Kirchenrechts. In den Gemeinden klafften Lebenspraxis und Glaubensverkündigung weit auseinander. Der formale Übertritt breiter Bevölkerungsteile Europas zum Christentum war bereits seit der Spätantike erfolgt, als das Christentum Staatsreligion geworden war. Es durchdrang scheinbar alle Bereiche, auch wenn der religiöse Alltag weitgehend von Gleichgültigkeit auf der einen und Aberglaube auf der anderen Seite geprägt war. Was der Geistliche während der Messe an Riten vollzog, erschien dem gewöhnlichen Volk bestenfalls unverständlich oder es wurde als magische Handlung missverstanden.

Für die Zeitgenossen traten sowohl die Krise als auch die Lösungsversuche in verschiedenen, häufig miteinander verflochtenen Geschehnissen in Erscheinung:

- als verbreiteter und gesellschaftlich allgemein anerkannter Kauf von Ämtern und Würden (Simonie),
- als chaotisch und von Bestechung überschattete Verhältnisse auf dem Stuhl Petri 1044/49 (Papstwahlen, Verkauf der Papstwürde),
- als Kritik an unzureichender religiöser Bildung und am Lebenswandel der Geistlichen, besonders an ihrer Ehe oder ihrem Konkubinat,
- als generelle Kritik an der Investitur von Klerikern durch Laien – einschließlich der vom König vollzogenen –, trotz bzw. wegen des reformerischen Engagements Heinrichs III.,
- als Kritik am Zustand der Kirche durch die sich ausbreitende Ketzerbewegung, die Reformen versuchte bzw. neuen Lebensformen praktizierte,
- schließlich die Trennung der morgen- und abendländischen Kirche, das morgenländische Schisma, ausgelöst durch die Bannung des Patriarchen Michael Kerullarios durch Kardinal Humbert von Silva Candida 1054.

Der Investiturstreit ordnet sich in dieses Krisenszenario ein und stellte in seinem Ergebnis die Grundlagen des Reichskirchensystems in Frage. Dieser Konflikt zwischen Reformpapsttum und deutschem, aber auch englischem und französischem Königtum um die Einsetzung der Bischöfe und Äbte in ihre Ämter wurde zur grundsätzlichen Auseinandersetzung um das Verhältnis von weltlicher und geistlicher Macht im 11. Jahrhundert. In der kirchlichen Reformbewegung sah man nun nicht nur die Vergabe von kirchlichen Ämtern gegen Geld oder die Investitur durch Laien als Simonie an, auch die vom König vollzogenen Einsetzungen wurden als simonistisch verurteilt. Formal wurde der Machtkampf durch einen Kompromiss beigelegt. Der König verzichtete auf die Investitur mit Ring und Stab, belehnte den Gewählten aber mit dem Kirchenbesitz. Diese Übereinkunft wurde später auch vom französischen und vom englischen König akzeptiert und bildete die Grundlage für das Wormser Konkordat von 1122. Das vorrangige Interesse der Bischöfe und Äbte als Reichsvasallen galt zukünftig dem Auf- und Ausbau der eigenen Territorien.

M6a, S. 159 Lampert von Hersfeld, *Annales*, um 1078/79

Zum Autor: Zum Leben des Lampert von Hersfeld stehen nur die in seinen Schriften gemachten Andeutungen zur Verfügung. Er stammt wahrscheinlich aus einer vermögenden fränkischen Familie, tritt 1058 als Mönch ins Kloster Hersfeld und wird 1058 zum Priester geweiht. 1059 ist er auf Pilgerfahrt nach Jerusalem. Er wird ein überzeugter Anhänger der Benediktinerregel und wendet sich gegen jede Reform des Mönchtums. Wohl mehr aus persönlichen als aus politischen Gründen wird er ein erbitterter Gegner Heinrichs IV. Sein wichtigstes Werk sind die um 1078/79 geschriebenen Annalen. Für die Zeit vor 1040 übernimmt er hauptsächlich alte Hersfelder Schriften, danach wird er immer ausführlicher in seinen Aufzeichnungen. Die Annalen stellen einen Höhepunkt der Geschichtsschreibung des 11. Jahrhunderts dar, sind aber oft tendenziös überzeichnet.

Im vorliegenden Auszug identifiziert sich Lampert von Hersfeld mit der gregorianischen Zölibatsforderung. Indirekt wird dabei auch die verbreitete eheliche Bindung der Priester in der Diözese Mainz bestätigt.

M6b, S. 159 Humbert, Zusammenfassung der Entscheidungen Leos IX., 1. Hälfte 11. Jh.

Zum Autor: Humbert von Silva Candida, geboren um 1010, ist burgundischer Abstammung und schon als Kind für den Ordensstand vorbestimmt. 1049 geht er gemeinsam mit Bischof Friedrich von Toul, dem späteren Papst Leo IX., nach Rom und wird als einflussreicher Vertreter der cluniazensischen Reformbewegung dessen Berater. 1051 wird er Kardinalbischof von Silva Candida. 1054 führt er eine päpstliche Gesandtschaft nach Konstantinopel. Sie soll mit dem Patriarchen Michael Kerullarios über das Verhältnis von morgen- und abendländischer Kirche verhandeln. Die unüberbrückbaren theologischen und politischen Gegensätze führen schließlich zur Bannung des Patriarchen durch Kardinal Humbert im Namen des Papstes Leo IX. Er bleibt nach

dem Tod Leos in Rom und arbeitet auch unter den nachfolgenden Päpsten weiter intensiv für die päpstliche Reformbewegung.
Zur Quelle: Der Quellenauszug aus einem kirchenrechtlichen Text, von Humbert im Auftrag Leos IX. zusammengestellt, beschreibt die beiden Aspekte der Simonie und legt die Kirchenstrafen dafür fest.

M6c, S. 160
Humbert über Befugnisse weltlicher und geistlicher Herrscher bei der Investitur, 1. Hälfte 11. Jh.

Zum Autor: siehe oben M6b.
Zur Quelle: Dieser Quellenauszug stellt explizit die Befugnisse von Laien, also auch von Königen bei der Investitur in Frage. Durch den Vergleich mit dem Sakrament der Taufe werden auch frühere Laieninvestituren als prinzipiell fragwürdig eingestuft.

M6d, S. 160f.
Der *„Dictatus Papae"*, 1075

Zur Quelle: Als *„Dictatus Papae"* wird ein Schriftstück aus dem Briefregister Papst Gregors VII. vom März 1075 bezeichnet. In 27 prägnanten Leitsätzen formuliert Gregor in diesem Eigendiktat seine Vorstellungen über die Stellung und das Recht des Papstes innerhalb der Kirche und im Verhältnis zum Kaiser. Die Bedeutung des Dokuments besteht darin, dass hier der päpstliche Weltherrschaftsanspruch drastisch und knapp formuliert und so ein Blick in die Gedankenwelt Gregors möglich wird. Ob es sich beim *„Dictatus Papae"* um einen Text für den päpstlichen Eigengebrauch, ein Regierungsprogramm, um den Index einer verlorenen oder noch geplanten kanonischen Sammlung handelt, ist in der Forschung umstritten.

TAFELANSCHRIEB

Ziele der Kirchenreform

Innerhalb der Kirche:	– Verbot von Priesterehen, Durchsetzung des Zölibats – Abschaffung des Ämterkaufs (Simonie) – Zentralisierung und straffe hierarchische Ordnung in der römischen Kirche – Unfehlbarkeitsanspruch der römischen Kirche
Außerhalb der Kirche:	– Verbot der Laieninvestitur – Unterordnung der weltlichen Macht, einschließlich der des Kaisers, unter die Macht des Papstes (Suprematie) – Papst als oberste Rechtsinstanz – Papst zum Lösen von Eiden berechtigt

Aufgabe 7a und b, S. 161
Siehe Erläuterungen zu M5a–d und Tafelanschrieb.

Aufgabe 8, S. 161
Siehe Erläuterungen zu M5 a–d.

Aufgabe 9, S. 161
Methodisch-didaktischer Hinweis: Den Schülerinnen und Schülern kann bei der Beschäftigung mit den von ihnen gewählten Einzelthemen deutlich werden,
- dass auch Religionen in politische, gesellschaftliche, wirtschaftliche, soziale oder kulturelle Entwicklungen und Prozesse eingebettet sind und Entwicklungen durchmachen,
- dass sie an bestimmten Orten und zu bestimmten Zeiten unterschiedliche Auslegungen erfahren und
- dass Ausprägungen von Religion nie ausschließlich religiös begründet, sondern immer auch von anderen (politischen, gesellschaftlichen, wirtschaftlichen, sozialen, kulturellen) Faktoren und Interessen der Gläubigen und der Religionsvertreter beeinflusst sind,
- dass es immer Widersprüche und Leerstellen gibt zwischen den Ergebnissen historisch-kritischer Analysen von Religionen einerseits und dem religiösen Glauben eines Individuums andererseits.

M7, S. 161 ff. Investiturstreit – Station II: Zentrale Ereignisse

M7a, S. 161 Brief Heinrichs IV. an Papst Gregor VII., Januar 1076

Zum offenen Konflikt zwischen Heinrich IV. und Gregor VII. kam es nach den kaiserlichen Investituren im Sommer 1075. Der Kaiser setzte einen seiner Anhänger als Mailänder Erzbischof ein und nahm auch in zwei zum Kirchenstaat gehörenden Städten (Spoleto und Fermo) die Besetzung von Bischofsstellen vor. Heinrich IV. fühlte sich nach seinen Erfolgen in Deutschland und in Italien stark genug, um eine Auseinandersetzung mit dem Papst bestehen zu können. In seinem Schreiben vom Januar 1076 rechnete Heinrich IV. mit der Unterstützung der Mehrheit der Fürsten und Bischöfe im Reich und setzte den Papst ab. Der scharf formulierte Text wurde vervielfältigt und als Propagandamittel über das Reich verbreitet.

M7b, S. 161 f. Beschlüsse der Fastensynode in Rom, Februar 1076

Nach dem königlichen Brief folgte die Exkommunikation Heinrichs IV. durch den Papst. Auf der römischen Fastensynode des Jahres 1076 ging Gregor VII. noch einen Schritt weiter und setzte Heinrich IV. als König ab. Da die Exkommunikation die Entbindung der Untertanen vom Treueeid bedeutete, schien die Königsabsetzung – ein bislang beispielloser Vorgang –, eine unmittelbare Folge des Kirchenbanns zu sein. Gregor VII. trägt die Absetzung des Königs, effektvoll inszeniert, als Gebet an den Apostel Petrus vor. Die im *„Dictatus papae"* deklarierte Vorrangstellung des Papstes (siehe M 6 d) wurde mit der Exkommunikation Heinrichs IV. erstmals und konsequent angewandt.

M7c, S. 162 Eid Heinrichs IV. in Canossa, Januar 1077

Zum Hintergrund: Durch geschicktes und rasches Handeln konnte Heinrich IV. den Zusammenschluss der fürstlichen Opposition mit Papst Gregor verhindern. Für den am 2. Februar 1077 in Augsburg geplanten Fürstentag wurde von der Opposition Gregor VII. eingeladen. Eine gemeinsame Front von Papst und Fürsten hätten für Heinrich das Aus für seine Königsmacht bedeutet. Heinrich IV. konnte unter abenteuerlichen Umständen die winterlichen Alpen überqueren, obwohl die Pässe von seinen Gegnern blockiert waren. Er traf mit dem schon nach Deutschland aufgebrochenen Papst auf der Burg Canossa zusammen. Heinrich IV. vermochte es, den Papst zum Lösen des Banns zu bewegen – päpstliche Berater waren wesentlich an dieser Entscheidung beteiligt.

Zur Quelle: In einem Eid fügte sich Heinrich IV. dem Urteilsspruch des Papstes und garantierte die ungehinderte Reise Gregors VII. nach Deutschland. Obwohl er durch diese Geste die Suprematie des Papstes faktisch bestätigte, ist der Canossagang zumindest ein Teilerfolg für den König. Der Papst verschob zunächst seine Reise nach Augsburg und gab sie schließlich ganz auf. Schon den Zeitgenossen erschienen die Ereignisse in Canossa zwiespältig und einmalig. Die deutsche Rezeption im 19. Jahrhundert bewertete im Zug der nationalen Selbstfindung den „Canossagang" als Schande.

M7d, S. 163 f. Bericht Papst Gregors über die Vorgänge in Canossa, Januar 1077

Zur Quelle: In diesem Bericht, wahrscheinlich an deutsche Fürsten oder Bischöfe gerichtet, erläutert Gregor aus seiner Sicht

- die Schwierigkeiten seiner Reise nach Augsburg,
- den Gesandtenaustausch mit Heinrich,
- das persönliche Erscheinen des Königs,
- den symbolträchtigen Ablauf der Bußehandlung des Königs (drei Tage lang barfuß und barhäuptig vor der Burg),
- die Einflüsse seiner Berater auf die Entscheidung,
- den vorläufigen Charakter der Aufhebung des Banns.

Die Sprache des Berichts und der Adressatenkreis zeigen das diplomatische Geschick Gregors VII. und deuten auf den in den Augen des Papstes noch nicht endgültigen Ausgang der Auseinandersetzung mit Heinrich IV. hin.

Zum Hintergrund: Im März 1077 wählte die fürstliche Opposition Rudolf von Rheinfelden zum neuen König. Im Konflikt zwischen den beiden Königen verzichtete Papst Gregor VII. zunächst auf eine eindeutige Stellungnahme. Vor allem durch die Unterstützung der Städte und Ministerialen gelang es

Heinrich IV., relativ rasch seine Macht wieder zu festigen. Diese Kräfte sahen in der Politik Heinrichs IV. die Garantie für Frieden und sozialen Aufstieg. Im Frühjahr 1080 fühlte sich Heinrich IV. für einen Gegenangriff stark genug. Er forderte ultimativ von Gregor VII. die Exkommunikation des Gegenkönigs Rudolf und drohte, einen Gegenpapst wählen zu lassen. Die Entscheidung über den rechtmäßigen König fand schließlich auf dem Schlachtfeld statt. 1080 wurde in der Schlacht an der Elster Rudolf von Rheinfelden getötet. Ein weiterer Gegenkönig, Hermann von Salm (1081–1088), erlangte nur wenig Einfluss. Damit ist zunächst die Zeit der Gegenkönige vorbei.

M8, S.163
Zeichnung aus der Chronik Otto von Freisings, 12. Jh.

Siehe die Lösungen zu Aufgabe 11 und das Arbeitsblatt zu M8.

Aufgabe 10, S.164

Siehe Erläuterungen zu M7a–d und Text im Schülerband, S.154.

Aufgabe 11, S.164

Siehe Erläuterungen zu M7 a–d und das Arbeitsblatt zu M8.

Methodisch-didaktischer Hinweis: Die Schülerinnen und Schüler können in einem ersten Schritt eine Bildkopie beschriften und durch Hinweise des Lehrers auf bestimmte Bildelemente, z.B. Mitra, Krone, Schwert, Zepter, unterstützt werden. Eventuell können auch ungeordnet Daten für eine zu erstellende Zeitleiste vorgegeben werden.

M9, S.164f.
Investiturstreit – Station III: Ergebnisse und langfristige Folgen
M9a und b, S.164f.
Wormser Konkordat, 1122

Zum Hintergrund: Das Problem der Laieninvestitur wird durch den Eid Heinrichs IV. in Canossa (siehe M7c) noch nicht gelöst. 1078 verkündet Papst Gregor VII. explizit das Verbot der Laieninvestitur und bezeichnet auch Kaiser und Könige ausdrücklich als Laien. Zwei Jahre später verschärft er das Investiturverbot nochmals, indem er nun auch die Herrscher, die eine Investitur vornehmen, mit dem Bann bedroht. Gregor VII. erneuert den Bann gegen Heinrich IV. und stellt sich auf die Seite des Gegenkönigs Rudolf. Das Kräfteverhältnis hatte sich aber spürbar verändert und Heinrich IV. lässt 1080 den Erzbischof von Ravenna als Clemens III. zum neuen Papst erheben. 1084 wird Heinrich in Rom von diesem Papst zum Kaiser gekrönt und Gregor VII. muss nach Salerno ins Exil.

Zu M9a und b: 42 Jahre später kommt es zum Ausgleich zwischen kaiserlichen und päpstlichen Herrschaftsansprüchen (Wormser Konkordat). Am 23.September 1122 fixieren päpstliche Legaten in Worms in zwei Urkunden, einer kaiserlichen *(Heinricianum)* und einer päpstlichen *(Calixtinum),* den Kompromiss zwischen König Heinrich V. und Papst Calixt II. Die kaiserliche Urkunde (M9a) enthält den Verzicht auf die Investitur mit Ring und Stab und die Garantie auf Gewährleistung der freien kanonischen Wahl und unbehinderten Weihe des Ausgewählten. Sie ist auch von geistlichen und weltlichen Fürsten unterzeichnet und macht damit deren größeres Gewicht für die Reichspolitik deutlich. Die päpstliche

Notizen

Arbeitsblatt zu M8, S.163	**Zur Beschreibung der Zeichnung zum Investiturstreit**

Heinrich IV., der (nach erneuter Bannung durch Gregor VII. 1080) für die Wahl des Erzbischofs Wibert von Ravenna (Guibertus) zum Gegenpapst Clemens III. sorgt (C)

Heinrich IV., der Gregor VII. vertreibt (D)

Papst Gregor VII., der König Heinrich IV. verflucht (A)

Gregor VII., der im Exil in Salerno stirbt (B)

Urkunde (M9b) gestattet die Wahl in Gegenwart des Königs.
Das Wormser Konkordat wurde stark von den Auffassungen Ivos von Chartres beeinflusst. Er unterschied in seiner Theorie zwischen *temporalia* und *spiritualia*. Über die *spiritualia* und die damit verbundenen Investitursymbole (Ring und Stab) hat der König keinerlei Verfügungsgewalt. Als *temporalia* bezeichnete er dagegen die vom König verliehenen weltlichen Güter und Rechte und die damit verbundenen Verpflichtungen. Nach dem Vorbild des Wormser Konkordats wurden mit den Königen von Aragon (1208), von England (1213) und von Frankreich (1268) ähnliche Vereinbarungen geschlossen.

Aufgabe 12, S.165
Siehe Erläuterungen zu M9.

Aufgabe 13, S.165
Siehe Erläuterungen zu M10.

M10, S.165 Bonaiuti, „Auftrag und Triumph der Kirche", Fresko, um 1356

Zum Bild: Die vorliegende Abbildung gehört zu dem Fresko an der rechten Seitenwand und trägt den Titel „Allegorie der Kirche". In der Bildmitte ist der Papst in vollem Ornat zu sehen. Rechts und links von ihm befinden sich weltliche Würdenträger, die anhand ihrer Insignien erkennbar sind (Krone, Reichsapfel, Zepter), sowie Gefolgsleute. Zu seinen Füßen liegen mehrere Schafe. In Anspielung an ein ursprünglich verächtlich gemeintes Wortspiel (lat. *domini canes* = Hunde des Herrn) und den Habit der Dominikaner (weiße Tunika und Skapulier, schwarzer Mantel) werden diese von zwei schwarz-weiß gefleckten Hunden bewacht, die den Dominikanerorden symbolisieren. Im Hintergrund der Szene ist der Dom von Florenz abgebildet, der um 1365 allerdings noch nicht vollendet war und dessen Fassade deshalb nicht authentisch ist.
Zum Hintergrund: Die Abbildung zeigt einen Ausschnitt aus einem Freskenzyklus des florentinischen Künstlers Andrea Bonaiuti (1337–1377), auch Andrea da Firenze genannt, den dieser im Auftrag der Brüder Guidalotti für die später sogenannte „Spanische Kapelle" in Florenz anfertigte. Bei dieser Kapelle handelt es sich um den Kapitelsaal des der gotischen Kirche Santa Maria Novella (Baubeginn 1246) angeschlossenen Dominikanerklosters. Die detail- und figurenreich gearbeiteten Wandgemälde veranschaulichen die Überlegenheit der christlichen Kirche, insbesondere der dominikanischen Lehre.
Zu den Dominikanern: Der Ordensgründer Dominikus war zunächst Regularkanoniker (d.h. Mitglied einer Stiftskirche, in der die Mitglieder nach einer Ordensregel leben; sie besitzen die Priesterweihe, haben die Ordensgelübde abgelegt, sind jedoch keine Mönche), bekämpfte dann im Languedoc die Albigenser, die unter Ketzerverdacht standen, und agierte anschließend als Wanderprediger. Der Orden ist im Rahmen einer breiten religiösen Bewegung des 12. und 13. Jahrhunderts entstanden, die sich gegen den Reichstum der Kirche wandte. Ordenszentren waren Paris und Bologna. Die Ordensmitglieder wollten in vollkommener Armut leben und betätigten sich als Bettelmönche und Prediger. Die Dominikaner beteiligten sich darüber hinaus mit großer Unnachgiebigkeit an der kirchlichen Inquisition (daher auch die Bezeichnung „Hunde des Herrn"), die die Kirche 1215 gegen die bisherigen Verfahren der „Gottesurteile" als neue Prozessform offiziell eingeführt hatte (vgl. Schülerband, S.30).

M11, S.166ff. Investiturstreit – Station IV: Forschungspositionen

M11a: Der Rechtswissenschaftler und Historiker Ernst-Wolfgang Böckenförde betont den revolutionären Charakter der Trennung von „geistlich" und „weltlich" im Gefolge des Investiturstreits. Durch die „Entsakralisierung" weltlicher Herrschaft, zunächst ungewollt von den beteiligten Personen, wurde Politik als eigenständiger Bereich möglich und naturrechtlich begründet.
M11b: Der Kirchenhistoriker Georg Denzler sieht in der „Gregorianischen Kirchenreform" den Ausgangspunkt für eine über Jahrhunderte wirkende Fehlentwicklung der Papstkirche. Die Machtkonzentration und vor allem die unbegrenzte „Rechtsbefugnis über die ganze Kirche" in den Händen des Papstes kennzeichnen nach Denzlers Meinung das „Janusgesicht" der lateinischen Kirche. Die ursprünglichen, auf Jesu bezogenen Aspekte der christlichen Religion werden durch die Allmacht des Papstes überschattet.
M11c: Der katholische Theologe Hans Küng kritisiert die unter dem Deckmantel der Romanisierung von den Päpsten betriebene Zentralisierung. Die Hierarchisierung der katholischen Kirche und die Her-

aushebung des Papstes als unfehlbar und schließlich als „unter Gott und über dem Menschen" stehend kennzeichnen diese langfristige Entwicklung. Nach Küngs Auffassung wurde erst mit dem 2. Vatikanischen Konzil und der Aussage über die Kollegialität der Bischöfe eine Relativierung der päpstlichen Position eingeleitet.

M11d: Der Historiker Bernhard Schimmelpfennig wendet sich im Zusammenhang mit dem Wormser Konkordat gegen eine Projektion der modernen Auffassungen von „deutscher Nation", „deutschem Reich" und „deutschem König" und „Deutschem" in die mittelalterlichen Verhältnisse. Das Selbstverständnis der Herrscher war vielmehr vom Erbe des „Imperium Romanum" und von Gott gegebener Herrschaft bestimmt. Auch für die Bewohner des Reiches waren örtliche Identifikationen der Regelfall.

Siehe auch das Arbeitsblatt.

Aufgabe 14a, b, c und d, S. 168

Siehe Erläuterungen zu M11a–d und das Arbeitsblatt zu M11a–d.

Methodisch-didaktischer Hinweis: Die Schülerinnen und Schüler sollten bei der Bearbeitung der Forschungspositionen auch die „Nichtaussagen" zu dem einen oder anderen Sachverhalt durch den jeweiligen Wissenschaftler im Arbeitsblatt kennzeichnen.

Aufgabe 15, S. 168

Siehe Erläuterungen zu M11 a–d.

Notizen

Arbeitsblatt zu M 11 a–d, S. 166 ff.	**Forschungspositionen zum Investiturstreit**

	Böckenförde	Denzler	Küng	Schimmel-pfennig
Aussagen zu Politik und Herrschaft				
Aussagen zu Recht und Herrschaft				
Aussagen zu wirtschaftlichen und sozialen Verhältnissen				
Aussagen zur römisch-katholischen Kirche und zu den Päpsten				
Aussagen zum Christentum				

Zusatzmaterial ZM 8.2	**Weltliche und geistliche Gewalt im Spätmittelalter**

Darstellung des Historikers Eberhard Isenmann (2007)

Der *„Dictatus papae"* Gregors VII. von 1075 lässt bereits den dialektischen Umschlag erkennen, dass das Papsttum eine absolute Stellung mit höchster Jurisdiktionsgewalt innerhalb der Kirche und eine Überordnung über die weltliche Gewalt anstrebte, insofern er die kaiserlichen Insignien und das Recht beanspruchte, den Kaiser abzusetzen sowie Untertanen von ihrem Treueeid zu entbinden. Später wollte er als „wahrer Kaiser" gelten.

Bereits die Staufer wehrten sich seit Friedrich Barbarossa (Reg. 1152–1190) mit einem Rückgriff auf das römische Recht, der Vergöttlichung der spätantiken Imperatoren und mit der Erhöhung des Reichs als *„sacrum imperium"*. Ferner propagierten sie eine Interpretation der Zwei-Schwerter-Lehre, wonach das weltliche Schwert unmittelbar von Gott verliehen werde, eben nicht mittelbar durch die geistliche Gewalt und deshalb auch nicht auf deren Anweisung hin zu gebrauchen sei. In der Figurendarstellung des in staufischer Zeit entstandenen Karlsschreins des Aachener Marienstifts wird Karl der Große von Gott gesegnet, während Papst und Klerus nur dabeistehen und die traditionellen Figuren der Apostel und Propheten gegen eine Reihe römisch-deutscher Könige ausgetauscht sind. Barbarossa, der Karl den Großen kanonisieren lässt, versteht sich als der zweite Karl. Den Ausgangspunkt markiert lange vor dem Investiturstreit der Liuthar-Codex (auch Otto-Evangeliar) in Aachen. Im Bild ragt Otto III. mit seinem Oberkörper in die himmlische Sphäre hinein und wird von Gott-Christus gesegnet, während sich Kleriker und Laien untereinander in völliger Gleichwertigkeit im irdischen Teil des Bildprogramms befinden.

Als Friedrich II. (Reg. 1212–1250) das Königreich Sizilien als Erbe annahm, begann das Papsttum mit allen Mitteln eine erbitterte Auseinandersetzung mit dem Staufer, ließ ihn 1250 in Lyon absetzen und führte nach Friedrichs Tod 1254 im Verein mit dem Anjou in Unteritalien einen Vernichtungskampf gegen das staufische Geschlecht. Im weiteren Spätmittelalter verweigerte Papst Johannes XXII. dem zum König gewählten Ludwig dem Bayern die Anerkennung als König und Kaiser, exkommunizierte ihn, nachdem dieser in Italien Regierungshandlungen vorgenommen hatte, und beanspruchte das Vikariat in Italien für sich. Ludwig der Bayer nahm ersatzweise sogar ein weltlich antikisierendes, stadtrömisch verliehenes Kaisertum an. Der als „Pfaffenkönig" geltende Karl IV. setzte die Goldene Bulle (1356) aus „kaiserlicher Machtvollkommenheit" in Kraft, sammelte Reliquien und propagierte im sogenannten Weihnachtsdienst in einem eindrucksvollen Akt politischer Liturgie eine gewisse Resakralisierung des Königtums verbunden mit einem autonomen Weltherrschaftsanspruch. In der feierlichen Weihnachtsmette in der Heiligen Nacht trägt der römische König, umgeben von Fürsten des Reichs, aus dem Lukasevangelium folgende Worte aus der biblischen Weihnachtsgeschichte, und nur diese, vor: *„Exiit edictum a Caesare Augusto ut decriberetur universus orbis."* (Es begab sich aber zu der Zeit, dass ein Gebot von Kaiser Augustus ausging, dass alle Welt geschätzt würde.) Angetan ist der König dabei mit geistlichem Gewand mit Pluviale und Stola. Während er diese Worte vorliest, wird über seinem gekrönten Haupt das blanke Reichsschwert als Symbol kaiserlicher Herrschaftsgewalt gehalten. So erfährt die Welt, dass es zur Zeit von Christi Geburt noch keinen Papst, wohl aber einen Kaiser gegeben hat, und dass die Heilige Schrift selbst von der Herrschaft des Kaisers über den ganzen Erdkreis kündet.

Originalbeitrag Eberhard Isenmann.

Arbeitsbereich IV: Das Papsttum im Spätmittelalter

Methodisch-didaktischer Hinweis: Es bietet sich an, in Vorbereitung auf die Untersuchung der Bulle *„Unam sanctam"* von 1302 folgende Sachverhalte und Entwicklungen aus dem Früh- und Hochmittelalter mithilfe der entsprechenden Materialien dieses Kapitels zu wiederholen:

1. Das im Frühmittelalter noch uneindeutige Selbstverständnis des Papstes am Beispiel eines Vergleichs von Leo I. und Gregor I. (M 3, S. 156 f. = Arbeitsbereich I).
2. Die Rolle des Reichskirchensystems, d. h. der Verknüpfung von geistlicher und weltlicher Herrschaft im Reich zu Beginn des Hochmittelalters (M 5, S. 158 f. = Arbeitsbereich II).
3. Der im Hochmittelalter mit dem Investiturstreit mächtig aufkommende Streit zwischen Papst und Kaiser um die Oberherrschaft über die Christenheit bzw. um die Entflechtung von *sacerdotium* und *imperium* (M 6 bis M 11, S. 159 ff. = Arbeitsbereich III).

M 12, S. 168 ff. Papsttum im Spätmittelalter – Station I: Die Bulle *„Unam sanctam"*, 1302

M 12a, S. 168 f. Auszug aus der Bulle *„Unam sanctam"*, 1302

Zur Quelle: Papst Bonifaz VIII. formuliert mit der Bulle *„Unam sanctam"* in nicht zu überbietender Schärfe den geistlichen und weltlichen Herrschaftsanspruch des Papstes. Ausgehend von Zitaten aus dem Neuen Testament stellt er eine direkte Linie von Christus über Petrus zu den Päpsten her und begründet daraus den ungeteilten päpstlichen Führungsanspruch in und über die katholische Kirche. Er greift dann das biblische Gleichnis von den zwei Schwertern auf und rückt seine Interpretation ins Zentrum dieses Textes. Die wechselnden Deutungen und die Wirkungen der „Zwei-Schwerter-Lehre" auf die politische Realität durchziehen seit der Spätantike das ganze Mittelalter. In den Augen des Papstes ist 1302 die Sachlage eindeutig: Das weltliche Schwert ist dem geistlichen Schwert untergeordnet. Diese Auffassung von der päpstlichen Universalherrschaft über alle Institutionen der Welt und über jeden Menschen ist nach Bonifaz VIII. von Gott gewollt.

Zum Hintergrund: „Unam Sanctam" von 1302, die berühmteste päpstliche Bulle des Mittelalters, setzt die mehr als zweihundertjährige Entwicklung seit Papst Gregor VII. fort und stellt den Höhepunkt päpstlichen Machtanspruchs dar. Vor dem Hintergrund der neuen, vielschichtigen Probleme, der Niederlage der Kreuzfahrer im Heiligen Land, dem Aufstieg der „nationalen" Königreiche und der damit einhergehenden Zurückdrängung päpstlicher Autorität, wird mit der Bulle auch ein Wendepunkt markiert. Konkreter Anlass ist der offene Konflikt zwischen dem französischen König Philipp IV. und dem Papst Bonifaz VIII. über die Besteuerung des Klerus und die königliche Gerichtshoheit über den Klerus. In der Praxis zeigt sich Philipp IV. durch die Bulle wenig beeindruckt. Er erklärt nun seinerseits den Papst zum Häretiker. Im September 1303 wird Bonifaz VIII. in seiner Sommerresidenz in Anagni in französischem Auftrag überfallen und stirbt wenige Wochen später. Der päpstliche Nachfolger Benedikt XI. ist kompromissbereiter und der französischen Papst Clemens V. verlegt 1309 die päpstliche Residenz nach Avignon.

M 12b, S. 169 f. Moeller über die Bulle *„Unam sanctam"*, 2004

Der Kirchenhistoriker Bernd Moeller beschreibt am Beispiel von Personen (von Innozenz III. bis Bonifaz VIII.) und Ereignissen (vom Investiturstreit bis zum Exil der Päpste in Avignon) den Verfall des Papsttums im Spätmittelalter. Er führt dabei äußere und innere Gründe an:

- Aufstieg nationaler Königreiche,
- Herrschaftsdenken wird zunehmend realpolitisch geprägt,
- Glaube und Institution Kirche klaffen immer weiter auseinander,
- weltlicher Herrschaftsanspruch des Papsttums dominiert und zersetzt damit die spirituellen Grundlagen der katholischen Kirche.

Aufgabe 16, S. 170

Siehe Erläuterungen zu M 12a.

Aufgabe 17, S. 170

Siehe Erläuterungen zu M 12b.

Aufgabe 18, S. 170
Siehe Erläuterungen zu M12a und b.
Methodisch-didaktischer Hinweis: Den Schülerinnen und Schülern kann zur Aufgabenlösung der Hinweis gegeben werden, dass das widersprüchliche Verhältnis von äußerer Macht- und Prachtentfaltung einerseits sowie innerer Schwächung und Aushöhlung andererseits in der Geschichte ein wiederholt auftretendes Phänomen ist.

Aufgabe 19, S. 170
Siehe dazu das Arbeitsblatt.

M13, S. 171
Papsttum im Spätmittelalter – Station II: Das große abendländische Schisma (1378–1417)

M13a, S. 171
Karte: Obedienzen (Anhängerschaften) im großen abendländischen Schisma

Zur Karte: Die Karte zeigt die Verteilung der Anhänger „Roms" und „Avignons" im großen abendländischen Schisma. Das Königreich England, große Teile des Heiligen Römischen Reiches einschließlich Nord- und Mittelitaliens, die Königreiche Dänemark und Schweden sowie die mittel-osteuropäischen Territorien sind Anhänger „Roms". Für „Avignon" stehen die Königreiche Frankreich, Aragon, Kastilien und Schottland sowie der westliche Streifen des Heiligen Römischen Reiches von Brabant im Norden bis zur Provence an der Mittelmeerküste. Daneben existieren Gebiete mit wechselnder Vorherrschaft der Anhänger beider Papst-Residenzen.
Zum Hintergrund: Der englisch-französische Gegensatz im Hundertjährigen Krieg (1339–1453) und die Auseinandersetzungen zwischen Fürsten und Kaiser im Heiligen Römischen Reich beeinflussen die Parteinahme (und auch den Wechsel der Positionen) für „Rom" bzw. für „Avignon". Die Verteilung der Anhängerschaft im großen abendländischen Schisma ist durch den dauernden Aufenthalt der aus Frankreich stammenden Päpste seit 1309 in Avignon vorbestimmt.
Durch den Einfluss der französischen Könige auf das Kardinalskollegium, durch wiederholte Unruhen in Rom und durch die teuren Vorlieben der avignonesischen Päpste kommen folgenreiche Konsequenzen auf die katholische Kirche zu. Die repräsentative Hofhaltung in Avignon und die Versorgung zahlreicher Familienmitglieder der Päpste mit Ämtern ist teuer. Auch die Verlegung der Papstresidenz und die Verwaltung des Kirchenstaates durch päpstliche Stellvertreter verursachen enorme Kosten. Gleichzeitig stagnieren die päpstlichen Einnahmen. Als Ausweg

Notizen

Arbeitsblatt zu Aufg. 19, S. 170	**Gab es Vorformen der Gewaltenteilung im Mittelalter?**

	Historische Beispiele	Bezüge zur Moderne
Die Stadt als politische Organisation im Mittelalter		
innerstädtische Konflikte		
Stadt und Stadtherr		
Verhältnis von Stadt, Städtebünden und Reich		
Ausprägung von Staatlichkeit im Spätmittelalter		
Zentralisierungen und ihre Gegenkräfte		
Kaiser und Fürsten im Reich		
Ständevertretungen und ihre Rolle		
Kirche und Staat im Mittelalter		
Zusammenhang von geistlicher und weltlicher Macht		
Trennung von geistlicher und weltlicher Macht		
Rangordnung von geistlicher und weltlicher Macht		

schaffen die avignonesischen Päpste neue Einnahmequellen durch päpstliche Dekrete, die sie den bisherigen kirchenrechtlichen Bestimmungen hinzufügen. Päpstliche Ablässe, Befreiungen von Sündenstrafen und andere Dispense sind nun vor allem kostenpflichtige bürokratische Akte. Es werden neue, zusätzliche Abgaben auf kirchliche Ämter festgelegt (Servitien, Annaten) und jährlich nach Avignon abgeführt. Diese Finanzpraxis der avignonesischen Päpste ruft heftige Kritik hervor; vor allem die Franziskaner, aber auch andere Bettelorden kritisieren die Verweltlichung der Kirche (vgl. oben die Erläuterungen in M 10 zu den Dominikanern).

M 13 b, S. 171
Moeller über die Kirche während des großen Schismas, 2004

Das große abendländische Schisma bezeichnet die zeitweilige Spaltung innerhalb der römisch-katholischen Kirche zwischen 1378 bis 1417. Zunächst zwei – später drei – Päpste beanspruchten gleichzeitig die legitime Führung der römisch-katholischen Kirche. Ausgangspunkt war die umstrittene Wahl des Papstes Urban VI. 1378. Die Kardinäle erklärten seine Wahl für ungültig und wählten Clemens VII. zum Papst. Daraufhin wurden Clemens VII. und seine Anhänger von Urban exkommuniziert. Urban VI. gründete sein eigenes Kardinalskollegium und Clemens VII. ging wieder nach Avignon. Vertreter beider Seiten trafen sich 1409 in Pisa. Eine Einigung kam nicht zustande und ein dritter Papst, Alexander V., wurde gewählt. Das Konstanzer Konzil von 1417 brachte den Rücktritt der rivalisierenden Päpste, die Wahl des neuen Papstes, Martins V., und das Ende des abendländischen Schismas. Es wurden aber auch zur Überwindung der Häresie die Lehren Wiclifs verurteilt und das Todesurteil gegen den Anführer der Hussitenbewegung, Jan Hus (vgl. M 20–M 24), beschlossen und vollstreckt.
Der Kirchenhistoriker Bernd Moeller stellt in seinem Text die Rolle des Konziliarismus, d. h. der Oberhoheit der Synode über den Papst, als entscheidend für die Überwindung des Schismas dar. Darüber hinaus sieht er im Konziliarismus eine Chance für die Erneuerung der Kirche und bedauert, dass diese Bewegung nur ein historisches Zwischenspiel war.

Aufgabe 20, S. 171

Siehe Erläuterungen zu M 13 a und b.

Arbeitsbereich V: Die Franziskaner und der Armutsstreit

M 14, S. 172
Giotto, Franziskus und Klara, Fresko, 1279–1300

Zum Bild: Das abgebildete Fresko gehört zu einem Freskenzyklus in der Oberkirche von Assisi. In den 14 Freskenszenen werden Ausschnitte aus dem Leben des heiligen Franziskus dargestellt. Franziskus, durch den Strahlenkranz (Aureole) um seinen Kopf mit einem göttlichen Symbol ausgezeichnet, ist barfuß und in die einfache Kutte der Franziskanermönche gehüllt. Ein Strick ersetzt den Gürtel. Unter einem Arm trägt er die Bibel. Seine Hände weisen die Wundmale Christi (Stigmata) auf und so wird – zusammen mit der Aureole – eine bildhafte Gleichsetzung mit Christus erzeugt. Auch Klaras Kopf, von einem Kopftuch umhüllt, ist mit einem Strahlenkranz umgeben. Sie ist ebenfalls barfuß und mit einer einfachen Kutte bekleidet. In der Hand hält sie einen Palmenzweig.
Zum Hintergrund: Giotto di Bondone, italienischer Maler und Architekt, einer der innovativsten Künstler seiner Zeit, schuf mit den Freskenzyklus Bilder, die sich deutlich von den Werken seiner Zeitgenossen unterscheiden. Mit den realen Formen und Proportionen seiner Figuren und Gegenstände, der sensiblen Farbgebung, den ausdrucksstarken Gesichtern und der Körpersprache ist er ein Wegbereiter der Renaissance. Diese neue Form der Malerei hat neben künstlerischen Aspekten auch einen machtpolitischen Kontext. Die Institution Kirche musste sich mit den aufkommenden Bettelorden und der neuen Volksfrömmigkeit auseinandersetzen. Neben der Bekämpfung der Ketzer stand die Einbindung der neuen religiösen Bewegungen in die römisch-katholische Kirche. Dabei war es wichtig, die Bildersprache zu beherrschen, die die einfachen Menschen besser verstanden und an der sie sich hauptsächlich orientierten. Die 14 Fresken in der Oberkirche von Assisi gehören zu diesem Programm. Von Giotto wurde ein Bild des heiligen Franziskus geliefert, das sich einerseits in das System der Papstkirche integrierte und andererseits Verbindungen zwischen dem privaten Leben eines jeden Gläubigen und dem Leben des Franziskus herstellte. Über diese Verbindung wurde der neuen Volksfrömmigkeit ein persönlicher Zugang zum biblischen Geschehen angeboten.

M 15, S. 172 f.
Zeittafel zur Geschichte der Franziskaner

Die Zeittafel berücksichtigt
- personengeschichtliche Daten zu Franz und Klara,
- ordensgeschichtliche Daten, insbesondere auch zum Frauenorden,
- Hintergrundinformationen zur Auseinandersetzung mit dem Papst und
- gegenwartsbezogene Daten.

M 16, S. 173
Regeln des Franziskanerordens, 1223

Zur Quelle: Der Auszug aus der Ordensregel von 1223 benennt
- zuerst den Grundauftrag der Franziskaner, zu den Menschen zu gehen und ihnen freudig Buße zur Vergebung der Sünden und Frieden zu predigen (Zeilen 1–15).
- Darauf folgend wird Gehorsam und Akzeptanz der kirchlichen Hierarchie gefordert (Zeilen 16–21) und
- der am Anfang genannte Predigerauftrag präzisiert, eingeschränkt und der Hierarchie unterworfen (Zeilen 27–38). Das Armutsideal wird ebenfalls genannt, es ist der Gehorsamspflicht nachgeordnet.

Zum Hintergrund: Nach dem Treffen mit Papst Innozenz III. im Jahr 1209 und dessen Billigung der Lebensregeln des Franziskus und seiner Anhänger war im Kern der Konflikt für die Zukunft vorgezeichnet. Der in der Regel der Franziskaner nun festgeschriebene Gehorsam gegenüber dem Papst musste früher oder später mit ihrem Leben „nach der Form des heiligen Evangeliums" kollidieren. Die Grundforderung der Bruderschaft nach „heiliger Armut", d. h. nach radikalem Eigentumsverzicht durch jeden Bruder und durch die Gemeinschaft als Ganzes war ein ständiger, indirekter Vorwurf an die reiche und mächtige römisch-katholische Kirche. In den Jahren bis 1221 wurden die Ordensregeln erweitert und der nun größeren Gemeinschaft angepasst. Das Predigen vor den Menschen, die Verbreitung der Friedensbotschaft, die Keuschheit und der Gehorsam als freiwillige Leistungen der Brüder fanden sich in der sog. *„Regula non bullata"*. Durch Franziskus wurde darin das Armutsideal weiter verschärft – so durften z. B. die Brüder weder Geld bei sich tragen noch es berühren – und ein Verbot von großen Kirchen- und Klosterbauten ausgesprochen. 1221 wurde Kardinal Hugolino, der spätere Papst Gregor IX., als Protektor des Franziskanerordens eingesetzt. Er fasste die Ordensregeln neu. Als *„Regula bullata"* billigte Papst Honorius III. 1223 diese Regel und machte sie damit zur verbindlichen Grundlage des Franziskanerordens.

Dazu schreibt der Kirchenhistoriker Helmut Fried: „Zwar sind auch in der neuen Regel die ursprünglichen Ideale der Gemeinschaft klar ausgesprochen, aber es herrscht nunmehr ein anderer Ton und vor allem ein anderer Geist: Die gesetzliche, in juristisch verbindliche Formen gegossene Sprache beweist, dass hier ein Kantonist letzte Hand angelegt hat, dem vor allem an der Integration des Franziskanertums in das kirchliche Rechts- und Ordnungssystem gelegen war. Die ältere Regel *(Regula non bullata)* dagegen setzt sich aus Ermahnungen und Ratschlägen im Geist des Evangeliums zusammen und spiegelt die Lebenseinstellung des Franziskus selbst und der ursprünglichen Bruderschaft wider: Es geht in ihr weniger um die Erfüllung einzelner gesetzlicher Bestimmungen als um den alltäglichen beispielhaften, ‚geistlichen' Vollzug des Lebens in einer durch Frieden und Liebe bestimmten Gemeinschaft." *(Helmut Feld, Franziskus von Assisi, München [C. H. Beck] 2001, S. 90 f.)*

M 17, S. 173 f.
Erklärung von Papst Johannes XXII., 1323

Zur Quelle: Papst Johannes XXII. betont 100 Jahre nach der päpstlichen Billigung der *„Regula bullata"* den ketzerischen Charakter des franziskanischen Ideals der Eigentumslosigkeit. Er interpretiert dazu formal-logisch Bibelstellen und nutzt seinen Primatsanspruch.

Zum Hintergrund: Johannes XXII. residierte als erster Papst dauernd in Avignon. Er baute systematisch das Pfründe- und Abgabewesen zur Erhöhung der päpstlichen Einnahmen aus. Innerhalb des Franziskanerordens kam es zu scharfen Auseinandersetzungen über das Armutsideal. Die „Spiritualen" bemühten sich, die Armutsforderung des Franziskus wortwörtlich zu befolgen. Eine gemäßigtere Linie und die Papstposition vertraten die „Konventualen", z. B. wurde von ihnen der Bau auch größerer Klöster nun gestattet.

M 18 und M 19, S. 174 Giotto, Fresken aus dem Zyklus über das Leben des Franziskus, 1295–1230

Zum Bild M 18: Das Fresko zeigt eine Schlüsselszene im Leben des Franziskus, die Trennung vom Vater. In der Bildmitte stehen sich der halbnackte Franziskus und der Vater, ein reicher Tuchhändler, gegenüber. Über den Arm des Vaters liegen die schönen, farbigen Kleider des Sohnes. Beide Männer werden von zwei Personengruppen begleitet: Franziskus von seinen Anhängern und dem Bischof von Assisi, der ihn in seinen Mantel hüllt, der Vater von städtischen Vertretern und Geschäftspartnern. Hinten im Bild sind perspektivisch und detailgenau Gebäude dargestellt.

Zum Hintergrund von M 18: Die Darstellung symbolisiert den vollständigen Bruch des Franziskus mit seinen bisherigen Lebensverhältnissen, den Beginn seiner Bekehrung. Er trennt sich von seinem Vater und der ganzen Familie, gibt Geld und Kleider zurück und verzichtet auf sein Erbe. Die Botschaft des halbnackten Franziskus steht einerseits für den Leidensweg in der Nachfolge des nackten, gekreuzigten Jesu und andererseits für die vollständige Einordnung in die römisch-katholische Kirche durch den ihn umhüllenden Bischofsmantel.

Zum Bild M 19: Das Bild zeigt im Vordergrund rechts den schlafenden Papst Innozenz III. und davor zwei sitzende, ruhende Männer. Daneben stützt Franziskus, in einfachster Mönchskutte, aber mit Aureole, eine einstürzende Kirche. Beide Bildelemente sind in sich perspektivisch gestaltet. Durch die Größe des Franziskus als „Ersatz" für eine Stützsäule und die Zusammenfügung der beiden Bildteile entsteht ein kollagenartiger Eindruck.

Zum Hintergrund von M 19: Die Darstellung greift Ereignisse des Jahres 1209 auf. Durch Vermittlung des Bischofs von Assisi erhält Franziskus Zugang zu Papst Innozenz III. und kann diesem das Armutsideal der franziskanischen Bruderschaft vorstellen. Die sich ausbreitenden Bewegungen der Katharer und Waldenser zwingen den Papst zu reformerischen Schritten. Er sieht in Franziskus und dessen Anhängern eine kirchentreue, gehorsame Bewegung für die Auseinandersetzung mit den Ketzern. Vor dem Gespräch Innozenz' III. mit Franziskus soll der Papst einen Traum gehabt haben. Darin soll ein einfacher Mönch den Einsturz seiner Laterankirche verhindert haben. Im Nachhinein soll Innozenz III. in diesem Mönch Franziskus erkannt und als Retter der Kirche gesehen haben.

Aufgabe 21, S. 174

Siehe Erläuterungen zu M 18 und M 19.

Aufgabe 23 a und b, S. 174

Siehe Erläuterungen zu M 16 und M 17.

Aufgabe 24, S. 174

Siehe Erläuterungen zu M 16, M 17 und M 19.

Aufgabe 25, S. 174

Siehe Erläuterungen zu M 16, M 17 und Text im Schülerband, S. 154.

Notizen

Arbeitsbereich VI: Jan Hus: Reformer oder Revolutionär?

M20, S. 175
Auffarth über Ketzerbewegungen und Inquisition, 2005

Der Religionswissenschaftler Christoph Auffahrth geht von der pragmatischen Definition des Begriffs Ketzer aus, wie er von der römisch-katholischen Kirche praktiziert wird: Ketzer ist, wer von der katholischen Kirche verurteilt worden ist. Im *„Dictatus Papae"* Gregors VII. heißt es (vgl. M 6 d): „26. Als katholisch darf nicht gelten, der nicht übereinstimmt mit der römischen Kirche." Erst mit der Zentralisierung und Dogmatisierung der Papstkirche seit Mitte des 11. Jahrhunderts entstand somit auch eine breite Ketzerbewegung. Einerseits war nun jede religiöse Abweichung zunächst per se für die Papstkirche Ketzerei, andererseits gab es in der Lebenswelt der Menschen dieser Zeit vielfältige religiöse, politische und soziale Motive für eine Kritik der Institution Kirche. Natürlich gab es schon vorher in der christlichen Kirche Ketzerbewegungen, so die Arianer, nach dem alexandrinischen Gemeindevorsteher Arius (gestorben um 335 n. Chr.) benannt. Diese und immer wieder auftretende einzelne Ketzer wurden religiös kritisiert und verdrängt. Erst mit den Reformpäpsten beginnen die Versuche der vollständigen Unterwerfung unter die römisch-katholische Kirche und die gezielte Bekämpfung durch die Inquisition, zuweilen bis zur physischen Vernichtung. Die Katharer, Waldenser und andere Bewegungen des 12. und 13. Jahrhunderts, aber auch Teile des Franziskanerordens – die „Spiritualen", später der Templerorden (1314) und Einzelpersonen wurden aus religiösen und machtpolitischen Gründen oder einfach nur aus Gewinnsucht der Ketzerei bezichtigt und verurteilt.

M21, S. 175 ff.
Jan Hus und seine Ideen

Zur Biografie: Jan Hus (um 1371–1415), der nach dem Studium in Prag 1400 die Priesterweihe empfing, wurde 1402 zum Rektor der Prager Universität ernannt und wirkte seit dieser Zeit auch als Prediger an der Bethlehemskapelle. Hus, der den Verfall der Kirche und das verweltlichte Leben der Mönche und Prälaten beklagte, war ein großer Anhänger des englischen Gelehrten und Kirchenreformers John Wiclif (um 1330–1384). Als er dessen Lehre verteidigte, kam es zum Bruch mit dem Prager Erzbischof und zum Auszug der deutschen Studenten. Nach innerstädtischen Unruhen und der Verbrennung der Bücher Wiclifs wurde Jan Hus von der Kurie angeklagt und geächtet. 1412 zog sich der Anführer der tschechischen Reformbewegung auf die Burg Kozi in Südböhmen zurück, wo er bis 1414 zahlreiche Schriften, darunter auch sein Hauptwerk *„De ecclesia"*, verfasste. Hus, der die kirchliche Hierarchie ablehnte und das Gesetz Gottes über die weltlichen Gesetze stellte, wurde 1412 von Papst Johannes XXII. mit dem großen Kirchenbann belegt und 1414 vor das Konzil nach Konstanz geladen, das ihn am 6. Juli 1415 zum Tod auf dem Scheiterhaufen verurteilte.

M21 a, S. 175 ff.
Meisterlin über die Ideen der Hussiten, 2. Hälfte 15. Jh.

Zum Autor: Siegmund Meisterlin, geboren um 1435 in einer wohlhabenden Augsburger Bürgerfamilie, wurde 1454 Benediktinermönch im Kloster St. Ulrich und Afra in Augsburg. Er studierte ab 1457 an der Universität von Padua. In den folgenden Jahren wurde er mit verschiedenen geistlichen und weltlichen Aufgaben betraut. Ab 1478 war er Prediger in Nürnberg. Hier entstand seine „Chronik der Reichsstadt Nürnberg". Siegmund Meisterlin wurde bei dieser Arbeit vom berühmten Nürnberger Humanisten Hartmann Schedel inspiriert und unterstützt. In der Chronik stellte er oft Bezüge zu Ereignissen her, die nicht direkt mit Nürnberg in Verbindung standen und eher der Geschichte des Reiches zuzuordnen waren. Seine Chronik Nürnbergs endete mit der Verbrennung des Jan Hus.

Zur Quelle: Siegmund Meisterlin ist ein engagierter Gegner der Ideen des Jan Hus und entsprechend parteiisch fällt seine Darstellung aus. In seinem Text stellt er thesenartig die Auffassungen des Jan Hus und seiner Anhänger vor und leitet sie – grundsätzlich – als antichristlich ein. Dabei werden von ihm beispielsweise folgende hussitische Kritikpunkte an der römisch-katholischen Kirche genannt:

- gegen die Rolle des Papstes und die absolute Trennung von Priestern und Laien (1., 2., 7., 8.),
- gegen die Auffassung von den Sakramenten (11., 14., 19., 20.),

- gegen Prunksucht, hohle und überladene Rituale (4., 5., 17., 18., 22.),
- gegen kirchliche Fastengebote und Heiligenverehrung (21., 23., 24.).

M 21 b, S. 177 f.
Meisterlin über Ursprung und Entwicklung der Hussitenbewegung, 1. Hälfte 15. Jh.

Zum Autor: siehe oben Erläuterungen zu M 21 a.

Zur Quelle: In seiner „Chronik" beschreibt Siegmund Meisterlin auch die Genese der hussitischen Ideen und Bewegung. Nach seiner Auffassung waren folgende Faktoren dafür ausschlaggebend:

- die Einflüsse der Ideen des John Wiclif,
- die Vertreibung der Deutschen aus der Universität Prag,
- die Übernahme der universitären Positionen durch Hus und seine Parteigänger,
- die niedere Herkunft und mangelnde Bildung des Jan Hus,
- Neid und Habgier böhmischer Geistlicher und Laien,
- der Kirchensturm in Prag.

Die nach seiner Meinung rechtmäßige Verbrennung des Jan Hus in Konstanz löste gewalttätige und räuberische Exzesse in Böhmen aus.

M 22, S. 176
Karte: Verbreitung von Ketzerbewegungen im Mittelalter

Die Karte zeigt die Verbreitung der römisch-katholischen und der griechisch-orthodoxen Kirche sowie des Islams in Europa und Nordafrika. Eingebettet in die beiden christlichen Kirchen werden die Ketzerbewegungen des Mittelalters aufgeführt. Zeitlich folgen Bogomilen, Katharer, Waldenser und Hussiten aufeinander.

Die *Bogomilen,* eine christliche Gemeinschaft, die in ihrer dualistischen Lehre von der Teilung der Welt in die Reiche des Guten und des Bösen ausging, trat seit etwa 1000 auf dem Balkan auf. Sie verzichteten auf alle äußeren Rituale und Zeichen, sie predigten und führten ein asketisches Leben, kritisierten die orthodoxe Kirche und jegliche Herrschaftsverhältnisse. Sie wurden im Byzantinischen Kaiserreich als Ketzer verfolgt und konnten sich trotzdem fast ein halbes Jahrtausend auf dem Balkan halten. Es scheint über bogomilische Wanderprediger eine Verbindung zu den Katharern gegeben zu haben, eine von manchen Wissenschaftlern bestrittene These.

Die Bewegung der *Katharer* breitete sich seit 1140 über Mittel-, West- und Südeuropa aus. Durch wandernde Prediger und ihre strenge Askese wirkte diese Armutsbewegung besonders auf Laien. In ihren Auffassungen bestanden Ähnlichkeiten zur dualistischen Lehre der Bogomilen. Die Anziehungskraft der Katharer wurde einerseits durch die Armutsbewegung der Dominikaner und Franziskaner gebrochen und andererseits durch innere Veränderungen ihrer Lehre abgeschwächt. Die römisch-katholische Kirche bekämpfte mit Feuer und Schwert die Katharer. Die *Albigenser,* französische Katharer, lebten hauptsächlich im Raum zwischen Toulouse, Albi, der Mittelmeerküste und den Pyrenäen. Nach dem Albigenserkreuzzug von 1209 bis 1229 existierten kleine Gruppen noch in Südfrankreich (bis ca. 1330) und in Süditalien sowie Sizilien (bis ca. 1410).

Waldenser: Der Armutsgedanke und das Streben nach einem Leben in persönlicher Armut und für die Verbreitung des Wortes Christi (wie der Apostel) motivierte immer wieder Laien, diese Ideale als Wanderprediger zu verwirklichen. Nicht geweihte Wanderprediger durchbrachen mit ihren Predigten als Laien die kirchliche Ordnung und Hierarchie und setzten sich der Gefahr der Exkommunikation aus. Ein solcher Laienprediger war der ehemals reiche Kaufmann Petrus Waldes aus Lyon. Er übersetzte die lateinische Bibel in die Volkssprache. Um ihn entstand Ende des 12. Jahrhunderts innerhalb der katholischen Kirche Südfrankreichs die Laienbruderschaft der *Waldenser.* Sie lebten nach dem Vorbild Jesu in Armut, praktizierten die Laienpredigt, lehnten aber die dualistischen Auffassungen der Katharer ab. Von Südfrankreich breiteten sie sich bis Oberitalien aus. 1184 wurden die Waldenser von Papst Lucius III. exkommuniziert und die Inquisition gegen sie eingesetzt. Kleine Gruppen dieser religiöser Laiengemeinschaft konnten in Oberitalien überleben. Aus ihnen ging später die protestantisch-reformierte Kirche in Italien hervor.

Von Böhmen ausgehend, beeinflusste die *Hussitenbewegung* im 15. und 16. Jahrhundert mit ihren reformatorischen und teilweise sozialrevolutionären Ideen und Handlungen auch das südliche und nordöstliche Deutschland.

M 23, S. 178
Hus auf dem Scheiterhaufen, Malerei, um 1500

Zum Bild: Im Zentrum des Bildes ist der an einen Pfahl gefesselte Jan Hus auf einem schon brennenden Scheiterhaufen zu sehen. Auf seinem Kopf muss er eine hohe, zylinderförmige Ketzermütze mit wahrscheinlich teuflischen Zeichen tragen. Neben ihm flattern Pergament- bzw. Papierrollen mit seinen Schriften über den Flammen. Links neben dem Scheiterhaufen beobachten Geistliche und Mönche die Szene. Der ganz vorn stehende Kleriker ist durch seinen violett gefassten Umhang und die Mitra als Bischof gekennzeichnet. Der Reiter auf dem Schimmel, rechts vorn, trägt einen violetten Umhang und eine grüne Kappe. In seiner rechten Hand hält er einen Spieß, der – doppeldeutig – auf die Ketzermütze weist. Er kann damit die Ketzermütze herunterstoßen oder markieren bzw. entzünden. Mehrdeutig ist auch die Farbenwahl: Grün steht für das Wort Gottes und violett für Buße und das Leiden Jesu.
Die Bilder zum „Jenaer Kodex" sind weit später, um 1500, als die Textteile entstanden. Dieses Bildprogramm stellt unter hussitischen Vorzeichen wahres christliches Handeln antichristliches Tun der Papstkirche gegenüber.

M 24, S. 178 f.
Mladoniowitz über die Verbrennung von Hus, nach 1415

Der böhmische Chronist Peter von Mladoniowitz, gestorben 1451, beschreibt voller Sympathie und mit religiöser Überhöhung die Haltung des Jan Hus bei seiner Hinrichtung. Besonders hebt er dessen Gottvertrauen und den Eindruck, den dieser auf unbeteiligte Laien ausübte, hervor.

Aufgabe 27 a und b, S. 179
Siehe Erläuterungen zu M 20 und M 22.

Aufgabe 28 a, b und c, S. 179
Siehe Erläuterungen zu M 21 a und b.

Aufgabe 29, S. 179
Siehe Erläuterungen zu M 23 und M 24.

Aufgabe 30, S. 179
Siehe Erläuterungen zu M 21–M 24.

Arbeitsbereich V: Der Gang nach Canossa in der Nachwelt (geschichtskulturelle Vertiefung)

M 25, S. 180
Canossa-Säule in Bad Harzburg, 1877

Methodisch-didaktischer Hinweis: Den Schülerinnen und Schülern ist zur Lösung der Aufgabe 1, S. 180, als Einstieg eine Internetrecherche zu empfehlen.

M 26, S. 180
Heinrich IV. vor dem Portal des Schlosses Canossa, Ölgemälde, 1861

„Der aus der Düsseldorfer Malerschule hervorgegangene Plüddemann hat Heinrich IV. mehrfach zum Helden seiner Historienbilder gewählt. Auf dieser Studie ist der Salier im Büßergewand vor dem Burgtor in Canossa zu sehen. Den Königsmantel sowie die Insignien seiner Macht, Krone und Schwert, hat er abgelegt. Im Hintergrund sind Mathilde von Tuszien, der Papst und ein Geistlicher auf einem Laufgang der Burg zu erkennen. Diese Figuren wie die Gegenstände im Vordergrund dienen nur der Kontextualiserung, während die eigentliche Darstellung als sogenannte Porträthistorie völlig auf den Helden konzentriert ist. Der Betrachter soll mittels Mimik und Gestik in die Gefühlslage des Herrschers hineinversetzt werden. [...] Die Geschichte ist im Augenblick der Peripetie im Bild festgehalten. Sinnend hält Heinrich einen Moment vor dem folgenreichen Schritt inne. Die Hand in Denkerpose ans Kinn gelegt und mit auf den Betrachter gerichteten Augen wirkt der König kaum bußwillig, sondern vielmehr unbeugsam und zur Wiedererlangung seiner Souveränität zum Äußersten bereit.
Die hier für den Herrscher ergriffene Position im Konflikt zwischen Reich und Kirche wurde im 19. Jahrhundert zweifellos im Hinblick auf die Tagespolitik gelesen. So erkannte Bismarck in dieser Darstellung [...] ‚ein zeitgemäßes Bild'. *(Aus: Canossa 1077 – Erschütterung der Welt. Katalog zur Canossa-Ausstellung in Paderborn 2006, 2 Bde., München [Hirmer Verlag] 2006, S. 498 f.)*

Kapitel 9: Das Zusammenleben der Religionen: Christentum, Judentum, Islam

Hinweise zur Arbeit mit den Materialien:
Siehe den Kasten im Schülerband, S. 185.

M1, S. 183 Illustration zu „Willehalm", um 1270

Zum Bild: Der in der Bildmitte stehende Dichter Wolfram von Eschenbach weist mit beiden erhobenen Zeigefingern auf Personen links und rechts von ihm. Vom Betrachter aus rechts zeigt er auf einen Ritter mit nachdenklich zur Seite geneigtem Kopf. Der Ritter trägt an seiner Seite ein Schwert, einen Kettenpanzer und darüber einen Umhang sowie einen Helm mit einem achtzackigen Stern. Auf der vom Betrachter aus gesehenen linken Seite ist die Hand des Dichters auf zwei Personen gerichtet: zunächst auf den Mann, der durch seine typische Kopfbedeckung und die Schläfenlocken als Jude gekennzeichnet ist. Auch er hält seine linke Hand fragend an das Kinn, die rechte ist geöffnet und weist in Richtung des Dichters und Ritters. Ganz außen steht ein Muslim. Sein hoher Hut, seine Kleidung und sein Gesichtsausdruck sind weniger detailliert ausgestaltet als die der anderen drei Personen. Eine Hand hält er, ähnlich wie der Jude, an das Kinn gedrückt, die andere weist mit ausgestrecktem Zeigefinger schräg nach oben. Bis auf den Ritter sind die anderen drei Männer offensichtlich unbewaffnet.

Zum Hintergrund: Wolfram von Eschenbach greift Vorlagen der französischen Heldenepik *(chansons de geste)* um die Gestalt des Guillaume d'Orange und dessen Kämpfe gegen die heidnischen Sarazenen auf. In seinem unvollendeten Epos baut er das Verwandtschaftsmotiv der Titelhelden aus. So ist für den Dichter der Krieg zwischen Heiden und Christen einerseits ein Krieg unter Verwandten, andererseits wird er aber auch als Kreuzzug dargestellt und so als Glaubenskrieg gekennzeichnet. Dabei wird die Verteidigung des christlichen Glaubens und des Reiches betont. Gewalttätige und missionarische Elemente treten zurück. Den Schrecken des Krieges stellt Wolfram von Eschenbach Gedanken der Versöhnung entgegen. Er lässt seinen Titelhelden am christlichen Anspruch, ein Krieg gegen Heiden sei allein schon wegen ihrer Nichtchristlichkeit zu führen, zweifeln.

Notizen

M2, S. 184 Karte: Ausbreitung der muslimischen Herrschaft bis um 750

Ausgehend von der arabischen Halbinsel hatte um 750 der Islam in drei großen Expansionswellen auf drei Kontinenten Fuß gefasst: Asien, Afrika und Europa. Im Osten war der Islam bis zum Indus und Hindukusch, im Norden bis zu einer Linie vom heutigen Kirgisistan, über den Aralsee und das Kaspische Meer bis zur Ostgrenze des Byzantinischen Reiches vorgedrungen. Die gesamte südliche Mittelmeerküste von Tarsus im Osten über Alexandria bis Tanger im Westen und der größte Teil der Iberischen Halbinsel waren nun islamisch beherrscht. Das Kalifat unter der Dynastie der Abbasiden hatte nach 750 mit der beträchtlichen Ausdehnung, seinem politischen Gewicht und den bedeutenden kulturellen Leistungen seinen Höhepunkt erreicht. Auf dieser Machtbasis wurden weitere Kriegszüge in Richtung Frankenreich, Italien, Mittelmeerinseln, des byzantinischen Kerngebietes und des zentralasiatischen Raumes unternommen. Damit kamen zunehmend nichtarabische Stämme und Völker unter die Herrschaft der Kalifen und wurden islamisch geprägt.

Arbeitsbereich I: Die Kreuzzüge

M3, S. 185f. Kreuzzugsaufruf Papst Urbans II., 1095

Zur Quelle: Die Aufzeichnung des Benediktinermönchs Robert von Reims entstand zwölf Jahre nach dem Papstauftritt auf der Synode von Clermont-Ferrand von 1095. Von diesem Kreuzzugsaufruf existieren mehreren Versionen von verschiedenen Verfassern. Der vorliegende Textauszug ist deutlich dreigeteilt:

- Im ersten Teil (Zeilen 9–38) beschreibt der Papst nach der lobenden Benennung der Zuhörerschaft eindrucksvoll die tödlichen Bedrohungen für die Christenheit durch ein „gottfernes Volk".
- Im zweiten Teil (Zeilen 39–57) appelliert Urban II. an Heldenmut und Kampftradition und ruft in Form einer rhetorischen Frage zum Krieg gegen Heiden und zur Befreiung des Heiligen Grabes auf.
- Im dritten Teil (Zeilen 58–86) stellt der Papst die schwierige ökonomische Lage in der Heimat den zu gewinnenden Reichtümern im Heiligen Land gegenüber und fordert dazu auf, die inneren Fehden durch den gemeinsamen Kampf gegen die Gottlosen zu überwinden. Durch die Eroberung Jerusalems winke allen Kämpfern Ruhm und Vergebung der Sünden.

Robert von Reims lobt ausdrücklich die Überzeugungskraft der Rede Urbans II. und hebt die mobilisierende Wirkung auf die Zuhörer hervor.

Zum Hintergrund: Neben der Bedrohung des Byzantischen Reiches durch die Seldschuken und den entsprechenden Hilfegesuchen des byzantinischen Kaisers Alexios I. Komnenos bestimmten die Folgen des Investiturstreits das politische Handeln von Urban II. Als Papst bekannte er sich stets zu Gregor VII. und verhalf dessen Reformprogramm zum historischen Durchbruch. Er konnte den im Investiturstreit von Kaiser Heinrich IV. eingesetzten Gegenpapst Clemens III. seit 1093 entscheidend zurückdrängen und sich ab 1095 als rechtmäßiger Papst durchsetzen. Sein persönliches Auftreten in Italien und auf seiner Frankreichreise (1095/96) stärkte die päpstliche Autorität. Die größten Erfolge für den aus dem französischem Chatillon-sur-Marne stammenden Urban II. zeigten sich in den romanischen Ländern. Er förderte die Reconquista in Spanien und sein Kreuzzugsaufruf hatte in diesen Ländern zunächst die nachhaltigste Wirkung. In der Byzanzpolitik strebte er weiter die Einheit von Ost- und Westkirche unter päpstlicher Oberhoheit an. Bei Urban II. verbanden sich der Wille zur Byzanzhilfe, die Idee der Reconquista, seine Deutung des Zeitgeschehens und der Aufruf zum Krieg zur Befreiung Jerusalems und aller orientalischen Christen als Tat zur Wiederherstellung der alten Christenheit. Diese Zeitenwende sollte natürlich unter päpstlicher Führung geschehen. Das Ansehen Urbans II. und das Gewicht des Papstes als Haupt der römisch-katholischen Priesterkirche und Gemeinschaft der Laien wurden durch die Kreuzzugspropaganda und die Eigendynamik des ersten Kreuzzuges gestärkt. Gleichzeitig dauerten die Auseinandersetzungen um die Vorherrschaft zwischen Papst und Kaiser, der fürstlichen Opposition gegen die kaiserliche Macht im Reich und die innerkirchlichen Reformbestrebungen an und überlagerten sich mit der Kreuzzugsbewegung.

M4, S. 186 Karte: Europa und der Nahe Osten im Zeitalter der Kreuzzüge, Ende 12. Jh.

Die Karte veranschaulicht einige Aspekte aus der Zeit der Kreuzzüge bis etwa 1200. Dabei werden die Ausgangsräume, Wege und Herrschaftsgründungen der Kreuzfahrer hervorgehoben. Die Pogrome gegen Juden konzentrierten sich entlang des Rheins und seiner Nebenflüsse. Die Rheinroute war der wichtigste Landweg für die Teilnehmer des 1. Kreuzzuges. Ihr Marsch führte sie weiter die Donau abwärts bis Belgrad und dann über den südöstlichen Balkan nach Konstantinopel. Von dort drangen sie in das Seldschuken-Sultanat vor und gründeten nach verlustreichen Kämpfen die „Kreuzfahrerstaaten":

- die Grafschaft Edessa (März 1098),
- das Fürstentum Antiochia (Juni 1098),
- die Grafschaft Tripolis (1102) und
- das Königreich Jerusalem (1099).

Das Königreich *Kleinarmenien,* eine ältere armenische Gründung, nutzte die Auseinandersetzungen zwischen den Mächtegruppen in der Region und arbeitete eng mit den Kreuzfahrern zusammen

Nach häufig wechselnder arabischer und byzantinischer Herrschaft wurde *Zypern* im Mai 1191 von König Richard Löwenherz während seiner Beteiligung am 3. Kreuzzug erobert. Das 1192 errichtete Königreich Zypern wurde zur Drehscheibe für die Pilger-

reisen nach Jerusalem und Rückzugsbasis für König und Adel des Königreichs Jerusalem. Es existierte als lateinische Herrschaft bis 1489.
Die Niederlagen der Kreuzfahrer 1187 und der Fall Jerusalems waren das Signal für den *3. Kreuzzug.* Über den Seeweg erreichten der englische König Richard Löwenherz und der französische König Philipp II. August das Königreich Jerusalem und errangen kurzfristige Siege. Auf dem Landweg zog Kaiser Friedrich I. Barbarossa in Richtung Palästina, ertrank aber bereits 1190 im Fluss Saleph in Kleinasien. Trotz anfänglicher militärischer Erfolge brachte der 3. Kreuzzug keine entscheidende Veränderung des Kräfteverhältnisses zugunsten der Kreuzfahrer. Jerusalem blieb in muslimischer Hand.
Ganz im Westen begann auf der *Iberischen Halbinsel* mit der Reconquista ein weiterer Krieg im Zeichen des Kreuzes. Die Rückeroberung der maurischen Teile der Iberischen Halbinsel setzte im 11. Jahrhundert ein. 1037 wurde Santiago de Compostela von den Christen zurückgewonnen und 1085 eroberte Alfonso VI. von Kastilien Toledo. In der Folgezeit wurde das maurische Gebiet im Süden der Halbinsel immer mehr eingeschnürt und 1492 kapitulierte der letzte maurische Herrscher in Granada.

M5, S. 187
Seibt über die Hintergründe der Kreuzzugsbewegung, 1987

Der Historiker Ferdinand Seibt ordnet die Kreuzzugsbewegung in größere historische Zusammenhänge ein und führt dabei Wurzeln und Motive für die Kreuzzüge auf:

- Die von den kluniazensischen Reformen ausgehende Gottesfriedensbewegung war ein Versuch, Gewalt zu kanalisieren. Sie versuchte die Gewalt auf den äußeren, heidnischen Feind zu lenken und durch das Ideal des „christlichen Ritters" eine entsprechende bewaffnete Macht zu formieren.
- Durch die Beteiligung von Armen, Frauen und Kindern an den Kreuzzügen, aus sozialer Zwangslage heraus, entwickelte sich eine mobile Massenbewegung.
- Die Kreuzzugsidee lieferte eine die Stände übergreifende Ideologie und Motivation. Die beteiligten Kreuzfahrer fühlten sich einerseits zu einer auserwählten Gemeinschaft gehörig, andererseits stellte das Ritterideal ein geeignetes „Bindemittel" für die nicht dem Hochadel angehörenden Kreuzfahrer dar.

M6a, S. 187f.
Usama ibn Munqidh über das Leben der „Franken", 12. Jh.

Zum Autor und zum Hintergrund: Usama ibn Munqidh war diplomatisch tätig und kannte persönlich die wichtigsten arabischen und christlichen Entscheidungsträger seiner Zeit. Er reiste als Gesandter des muslimischen Statthalters von Damaskus 1138 zu Bündnisverhandlungen in das Königreich Jerusalem und ein kurzzeitiges Bündnis kam zustande. Im Unterschied zum Umland durften muslimische und jüdische Rückkehrer sich nicht im Stadtgebiet von Jerusalem wieder ansiedeln. Im nun christlich bewohnten Jerusalem hatte König Balduin II. dem Templerorden einen Teil seines Palastes auf dem Tempelberg, die heutige Al-Aqsa-Moschee, überlassen. Die Tempelritter bauten bis 1129 dieses Areal zur Festung und zum Sitz des Ordens aus.
Der zivilisatorische Standard der Franken war in den Augen von Usama ibn Munqidh katastrophal, ihre kriegerischen Leistungen bewunderte er. Später diente er weiteren muslimischen Herrschern und war an der Verteidigung Askalons gegen die Franken beteiligt.
Zur Quelle: Der muslimische Schriftsteller Usama ibn Munqidh differenziert zwischen schon geraume Zeit in Jerusalem lebenden und erst kürzlich eingetroffenen „Franken". Er hebt dabei die Tempelritter (Templer) und die im Land siedelnden Franken als positive Minderheit im ansonsten gespannten Verhältnis der Christen zu den Muslimen hervor. Interessant ist seine Aussage zur Richtung beim Gebet. Als betender Muslim in Jerusalem blickt er nach Süden, in Richtung Mekka. Der „Franke" zwingt ihn zu einer Kopfhaltung in Richtung Osten. Hier wird von Usama ibn Munqidh eine Metapher geschaffen, die das Unverständnis der Mehrheit der „Franken" für die grundsätzlich anderen Lebensverhältnisse der Muslime in Palästina beschreibt.

M6b, S. 188
Niketas Choniates zur Eroberung Konstantinopels 1204 durch die Kreuzfahrer, Anf. 13. Jh.

Zur Quelle: In der Quelle beschreibt Niketas Choniates aus der Perspektive des Betroffenen die Plünderungen und Vergewaltigungen in Konstantinopel nach der Eroberung durch die Kreuzfahrer. Er stellt deren wortbrüchiges und verbrecherisches Tun dem milden Umgang der Muslime nach deren Rück-

eroberung Jerusalems durch Saladin im Oktober 1187 gegenüber.
Zum Autor und zum Hintergrund: Der christlich-orthodoxe Chronist Niketas Choniates war einer der höchsten Beamten im Byzantinischen Kaiserreich. Die Eroberung und Plünderung Konstantinopels durch die Kreuzfahrer 1204 im Rahmen des 3. Kreuzzuges bestimmte seine Haltung zu den Kreuzfahrern. Nach dieser Katastrophe wurde im Zusammenspiel von Venedig und den Initiatoren des Kreuzzuges das sog. Lateinische Kaiserreich errichtet. Das ursprüngliche Kreuzzugsziel, Ägypten, war damit hinfällig. Das Byzantinische Kaiserreich konnte sich von dieser Niederlage nie mehr erholen. Zu den gewaltigen Plünderungen kam ein bisher nicht gekannter Reliquienraub, z. B. gelangten so die bronzene Quadriga der Markuskirche und zahllose andere Kunstschätze von Byzanz nach Venedig. Die Trennung von römisch-katholischer und orthodoxer Kirche war damit endgültig.

Aufgabe 1, S. 188

Siehe Erläuterungen zu M 3.

Aufgabe 2, S. 188

Siehe Erläuterungen zu M 3–M 5.
Methodisch-didaktischer Hinweis: Die Schülerinnen und Schüler sollten auch die sozialökonomischen Wurzeln der Kreuzzugsbewegung in ihre Antworten einbeziehen, z. B. die sich seit Anfang des 11. Jahrhunderts konsolidierende Ständeordnung mit Rittern, Bauern und Stadtbürgern (vgl. besonders Kapitel 4 und 5).
Siehe auch das Tafelbild.

Aufgabe 3, S. 188

Siehe Erläuterungen zu M 6 a und b.
Methodisch-didaktischer Hinweis: Die Schülerinnen und Schüler sollten bei der Beantwortung der Leitfrage „Kreuzzüge und Gewalt" neben den Besonderheiten und der Dimension während der Kreuzzüge die im Mittelalter übliche Praxis von Gewalt und das zeittypische Gewaltverständnis (Strafen, Fehde, Turniere, Konflikte innerhalb und zwischen den Ständen usw.) als Kontext berücksichtigen.

Arbeitsbereich II: Jüdisches Leben im Mittelalter

M 7, S. 189 f. Das Privileg Heinrichs IV. für die Juden von Speyer, 1090

Zur Quelle: Mit diesem Privileg nahm Heinrich IV. nicht mehr nur, wie bisher üblich, einzelne Juden in seinen Schutz. Er sicherte vielmehr den Rechtsstatus der ganzen jüdischen Gemeinde von Speyer und erklärte diese Regelung für sein gesamtes Herrschaftsgebiet für verbindlich. Konkret wurden folgende Festlegungen getroffen:

1. persönlicher Schutz und Sicherheit des Eigentums der Juden,
2. Schadensersatzleistung und Strafzahlungen bei Verstößen gegen die in 1. genannten Gebote,
3. freie Geschäftsführung, Freizügigkeit und Zollfreiheit der Juden im Reich,
4. keine Verpflichtung der Juden zu militärischen Dienstleistungen,
5. keine Zwangstaufen der Juden,
6. bei freiwilligem Übertritt zum Christentum sollten die Juden eine „Wartezeit" durchlaufen und von der Erbfolge in ihrer jüdischen Familie ausgeschlossen werden.

Außerdem werden Zuständigkeiten und Status der Juden bei Rechtsstreitigkeiten innerhalb ihrer Gemeinde und mit Christen, die religiösen Verhältnisse der von Juden abhängigen Unfreien und die Beschäftigungsbedingungen christlicher Bediensteter bei Juden (vgl. Zeilen 49–51 und 67–101) fixiert.
Zum Hintergrund: Heinrich IV. versuchte während seiner Herrschaft die königliche Macht zu stärken und die der Reichsfürsten zu begrenzen. Dabei stützte er sich vor allem auf treu ergebene Berater ministerialer Herkunft und die prosperierenden Städte wie z. B. Speyer und Worms. Bereits auf der Synode 1085 in Mainz wurde unter Mitwirkung des Königs ein Gottesfriede für das gesamte Königreich verkündet. Dieser Friede stellte u. a. die Juden und die Kaufleute unter Schutz. Die Privilegierung der Juden ordnete sich in diese Politik ein und hatte handelspolitische Effekte. 1090 erhielten die jüdischen Gemeinden von Speyer und Worms fast gleichlautende Privilegien mit königlichen Schutzversprechen. Bereits in der Karolinger-Zeit wurden einzelne jüdische Kaufleute in Königsschutz genommen. Es entstanden erste größere Judengemeinden. Gegen be-

stimmte Geldzahlungen konnten diese ihren Glauben praktizieren und für ihre Gemeindemitglieder eigenes Recht sprechen.
Heinrich IV. überließ, wie bei anderen Rechten auch, die konkrete Durchsetzung und Ausgestaltung des Privilegs dem jeweiligen Stadtherrn. Der Bischof von Speyer gewährte „seinen" Juden beispielsweise zusätzlich das Recht, ihren Siedlungsbereich durch eine Mauer zu schützen. Damit schuf er einerseits ein grundlegendes Rechtsverhältnis, das langfristig die Beziehungen zwischen Juden und Christen prägen sollte. Andererseits zeigte sich schon bald nach der Gewährung des Privilegs dessen mangelnde praktische Wirksamkeit. Im Vorfeld des 1. Kreuzzuges kam es 1096 in Frankreich und im westlichen Deutschland (Trier, Mainz, Worms, Speyer, Köln) zu grausamen Judenverfolgungen. Weitere Pogrome folgten in Prag und Regensburg. Der Schutz der Juden durch die vom König beauftragten Bischöfe wurde nur in Speyer halbwegs durchgesetzt. Heinrich IV. war zu dieser Zeit durch die Auseinandersetzung mit dem Papst und der fürstlichen Opposition in Italien gebunden und konnte nicht direkt eingreifen.
Das Wormser Privileg wurde 1236 durch Kaiser Friedrich II. auf alle Juden in Deutschland ausgeweitet. In der Goldenen Bulle von 1356 ging dieses königliche Recht weitgehend auf die Kurfürsten über und wurde von diesen unterschiedlich praktiziert. Der königliche Judenschutz blieb im Wesentlichen auf die Juden in den Reichsstädten beschränkt.

M8, S. 189
Karte: Verbreitung jüdischer Siedlungsgebiete 100–1400

Die Karte zeigt die jüdische Diaspora seit der römischen Antike. Nach der Zerstörung des Tempels in Jerusalem im Jahr 70 n. Chr. – während des ersten großen römisch-jüdischen Krieges – folgten bis 135 n. Chr. zwei weitere jüdische Aufstände gegen Rom. Nach der jüdischen Niederlage wurden die Reste des jüdischen Siedlungsgebietes in Palästina zerstört und die Bevölkerung vertrieben. Die Karte zeigt die beiden Hauptrichtungen der Diaspora. Die vertriebenen Juden siedelten sich zunächst (um 100) im östlichen Mittelmeerraum, später (um 300) im gesamten Gebiet des Römischen Reiches an. Dabei waren städtische Siedlungen die vorrangigen Ziele. Neben dieser westlichen Siedlungsbewegung gab es eine Diaspora in Richtung des Zweistromlandes. Begünstigt wurde diese Bewegung in Richtung Osten durch die jüdischen Sympathien und Unterstützung für die Perser in der römisch-persischen Auseinandersetzung. Mit den Kreuzzügen und den damit einhergehenden Judenpogromen folgten neue Vertreibungswellen. Seit etwa 1100 siedelten sich Juden großräumig in Osteuropa in einen Raum zwischen Weichsel und Dnepr an. Die Herrscher im damaligen Polen und im Großfürstentum Litauen, das weite Teile Weißrusslands, der Ukraine und Westrusslands umfasste, boten zu dieser Zeit Juden Schutz und Privilegien an. Sicherlich haben auch die Chasaren – ein nördlich des Schwarzen Meeres ansässiges Turkvolk, das um 800 zum Judentum übergetreten ist – die Wanderung der Juden in Richtung Osteuropa beeinflusst.

M9, S. 190
Illustrationen aus dem Sachsenspiegel (1220–1235), 1295–1365

Zu den Bildern: Das *obere Bild* verknüpft zwei zeitlich aufeinander folgende Situationen. Ganz links wird ein Jude, erkennbar am Judenhut, von einem Christen in roter Kleidung mit dem Schwert ermordet. In der rechten Bildhälfte ist dieser Mörder, jetzt in einem blauen Gewand, vom ganz rechts sitzenden Grafen (oder König?) bereits verurteilt. Der Henker hat mit dem Richtschwert den am Boden liegenden Verurteilten den Kopf abgeschlagen.
Das *untere Bild* stellt die Überführung und Bestrafung eines Juden wegen Hehlerei dar. Auch hier werden zwei Episoden in einem Bild zusammengefasst. Ganz links wird ein Jude (mit Judenhut) von einem Henker (mit einem Seil in der Hand) gehängt. Die Drei-Personen-Gruppe in der rechten Bildhälfte steht für die Ereignisse vor der Hinrichtung. Der ganz rechts sitzende Graf (oder König?) hat den Juden wegen Besitz eines Kelches und eines Buches verurteilt. Die beiden Gegenstände, sie sind zwischen dem Grafen und dem Kläger platziert, sind unklarer Herkunft. Der angeklagte Jude (Bildmitte) kann keine Zeugen für den rechtmäßigen Erwerb der Gegenstände benennen.
Zum Hintergrund: Beide Bilder illustrieren einen Textabschnitt aus dem Teil Landrecht des Sachsenspiegels. Im 3. Buch, Kapitel VII, wird praktiziertes Recht unter der Überschrift „Von des Juden Rechte" wiedergegeben. Der Frankfurter Historiker und Geschichtsdidaktiker Wolfgang Geiger schreibt dazu auf seiner Website: „Es handelt sich dabei jedoch um weit mehr als nur das sächsische Landrecht, da

darin auch Elemente des königlichen Rechts niedergelegt sind, darunter auch das die Juden betreffende Recht. Die diesbezüglichen Bestimmungen beschränken sich auf die wichtigsten Aspekte des Umgangs zwischen Juden und Christen aus christlicher Sicht [...]. Es wäre somit falsch, aus der Thematisierung der Pfandleihe zu schließen, wie es oft geschieht, dass dies die einzige Tätigkeit gewesen wäre, der die Juden nachgegangen sind. Vielmehr ergab sich aus den möglichen Problemen im Zusammenhang mit der Pfandleihe (Problem der Hehlerware) ein juristischer Konfliktstoff zwischen zwei ansonsten getrennten Rechtsbereichen, da Juden und Christen unter sich nach eigenem Recht lebten.

[...] Der Text [des Sachsenspiegels] spiegelt weitgehend die Situation des 12. Jahrhunderts wider und bezieht damals aktuelle Veränderungen nicht mit ein. Im Hinblick auf die Rechtsstellung der Juden beinhaltet der Text daher deren Status vor den großen Veränderungen des 13. Jahrhunderts. Die Illustrationen stammen aus der späteren Heidelberger Handschrift des 14. Jahrhunderts." *(Zit. nach: www.historia-interculturalis.de/historia_interculturalis/Fenestra.htm; 20. Februar 2008)*

Siehe auch Zusatzmaterial ZM 9.1.

M 10, S. 191
Judenverfolgungen in Deutschland 1096–1350

Zu größeren Judenverfolgungen kam es im Laufe des Mittelalters erst seit dem Hochmittelalter. Eine entscheidende Rolle spielten dabei die Kreuzzüge, die in Europa das Aufkommen eines fanatischen Antijudaismus beförderten, der das im Frühmittelalter weitgehend ungestörte jüdische Leben in christlicher Umwelt beendete (vgl. Darstellung im Schülerband, S. 182 f.).

In den deutschen Reichsgebieten konzentrierten sich die schlimmsten Judenverfolgungen des Hoch- und Spätmittelalters auf drei Zeiträume:

1) Im Kontext des 1. Kreuzzuges 1096.
2) Zwischen 1275 und 1300: Im Gefolge der auf dem 4. Laterankonzil 1215 von Papst Innozenz III. verkündeten antijüdischen Ausgrenzungsmaßnahmen, z. B. müssen Juden sich durch ihre Kleidung (meist mit einem gelben Fleck versehen) in der Öffentlichkeit kenntlich machen, entstand eine latent antijüdische Stimmung. Wegen angeblicher Hostienschändung kam es um 1298 in ganz Franken, besonders aber in den Städten Nürnberg, Bamberg, Rothenburg ob der Tauber und Würzburg zu blutigen Verfolgungen der Juden. Als „Rintfleisch-Pogrom" gingen diese Geschehnisse in die Geschichte ein.
3) Zwischen 1325 und 1350: Mit dem Ausbruch der Großen Pest ab 1348 in ganz Europa wurden die Juden als vermeintliche Urheber für das Massensterben verantwortlich gemacht und der Brunnenvergiftung beschuldigt. Beim Judenpogrom in Straßburg vom Februar 1349 wurden unter diesem Vorwand mehr als 2000 Juden ermordet. Dabei verknüpften sich verschiedene Motive. Die jüdischen Gläubiger zu ermorden und damit schuldenfrei zu werden, war sicher ein wesentliches Motiv.

M 11 a, S. 191
Bericht von Ephraim bar Jacob, um 1150

Zur Quelle: Der aus Bonn stammende jüdische Chronist Ephraim bar Jacob beschreibt im vorliegenden Quellenauszug die bedrohliche Lage der jüdischen Gemeinde von Köln 1146. Der Text entstand vier Jahre nach den Ereignissen. Neben dem Schutz, den einzelne Gemeindemitglieder bei Christen finden, stellt er den Erwerb der Festung Wolkenburg von Erzbischof Arnold I. von Köln in den Mittelpunkt: Gegen Verpfändung ihres Lebens und ihres Eigentums verfügt die jüdische Gemeinde von Köln nun über einen gemeinsamen und wirkungsvollen Schutzraum für ihre Mitglieder. Dieses Ereignis hat psychologische Auswirkungen auf Juden außerhalb Kölns und auch auf ihre christlichen Peiniger.

Zum Hintergrund: Die Geschehnisse um den Erwerb der Festung Wolkenburg (südlich von Köln im Siebengebirge) durch die Kölner Juden ist in folgende Zusammenhänge einzuordnen:

- Papst Eugen III. hatte am 1. Dezember 1145 zum 2. Kreuzzug aufgerufen. Im Rheinland propagierte der nicht autorisierte Zisterziensermönch Radulf den Kreuzzug und hetzte dabei auch gegen die Juden. Es kam zu Zwangstaufen und zahlreiche Juden wurden ermordet. Bernhard von Clairvaux traf im September 1146 mit Radulf zusammen und verbot ihm weitere Predigten. Auch die Geldleihe gegen Zinsen durch Juden verteidigte Bernhard bei dieser Begegnung ausdrücklich.
- Erzbischof Arnold I. von Köln unterstützte die Wahl Konrads III. zum deutschen König und stand

Zusatzmaterial ZM 9.1	**Der „Sachsenspiegel" über Rechte der Juden**

Auszug aus dem „Sachsenspiegel", Teil Landrecht, 3. Buch, Kapitel VII, über Rechte der Juden (1220–1235)

Der Jude braucht des Christen Gewährsmann nicht sein, es sei denn, er wolle sich an Stelle des Christen verantworten. Erschlägt ein Jude einen Christen oder begeht er gegen ihn eine Gewalttat, bei der er ergriffen wird, so richtet man über ihn wie über einen Christen. Erschlägt ferner ein Christ einen Juden, so richtet man ihn, weil er den Königsfrieden an ihm gebrochen hat. Diesen Frieden erwirkte ein Jude, der Josephus hieß, bei König Vespasian, als er dessen Sohn Titus von der Gicht heilte. Kauft ein Jude oder nimmt er zum Pfand Kelche, Bücher oder Gewänder, für die er keinen Gewährsmann hat, und findet man diese in seinem Besitz, so richtet man über ihn wie über einen Dieb. Was er [der Jude] an anderen Sachen unverhohlen und unverstohlen bei Tageslicht und nicht in einem verschlossenen Haus kauft, kann er es selbdritt mit einem Eid bezeugen, und er behält die Pfennige daran, die er dafür gab oder darauf lieh mit seinem Eide, obwohl es [das Gut] gestohlen ist. Fehlt ihm aber das Zeugnis, so verliert er seine Pfennige.

Zit. nach: www.sachsenspiegel-online.de/cms/meteor/toc.html (15. Januar 2008).

auf der Seite der Staufer in deren Auseinandersetzung mit den Welfen. Er rief Bernhard von Clairvaux um Hilfe gegen das Auftreten des Mönches Radulf im Rheinland. Seine Motive für die Unterstützung der Kölner Juden waren sicherlich finanzieller Natur.
- Die Auseinandersetzungen der Kölner Stadtgemeinde mit den Bischöfen um das Stadtregiment bestimmte seit 1074 latent – bisweilen auch akut – die Politik in der Stadt.

M 11 b, S. 191
Auszug aus dem Werk von Eleasar ben Juda (um 1200)

Zur Quelle: Der jüdische Rabbiner Eleasar ben Juda geht im vorliegenden Quellenauszug nicht auf konkrete Ereignisse der Judenverfolgung ein und erwähnt auch nicht die Ermordung seiner Frau und seiner beiden Kinder durch Kreuzfahrer 1196 in Worms. Er formuliert und empfiehlt den Juden ein demutsvolles, Gott ergebenes Verhalten und Festigkeit im Glauben, auch im Angesicht des Todes. Damit bezieht er indirekt Stellung gegen die bei Judenverfolgungen praktizierten Zwangstaufen.
Zum Autor und zum Hintergrund: Eleasar ben Juda war einer der großen jüdischen Gelehrten seiner Zeit. Bereits als Jugendlicher wurde er in die Kabbalah eingeweiht und verbreitete als erster aschkenasischer Rabbi diese Lehre über seine Schriften an einen größeren Personenkreis. Als jüdischer Mystiker verfasste er weitere zahlreiche Texte. Er stand der jüdischen Gemeinde von Worms vor und leitete deren berühmte Akademie. Die jüdische Gemeinde von Worms zählte zu den größten und bedeutendsten im Reich. Seit dem 11. Jahrhundert wurden auf dem Judenfriedhof in Worms Juden aus der ganzen Region begraben, darunter auch berühmte Gelehrte. Später entwickelte sich diese Begräbnisstätte zu einem regelrechten jüdischen Wallfahrtsort. Mit den jüdischen Gemeinden von Mainz und Speyer schlossen Vertreter von Worms einen Gemeindebund und formulierten gemeinsame Verordnungen, die überregionale Bedeutung für das jüdische Leben erlangten.

M 11 c, S. 192 f.
Der Chronist Matthias von Neuenburg über Judenverfolgungen 1348/49

Zur Quelle: Der Chronist Matthias von Neuenburg beschreibt Judenverfolgungen im Gefolge der Ausbreitung der Pest im Elsass und im Oberrheingebiet. Die „üblichen" Beschuldigungen gegen die Juden – Brunnenvergiftung, Giftmischerei, Morde an christlichen Knaben, Münzfälschungen usw. (Zeilen 3–4, 9, 73–77 u. a.) – heizen die Pogromstimmung an. Die Ausbreitung der Verfolgungen und die massenhaften Morde – vor allem die Verbrennungen – im gesamten Rhein-Main-Gebiet und im Elsass werden vom Chronisten einerseits mit der aufgebrachten „Stimmung" des Volkes (Zeilen 24–29, 47–51,

Notizen

59–64 u.a.) und andererseits mit den Abstimmungen zwischen den Städten, dem Landadel und dem Bischof (Zeilen 10–12, 35–38) begründet. Dabei beschreibt er auch Differenzen zwischen den Judenfeinden und den auf Schutz und Erhalt der jüdischen Gemeinde gesinnten Kräften. Außerdem deutet er ein entscheidendes Motiv der Morde an, die Beseitigung von Gläubigern durch ihre Schuldner (Zeilen 65–68). Schließlich finden sich noch Hinweise auf die massenhafte Selbsttötung von Juden, aber auch auf ihre vereinzelte Gegenwehr, die Verfolgung getaufter Juden und die Verschärfung der Pogromstimmung durch das Auftreten der Geißler (Flagellanten).

Zum Autor und zum Hintergrund: Matthias von Neuenburg stammte aus einer Patrizierfamilie. Er studierte kanonisches Recht und war zunächst in Basel, später für den Bischof von Straßburg als Rechtsberater und Gesandter tätig. Seine Chronik ist eine wichtige Quelle für das Oberrheingebiet in der Zeit von 1245 bis 1350, ab 1328 vor allem für Straßburg. In den Straßburger Judenmorden überschnitten sich mehrere historische Entwicklungen: Die durch den Pestausbruch aufgeheizte Stimmung traf in Straßburg auf eine spezifische innerstädtische Konfliktlage. Der patrizisch beherrschte Rat wurde von den Zünften und dem elsässischem Adel in seiner Macht bedroht und zur Aufgabe seiner Judenschutzpolitik gedrängt. Durch gut geplante Aktionen sollten Änderungen im Stadtregiment und Schuldenbefreiung durch Ermordung der jüdischen Gläubiger als Hauptziel erreicht werden. Dazu wurde das Feindbild der außerhalb der christlichen und städtischen Gemeinde stehenden Juden gebraucht und mit tödlichem Hass aufgeladen. Im Nachhinein versuchten der neue Rat und andere städtische Führungskräfte das Morden durch die Behauptung, die Juden seien rechtmäßig verurteilt, zu legalisieren. Außerdem war man bemüht, die eigene Mitschuld durch den Verweis auf das „ungezügelte Volk" zu verschleiern.

Aufgabe 6 a und b, S. 193

Siehe Erläuterungen zu M 8.

Aufgabe 7 a, b und c, S. 193

Siehe Erläuterungen zu M 1, M 7, M 9 und Zusatzmaterial ZM 9.1.

Aufgabe 8 a und b, S. 193

Siehe Erläuterungen zu M 10 und M 11 a–c.

Arbeitsbereich III: Maurische Herrschaft in Spanien

M 12, S. 193 f. Bassam Tibi über Religion und Krieg während der islamischen Expansion im Mittelalter, 1998

Der Politikwissenschaftler Bassam Tibi geht in seiner Darstellung von der Etablierung des Islams in einer feindlichen tribalistischen Umwelt nach 622 n. Chr. in Medina aus. Aus diesen Anfängen werden von ihm das Verhältnis zu Krieg und Frieden, die Mission und der universelle Vorherrschaftsanspruch des Islams abgeleitet. Bestimmte Ehrauffassungen und Moralvorstellungen im Koran werden von Tibi auf vorislamische tribalistische Wurzeln zurückgeführt.

Methodisch-didaktischer Hinweis: Die Schülerinnen und Schüler könnten den Text durch die Erläuterung der nachfolgenden Begriffe selbstständig erschließen (in Klammern die Erläuterungen Tibis).

Erläuterung zentraler Begriff im Text von Tibi (1998)

Zeile 6:	umma	(Gemeinschaft aller Muslime)
Zeilen 22, 59:	dschihad	(heftiger Kampf)
Zeile 29:	da'wa	(islamische Mission)
Zeilen 36, 53:	harb	(Krieg)
Zeile 43:	dschiziya	(Kopfsteuer)
Zeile 52:	salam	(Frieden)
Zeile 63:	futuhat	(Eroberungen)
Zeile 82:	muru'a	(Mannesehre)

TAFELANSCHRIEB

M 13, S. 194
Karte: Islamische Herrschaft in Spanien vom 12. bis 15. Jh.

Die Karte zeigt die von 1147 bis 1492 in drei Phasen verlaufende Zurückdrängung der islamischen Herrschaft auf der Iberischen Halbinsel durch die christlichen Herrscher. Dabei gab es Phasen islamischer Stabilisierung und Offensiven mit mehreren Schlachten. Zwei bedeutende Schlachten werden in der Karte hervorgehoben: 1184 islamischer Sieg bei Santarém und 1212 christlicher Sieg bei Las Navas de Tolosa. In dieser letztgenannten Schlacht siegen die zahlenmäßig unterlegenen Heere Kastiliens, Aragóns und Navarras über die Truppen des Kalifen Muhammad al-Nasir und leiten damit das Ende der Almohaden-Macht ein. Sevilla war von 712 bis 1248 Herrschersitz mehrerer Kalifendynastien und wirtschaftliches und kulturelles Zentrum des maurischen Spaniens. Nach der Vertreibung der Almohaden wird Granada 1238 Hauptstadt des Nasriden-Sultanats. Mit dem Fall Granadas 1492 endet die islamische Herrschaft auf der Iberischen Halbinsel.
Nicht aus der Karte zu entnehmen ist das Vordringen der Muslime im 8. Jahrhundert (711: Landung der Araber in Südspanien) bis etwa zu einer Linie von Santiago im Westen bis Barcelona im Osten. Nach dem Zurückweichen der Muslime existierte bis zur Mitte des 11. Jahrhunderts ein großes, weitgehend zerstörtes und entvölkertes „Niemandsland" nördlich und südlich des Duero. Hier begann die christliche Wiederbesiedlung (span. *repoblación*).

M 14a, S. 194f.
Abdallah ibn al-Khatib über die islamische Herrschaft, 1372/74

Zur Quelle: Fast 300 Jahre nach den Einnahme von Santiago durch die Truppen al-Mansurs entsteht dieser Text des arabischen Gelehrten Abdallah ibn al-Khatib. Er beschreibt die Eroberung und vollständige Plünderung Santiagos 997 und geht detailliert auf den besonderen Charakter dieses Wallfahrtsortes ein. Nach Aussage von ibn al-Khatib wird das Grab des Heiligen Jakob auf Befehl al-Mansurs geschützt und bleibt erhalten. Dessen Großmut und religiöse Toleranz werden so wirkungsvoll hervorgehoben, ebenso wie die dem König von Navarra diktierten Friedensbedingungen.
Zum Hintergrund und zum Autor: Santiago gehört nach Rom und Jerusalem zu den bedeutendsten christlichen Wallfahrtsorten. Hier soll der Apostel Jakob begraben sein. Damit hatte der Ort mit seiner nordwestlichen Randlage kaum strategische, dafür aber große symbolische Bedeutung. Al-Mansur ließ nach seiner Eroberung Santiagos christliche Bewohner die Glocken zu Fuß nach Córdoba tragen. Dauerhaft wurde der Wallfahrtsort aber nicht besetzt. Al-Mansur war der bedeutendste Herrscher (977–1002) und Militärführer des Kalifats von Córdoba. Selbst die christlichen Könige suchten Bündnisse mit ihm. Er heiratete die Tochter des Königs von Navarra. Während seiner Herrschaft war das Kalifat äußerlich so mächtig und geeint wie nie zuvor, im Inneren begannen aber Zerfallsprozesse.
Zu Lebzeiten des Abdallah ibn al-Khatib hatten sich die Verhältnisse für Muslime und Christen radikal geändert. Der Islam war auf das kleine Gebiet der Nasriden um Granada zurückgedrängt. Die Nasriden waren nun Vasallen des Königs von Kastilien und ihre Herrschaft war im Inneren und Äußeren ständig bedroht. Nur unter Muhammad V. (1362–1391) gab es eine fast dreißigjährige Friedenszeit. In diesen Jahren war der Dichter, Historiker, Philosoph und Politiker Abdallah ibn al-Khatib Wesir am Hof Muhammads V. in Granada. Einige seiner Gedichte zieren bis heute die Wände der Alhambra in Granada.

M 14b, S. 195f.
Friedensvertrag zwischen Muhammad II. und Jakob II., 1296

Zur Quelle: Dieser Friedensvertrag schreibt einen „dauerhaften Frieden" zwischen dem Nasriden-Herrscher Muhammad II. von Granada und dem König Jakob II. von Aragón fest. Auch die Unterstützung von Feinden der jeweils anderen Vertragsseite

Notizen

sollte ausgeschlossen sein. Weiterhin wird der freie und ungehinderte Handel für beide Seiten vereinbart. Den christlichen Untertanen König Jakobs II. wird die Einrichtung von Konsulaten in Orten mit Zollstation in Granada erlaubt.
Zum Hintergrund: Das Nasridenreich war ständig von der Übermacht der christlichen Könige von Kastilien und Aragón sowie inneren arabisch-islamischen Auseinandersetzungen bedroht. Nur durch diplomatisches Geschick, eine lavierende Bündnispolitik und beträchtliche Tributzahlungen konnte es überleben, wenn auch immer wieder mit Gebietsverlusten. Trotzdem gab es in diesem relativ schwachen politischen Gebilde eine späte Blüte islamischer Kunst und Wissenschaft.
Die in der Quelle zum Ausdruck gebrachte Gleichwertigkeit der beiden Vertragsseiten war in der Realität so nicht vorhanden.

M 14 c, S. 196 f. Rodrigo Jimenez de Rada, „Geschichte der Araber", 1243

Zur Quelle: Im Gegensatz zu dem stark ideologisch gefärbten Einstieg, der eine Verteufelung und Dämonisierung der Araber, Mohammeds und des Islams propagiert, folgen im Anschluss daran relativ sachliche Darstellungen. In den vier Abschnitten werden Herrscher aus der Zeit des umayyadischen Emirats sachlich, z. T. anerkennend geschildert. 756 zog Abd al Rahman I. siegreich in Córdoba ein, proklamierte sich selbst zum Emir und unterstellte sich nominell den abbasidischen Kalifen von Bagdad. Mit ihm erhielt die islamische Herrschaft auf der Iberischen Halbinsel dauerhafte Formen, die Basis für den wirtschaftlichen und kulturellen Aufschwung wurde geschaffen. Die Nachfolger Hischam I. und Hakam I. regierten von 788 bis 822 n. Chr.
Zum Autor: Rodrigo Jimenez de Rada war Erzbischof von Toledo und verfasste im Auftrag Ferdinands III., König von Kastilien und Leon eine Geschichte der Iberischen Halbinsel *(De rebus Hispaniae)* in lateinischer Sprache. Ein Teil beschäftigt sich mit den Arabern (Mauren) in Spanien. Bereits um 1150 war in Toledo, an der Nahtstelle von Christentum, Islam und Judentum, eine internationale Übersetzerschule entstanden, die Wissen bewahrte, bündelte und verbreitete. 1210 gab der Erzbischof Rodrigo Jimenez de Rada eine lateinische Übersetzung des Korans in Auftrag. Damit sollte die geistige Auseindersetzung mit dem Islam vorangebracht werden.

M 15, S. 196 Elfenbeinkästchen, 1004

Das Medaillon auf der Vorderseite zeigt den Sohn al-Mansurs, Abd al-Malik, als Glaubenskämpfer, der die Feinde des Islams abwehrt. „Der älteste Sohn al-Mansurs hatte sich schon zu dessen Lebzeiten als Heerführer und Großwesir bewährt. 1002 folgte er al-Mansur als Reichsverweser und führte erneut Kriege gegen die Christen im Norden Spaniens. Seinem plötzlichen Tod im Oktober 1008 folgten der Zusammenbruch des Kalifenreiches in Spanien sowie verheerende Bürgerkriege, in deren Verlauf 1013 auch Córdoba und die Palaststadt Medina az-Zahra geplündert und weitgehend zerstört wurden." *(Markus Hattstein/Peter Delius (Hg.), Islam. Kunst und Architektur, Köln [Könemann] 2000, S. 217.)* Das Relief des Kästchens ist reich verziert und demonstriert die Macht der muslimischen Herrscher:

- Krieger auf Elefanten und Pferden kämpfend (in den Medaillons auf dem Deckel und an den Seitenwänden rechts und links);
- Abd al-Malik im mittleren Medaillon als Löwenkämpfer (d. h. als Bezwinger der Feinde des Islams); das Motiv variiert das von spätantiken Sarkophagen bekannte Bildthema „Daniel in der Löwengrube", das auf die Unverletzlichkeit des Helden hinweist. Al-Maliks Kleidung, ein kurzes Gewand mit geschnürten Sandalen, ähnelt der Ausstattung eines antiken Helden; in der Hand hält er einen großen Rundschild mit der Inschrift „Segen von Gott, Glück und Wohlergehen";
- Pflanzen- und Tierornamente (Vögel) zwischen den Medaillons auf dem Deckel und an den Seitenwänden; von Tieren belebte Ranken galten nach antiker Tradition als Symbole von Glück und Überfluss;
- ein mit arabischen Schriftzeichen verziertes Schmuckband am unteren Rand des Deckels (zu sehen sind auch die Löcher für die Befestigung der Schlösser oder Riegel).

Auf der Innenseite des Deckels befindet sich die Signatur der Werkstatt: „Faradj mit seinen Schülern".

Aufgabe 10, S. 197

Siehe Erläuterungen zu M 12.

Aufgabe 11 a und b, S. 197

Siehe Erläuterungen zu M 14 a–c und M 15.

Aufgabe 12, S. 197

Siehe Erläuterungen zu M 14 c.

Zusatzmaterial ZM 9.2	**Kulturelle Vielfalt im maurischen Spanien**

Der Historiker Georg Bossong über kulturelle Vielfalt im maurischen Spanien am Beispiel von Übersetzungen, 2007

Als König veranlasste Alfonso el Sabio [= Alfonso X. von Kastilien, der Weise, Reg. 1252–1284] die Übersetzung zahlreicher Werke aus dem Arabischen ins Spanische. Im Unterschied zur Übersetzerschule des 12. Jahrhunderts galt das Interesse des Monarchen nicht der philosophischen Spekulation, sondern den Wissenschaften und dem praktischen Wissen. Besonders faszinierten ihn Astronomie und Astrologie. Er ließ einige Hauptwerke dieser Disziplinen aus dem Arabischen übersetzen; so die *Canones* von al-Battânî aus Harrâin (858–929), des bedeutendsten aller arabischen Astronomen, oder des „Buches vom ebenen Astrolab" *(El libro de la Açafeha)* des 1100 gestorbenen Toledaners Azarquiel [...]; dieses Werk wurde 1255 ein erstes Mal von einem Christen und dann 1277 erneut von einem Mozaraber in Zusammenarbeit mit einem Juden übersetzt – der König selbst hatte diese Neubearbeitung in Auftrag gegeben und stilistisch daran mitgewirkt. Es ist schon ein erstaunliches Bild: Der König eines großen Reiches nimmt aktiven Anteil an der sprachlich-stilistischen Korrektur der Übersetzung eines astronomischen Fachtextes aus dem Arabischen ins Altspanische. Von keinem Reich des mittelalterlichen Europa könnte man sich etwas Ähnliches vorstellen!

Mit seiner Tätigkeit als Mäzen dieser zweiten Übersetzerschule von Toledo hat Alfonso el Sabio die Grundlage für die Entwicklung des Spanischen als universaler Kultursprache geschaffen. Von nun an war es möglich, über alle Gebiete des menschlichen Wissens auf Spanisch zu schreiben, auch über Naturwissenschaften und Mathematik, Gebiete, die bis dahin dem Lateinischen vorbehalten waren. Alfonso el Sabio schuf eine Art Enzyklopädie der Wissenschaften in der Volkssprache seines Königreiches, eine für seine Zeit revolutionäre Neuerung. Mit dieser Wendung hin zum Spanischen machte er das Wissen breiteren Schichten zugänglich; zugleich wurde allerdings die Verbreitung dieses Wissens in Europa behindert, weil die europäische Universalsprache Latein zurückgedrängt wurde.

Nach dem Modell des Arabischen wurden die Wissenschaften in Volkssprache formuliert und dabei ganz neue Ausdrucksmöglichkeiten geschaffen. In diesem Prozess waren die Juden die entscheidenden Mittler, und dies aus zwei Gründen. Zum einen waren sie sprachkundig, sie beherrschten sowohl das Arabische (im Unterschied zu den Christen) als auch das Spanische (im Unterschied zu den Muslimen), was sie zu ihrer Rolle als Übersetzer und Kulturvermittler prädestinierte. Zum anderen hegten sie eine tiefe Abneigung gegen das Lateinische als Sprache der kirchlichen Autorität, die für sie eine lange Erfahrung von Unterdrückung und Verfolgung repräsentierte; so zogen die Juden das Spanische dem Lateinischen vor. Diese Haltung passte zu der Zielsetzung des spanischen Monarchen, der die Volkssprache zu literarischen und wissenschaftlichen Ehren bringen wollte. Das Ergebnis war die Entfaltung des Spanischen als Kultursprache, die in dem geistigen Klima der wechselseitigen Durchdringung und Befruchtung zwischen der islamischen, jüdischen und christlichen Welt ihre Wurzeln hat.

Georg Bossong, Das maurische Spanien, München (C. H. Beck) 2007, S. 78 f.

Arbeitsbereich IV: Zusammenleben der Religionen im Mittelalter

M 16, S. 198 f. Cohen über Kulturkontakte und Kulturkonflikte, 2005

Der amerikanische Historiker Mark R. Cohen vergleicht die Lage der Juden unter islamischer und christlicher Herrschaft. Grundsätzlich sieht er im islamischen Herrschaftsbereich einen geringeren Verfolgungsdruck auf den Juden lastend als in den christlichen Ländern. Damit werden von ihm auch die unterschiedlichen Verhaltens- und Abwehrreaktionen der Juden gegen die Unterdrückungsmechanismen in den jeweiligen Herrschaftsbereichen begründet.

Konkret geht er von der islamischen Rechtsauffassung zu den Dhimmis aus, d.h. zu Angehörigen schriftbesitzender, monotheistischer Religionen, die gegen Steuerzahlung mit eingeschränktem Rechtsstatus und interner Autonomie geduldet sowie von der Obrigkeit geschützt werden. (Dieser Dhimmi-Status galt für Juden und Christen im islamischen Bereich.) In den Bereichen Wirtschaft, besonders Handel, staatliche Verwaltung und Medizin beschreibt Cohen die relativ großen Entfaltungsmöglichkeiten für Juden in islamischen Ländern. Die zuweilen dabei auftretenden Restriktionen erreichen aber nicht das Ausmaß der Ausgrenzung und Verfolgung im mittelalterlichen christlichen Europa. Hier werden alle Lebensbereiche der Juden, besonders seit dem 12. Jahrhundert, zunehmend eingeschränkt und Pogromwellen überziehen die Länder (vgl. im Schülerband, S. 182 f. und 191).

Interessant ist die von Cohen im Zusammenhang mit ärztlichen Tätigkeiten erwähnte Bewahrung des medizinischen Erbes der Antike, der interkulturelle Austausch dabei und die damit einhergehenden Leistungen jüdischer und islamischer Ärzte (Zeilen 79–109).

Notizen

Aufgabe 13 a und b, S. 199

Siehe Erläuterungen zu M 16 und Zusatzmaterial ZM 9.2.

Aufgabe 14, S. 199

Methodisch-didaktischer Hinweis: Der folgende Tafelanschrieb kann als Diskussionsimpuls eingesetzt und im Unterricht durch weitere Thesen und Beispiele ergänzt werden, die die Schülerinnen und Schüler ausgehend von den Darstellungen und Materialien dieses Abschnitts anführen können. Gleichzeitig sollte im Unterrichtsgespräch auch auf Zeiten der Integration hingewiesen werden (Frühmittelalter).

TAFELANSCHRIEB

Aspekte der Verfolgung von Juden durch Christen im Hochmittelalter

Ursachen, Auslöser, Kontexte	– z. B. Predigten des Mönchs Radulf im Vorfeld des 2. Kreuzzuges – …
Das Handeln von Institutionen: a) römisch-katholische Kirche b) der Kaiser und die Reichsfürsten	– z. B. Festlegungen des 4. Laterankonzils 1215 – … – z. B. königliche Judenprivilegien und ihre Wirksamkeit – …
Vorurteile, Feindbilder	– z. B. Pestausbruch durch „Brunnenvergiftung" – …
Wirtschaftliche Interessen	– z. B. christliche Schuldner, die sich durch Mord an den Gläubigern von einer Schuld befreien wollten – …

Zusatzmaterial ZM 9.3	**Judentum, Christentum und Islam im Mittelalter**

Der Historiker Michael Borgolte über die monotheistischen Religionen im europäischen Mittelalter (2006)

Auf dem Boden des mittelalterlichen Europa siedelten Christen und Muslime deutlich voneinander getrennt in größeren Regionen, während sie sonst untereinander und mit den Juden vermischt in multireligiösen Gesellschaften lebten. Jüdische Minderheiten gab es auch, wo sonst nur Christen wohnten. Europa war also keineswegs mit der Verbreitung der lateinischen Sprache, dem Abendland oder dem Bereich der Papstkirche identisch. Es war ein Raum, in dem sich, verglichen mit der Vorgeschichte und den anderen Teilen der gleichzeitigen Welt, in einzigartiger Weise der Monotheismus durchgesetzt hatte: der Glaube an den einen Schöpfer und universal herrschenden Gott, freilich ausgeprägt in drei Religionen, von denen eine – das Christentum – noch in zwei Observanzen[1] zerfallen ist, die griechisch-slawische Orthodoxie und den römischen Katholizismus. Der Sieg des Monotheismus über Vielgötterei und Mythos war nie vollkommen, doch er unterschied Europa von der vorchristlichen Antike ebenso wie von der Pluralität des Fernen Ostens. [...]

Wenn nur ein Gott die Welt lenkt, aber verschiedene Religionen von ihm erzählen, dann sind Konflikte unvermeidlich. Im Unterschied zum Polytheismus und zur Weitergabe des Mythos tendieren die monotheistischen Religionen zum Bekenntnis und zum Dogma, damit zur prinzipiellen Abgrenzung von den anderen, ja zum Kampf; sie bieten aber auch ein weites Dach zur Integration. [...] So konnte der Partikularismus[2] der Stammesgesellschaften überwunden und der Übergang zum Staat erreicht werden, weil der eine Gott an die Stelle der vielen Gottheiten trat.

Michael Borgolte, Christen, Juden, Muselmanen. Die Erben der Antike und der Aufstieg des Abendlandes 300 bis 1400 n. Chr., München (Siedler) 2006, S. 9–11.

1 Observanzen: Ausprägungen
2 Partikularismus: Bestreben zur Durchsetzung von Sonderinteressen

Zum Begriff der Verfolgungsgesellschaft, wie er in M16, Zeile 142 verwendet wird, könnte in einer Diskussion angemerkt werden, dass der Begriff jeder Gesellschaft, die mehrheitlich dem Christentum anhängt, per se unterstellt, „andere" zu verfolgen. Ob eine von einer Religion geprägte Gesellschaft „andere" verfolgt, hängt immer auch mit politischen, wirtschaftlichen, sozialen oder kulturellen Strukturen und Entwicklungen einer Gesellschaft zusammen.
Als erweiternder und zugleich differenzierender Aspekt könnte von der Lehrkraft an dieser Stelle der Begriff der „monotheistischen Religionen" eingebracht werden, die unter bestimmten Umständen offensichtlich stärker zu Ab- und Ausgrenzungen neigen als andere Religionen. Siehe zu diesem Aspekt das Zusatzmaterial ZM9.3 mit einem Sekundärtext des Historiker Michael Borgolte (der in Auszügen auch in der Darstellung, Schülerband, S. 181, zitiert ist).

Aufgabe 16, S. 199
Methodisch-didaktischer Hinweis: Die Schülerinnen und Schüler können mit dem Hinweis auf die Rolle von Feindbildern bei der realen oder fiktiven Identitätsbildung von Großgruppen zu historischen und aktuellen Vergleichen angeregt werden.

Arbeitsbereich V: Auf der Suche nach religiöser Toleranz: Die Ring-Parabel (Vertiefung)

M17–M19, S. 200 f.
Methodisch-didaktischer Hinweis: Als Vertiefung des Themas „Zusammenleben der Religionen im Mittelalter" kann diese Themensonderseite mit Auszügen aus Boccaccios „Dekameron" und Lessings „Nathan" herangezogen werden. Leitfrage: Ob und ggf. wie ist religiöse Toleranz möglich?
Hintergrundinformationen zu den beiden Autoren und ihren Werken sowie eine Erläuterung des Begriffs „Parabel" bietet der Darstellungstext im Schülerband, S. 200.
Das Lernziel der Diskussion könnte sich an dem in Aufgabe 19 formulierten Zitat orientieren: Es geht nicht um den Besitz einer religiösen Wahrheit, sondern religiöse Wahrheit ist dem Menschen als Aufgabe und Weg gegeben.

Aufgabe 17–19, S. 202
Siehe Erläuterungen zu M17–M19.

Notizen

Arbeitsbereich VI: Religion und Gewalt (Vertiefung)

Methodisch-didaktischer Hinweis: Für die Formulierung einer Leitfrage zum Thema „Religion und Gewalt" sei auf die im Schülerbuch, S. 203 oben, dargelegten grundlegenden Positionen verwiesen, die in der Frage „Sind Religionen gewalttätig?" oder „Ist eine Religion X gewalttätig?" in der Regel angeführt werden.

M 20, S. 203
Papst Urban II. predigt den Kreuzzug, Holzschnitt, 1482

Zum Bild: Der Holzschnitt zeigt Urban II., der von einem Balkon herab predigt. Die Zuhörer sitzen bzw. stehen dicht gedrängt, auch aus den Fenstern der umliegenden Häuser lauschen Menschen aufmerksam den Worten des Papstes. Unter den Zuhörern befinden sich Männer wie Frauen, Geistliche wie weltliche Herrscher. Anderen Quellen zufolge soll die Predigt vom Papst ganz öffentlich im Freien vor den Toren der Stadt gehalten worden sein, da der Kirchenraum nicht groß genug gewesen sei, die Menschenmenge zu fassen. Der genaue Hergang kann nicht mehr rekonstruiert werden. Womöglich waren Gerüchte im Umlauf, dass der Papst etwas Bedeutsames verkünden würde, denkbar ist auch, dass die Rede vorher angekündigt wurde. Angeblich strömten Tausende Neugierige aus diesem Anlass herbei.

Zum Hintergrund: Der Aufruf zum Kreuzzug geschah am 27. November 1095 während des Konzils in Clermont-Ferrand, als Urban auf eine große Zuhörerschaft setzen konnte. Hohe Geistliche aus Italien, Spanien und Frankreich waren anwesend. So fand Urbans Aufruf zunächst in den romanischen Ländern Gehör, wo er großes Ansehen genoss.

Der päpstliche Aufruf zum ersten Kreuzzug sowie die später folgenden Kreuzzugspredigten in Frankreich und Italien sind im Zusammenhang mit der Byzanz-Politik Urbans II. (um 1035–1099) zu sehen. Bereits im Jahr 1089 hatte dieser mit dem Ziel, die lateinische und griechische Kirche zu vereinen, Verhandlungen mit dem oströmischen Kaiser Alexios I. und dem Patriarchen von Konstantinopel, Nikolaos III., aufgenommen. Es wurde keine Einigung erzielt, doch blieben gute Kontakte zwischen beiden Seiten bestehen, sodass Alexios 1095 vor dem Konzil von Piacenza um Hilfe im Kampf gegen die Seldschuken bat.

Die militärische Unterstützung der Ostkirche war das vordergründige Motiv, den Kreuzzug zu predigen. Des Weiteren verband Urban damit sowohl die Idee einer christlichen Rückeroberung muslimisch besetzter Gebiete, wie sie in Südspanien geschah („Reconquista"), sowie – seinen eigenen theologischen Auslegungen gemäß – die Hoffnung auf eine im Geist der Buße zu vollziehende Einigung der Christenheit.

M 21, S. 203
Mohammed beobachtet eine Schlacht gegen „Ungläubige", Miniatur, um 1600

Zum Bild: Die Miniatur zeigt die Anhänger des Propheten im Kampf mit Ungläubigen. Ein konkreter Bezug zu einem speziellen historischen Ereignis ist aus der Buchmalerei nicht zu entnehmen. Vielmehr steht die symbolische Anwesenheit des Propheten Mohammed in den Kämpfen mit den Ungläubigen im Vordergrund. Er ist im Bild auf einem schwarzen Pferd mit Flammen um Kopf und Schultern dargestellt. Sein Gesicht ist im Gegensatz zu den Gesichtern der anderen Personen durch einen weißen Schleier unkenntlich gemacht. Die Krieger des Islams reiten auf Kamelen und Pferden. Sie sind durch ihre weißen Turbane, ihre schwarze bzw. dunkle Kleidung und die orientalischen Krummschwerter von den farbig gestalteten Gegnern zu unterscheiden. Das Bild vermittelt den Eindruck einer für die Krieger des Islams siegreichen Schlacht.

Notizen

Kapitel 10: Krise oder Aufbruch im Spätmittelalter? Pest und Renaissance

Hinweise zur Arbeit mit den Materialien:
Siehe den Kasten im Schülerband, S. 206.

Methodisch-didaktischer Hinweis: Als Einstieg in diese Unterrichtseinheit zum Spätmittelalter und die divergierenden Entwicklungen dieser Epoche können die beiden kontrastierenden Bilder M 1 und M 2 herangezogen werden. Feststellen sollten die Schülerinnen und Schüler im ersten Zugriff:

- (M 1) von Pestpfeilen getroffene, am Boden liegende tote Menschen, um sie herum Heilige: deuten auf eine krisenhafte Zeit hin (im Spätmittelalter);
- (M 2) Maria mit dem neugeborenen Jesuskind, im Hintergrund eine sich öffnende Landschaft: bedeuten Aufbruch, Wandel (Landschaftsmalerei als neues Hintergrundelement in religiösen Gemälden; zuvor war der Hintergrund nur mit Flächenfarbe ausgemalt);
- (M 1 und M 2) beide Bilder haben einen starken Bezug zur Religion/zum Christentum: Hinweis auf im Spätmittelalter weiterhin große Bedeutung der Religion.

M 1, S. 204
Bild des Meisters des Barfüßeraltars, 15. Jh.

Zum Bild: Oben, in der Mitte des Bildes, thront Christus am Himmel, flankiert von zwei Engeln. Er schleudert Pestpfeile auf die Erde. Von den Pfeilen getroffene Kinder und Erwachsene liegen sterbend oder schon tot auf dem Boden. Links im Bild versucht Maria einige wenige Pfeile in ihrem ausgebreiteten Gewand aufzufangen, unterstützt durch zwei betende Jungfrauen. Rechts von den Toten beten der Heilige Franziskus, ein weiterer Mönch und die Heilige Klara zu Christus. Sie bitten ihn um Unterstützung Marias. Das Gebet ist auf dem Spruchband eingeschrieben.
Zum Hintergrund: Der Barfüßeraltar aus dem ersten Drittel des 15. Jahrhunderts befand sich ursprünglich in der Franziskanerkirche in Göttingen. Heute gehört dieser größte Flügelaltar Norddeutschlands zur Sammlung der Niedersächsischen Landesgalerie. Nach umfangreichen Restaurierungsarbeiten 2005 sind die Schäden rechts im Bild beseitigt.
Interessant ist die Rollenzuschreibung im Bild: Christus vollzieht mit den Pestpfeilen ein tödliches irdisches Strafgericht und Maria, unterstützt von Heiligen und Jungfrauen, tritt als Fürsprecherin der Pestopfer auf.
Lösungshilfe für die Bildbeschriftung: siehe Arbeitsblatt zu M 1, S. 204.

M 2, S. 205
van Eyck, Madonna des Kanzlers Rolin, Ölgemälde, 1439

Zum Bild: Auf dem Bild kniet Nicolas Rolin mit zum Gebet gefalteten Händen in einem Gebetsstuhl vor Maria mit dem Jesus-Kind. Jesus zeigt mit seiner rechten Hand segnend auf Rolin, in seiner linken Hand hält er eine dem Reichsapfel nachempfundene Weltkugel mit Kreuz. Über Maria schwebt ein Engel mit einer Krone. Durch eine mit antiken Säulen geschmückte, offene Rückfront fällt der Blick auf eine Landschaft mit einem Fluss, Bergen, Wäldern und einer Brücke, die links vermutlich zu einer Stadt führt. Detailliert und perspektivisch sind das grün bewachsene Flusstal und die Menschen im Hintergrund gestaltet
Zum Hintergrund: Nicolas Rolin (1376–1462) war Kanzler Philipps des Guten, Herzog von Burgund. Als mächtiger und reicher Mann seiner Zeit gab er Jan van Eyck den Auftrag für dieses Gemälde. Heute hängt das Bild im Louvre in Paris. Der Künstler ist einer der berühmtesten altniederländischen Maler. Mit seiner vollendeten Technik und seinem Realismus öffnete er für die flämische Malerei das Fenster zur Renaissance.
Jan van Eyck war wie Nicolas Rolin viele Jahre am Hof Philipps des Guten tätig. Als Maler und – modern formuliert – als Modegestalter und Innenarchitekt zählte er zu den reichen und angesehenen Personen im Umfeld des Herzogs. Dieser vertraute dem Maler auch geheime diplomatische Missionen an.

Arbeitsblatt zu M 1, S. 204

Zur Beschreibung des Pest-Bildes vom Barfüßeraltar

Arbeitsbereich I: Große Pest und Krise im Spätmittelalter

Methodisch-didaktischer Hinweis: Zur Großen Pest aus globalhistorischer Perspektive siehe unten Zusatzmaterial ZM 10.1.

M3, S. 206
Rexroth, Ausgangssituation und Rahmenbedingungen der Pest, 2005

Der Historiker Frank Rexroth stützt seine These von den schwierigeren Wirtschafts- und Lebensbedingungen für die Menschen im Spätmittelalter mit umweltgeschichtlichen Befunden:
- Absinken der Durchschnittstemperatur von etwa 1300–1600 um 1,5 °C,
- Sinken der Getreideanbaugrenze um 160 m,
- Landverluste von 10 000 km^2 durch Sturmfluten an der Nordsee,
- wachsender Holzverbrauch und Rückgang der Waldflächen,
- Artensterben,
- Heuschreckenbefall in Mitteleuropa.

Diese naturbedingten und teilweise schon menschengemachten Umweltveränderungen führten seit Anfang des 14. Jahrhunderts wieder zu großen Hungerkatastrophen. Verstärkt wurde diese „Rückkehr des Hungers" durch Bodenverknappung, Rückgang der durchschnittlichen Erträge, Zersplitterung des bäuerlichen Bodenbesitzes („Verzwergung" von Bauernstellen) und die Nutzung von eigentlich ungeeigneten Böden für den Getreideanbau. Die Folge war die Störung des labilen Gleichgewichts von Bevölkerungswachstum und landwirtschaftlicher Produktion. Die Menschen waren sich dieser Veränderung durchaus bewusst. Zusammenhänge und Ursachen wurden aber nicht erkannt bzw. als bevorstehender Weltuntergang gedeutet.

Notizen

M4, S. 206 ff.
Vasold, medizinhistorische Hintergrundinformationen zur Pest, 1991

Der Medizinhistoriker Manfred Vasold beschreibt
- den Pesterreger und seine Wirtstiere,
- die Ausbreitung und Übertragungswege,
- die Erscheinungsformen,
- das Krankheitsbild und den Krankheitsverlauf der Pest.

Methodisch-didaktischer Hinweis: Die Schülerinnen und Schüler können diese Begriffe als Zwischenüberschriften für die Gliederung des Textes nutzen.

M5, S. 207
Karte: Die Große Pest in Europa

Von der Krim (1346) breitete sich die Pest zunächst entlang der nördlichen, östlichen und südlichen Küsten des Schwarzen Meeres aus. Die nächste Welle erfasste das gesamte Mittelmeergebiet einschließlich großer Teile Frankreichs. In einer dritten Phase wird neben dem westlichen Teil der Iberischen Halbinsel ein Raum von England über nordfranzösisch-flandrische Gebiete, West- und Süddeutschland, Ungarn bis zur westlichen Schwarzmeerküste erfasst. Schließlich dringt in einer vierten Etappe die Pest nach Irland, Schottland, Skandinavien und in den bisher nicht betroffenen mittel- und osteuropäischen Raum vor. Nur das relativ kleine Gebiet von Böhmen und Schlesien war wenig betroffen. Die Ausbreitung der Pest folgt den spätmittelalterlichen Handelsrouten und Kriegszügen.

M6, S. 208
Pestarzt beim Beulenaufschneiden, Holzschnitt, 1482

Zum Bild: Der Holzschnitt zeigt einen auf einer Bank oder Truhe sitzenden, fast nackten Mann. Er ist von der Beulenpest befallen. Auf der Stirn, hinter dem linken Ohr, unter dem rechten Arm und auf dem linken Oberschenkel sind die etwa hühnereigroßen

Beulen (Bubonen) zu erkennen. Hinter dem Kranken steht der Pestarzt in einem langen, dunklen Mantel, mit einer Tasche am Gürtel. Mit einem skalpellartigen Werkzeug schneidet er die Beule in der rechten Achselhöhle des Kranken auf. Auffällig ist, dass der Arzt nicht die bei der Großen Pest übliche Pesthaube trägt.

Zum Hintergrund: Erfahrungsgemäß war ein Überleben der Pest nach einem spontanen Aufbrechen der Bubonen möglich. Pestärzte versuchten daher die bis gänseeiergroßen Bubonen im Bereich der Lymphknoten aufzuschneiden. Die Heilungschance nach diesem Eingriff war gering, da die Pesterreger bei einem solchen Schnitt häufig in die Blutbahn gelangten und damit der Tod des Erkrankten unausweichlich war. Die Bildsituation und die Entstehungszeit des Holzschnittes deuten auf die ärztliche Behandlung von Erkrankten bei „kleineren" Pestepidemien hin.

Zum Künstler: Der Holzschnitt wurde von Hans Folz geschaffen. Er war als Wundarzt (Barbier) und Drucker ein angesehener Nürnberger Bürger und gehörte zu den Meistersingern. Er reformierte den Meistergesang, schrieb eine große Anzahl von Liedern und Fastnachtsspielen. In seinen Dichtungen formulierte er antijüdische Auffassungen.

M7a, S.208f.
Jäckel über die Probleme mittelalterlicher Statistiken, 2005

Der Historiker Dirk Jäckel befasst sich mit einem methodischen Grundproblem bei der quantitativen Untersuchung mittelalterlicher Verhältnisse. Der Quellenwert und die Vergleichbarkeit statistischen Materials aus dieser Zeit sind durch die Anfänge der modernen Staatlichkeit und ihrer noch jungen Bürokratie relativ gering. Bevölkerungsdichte sowie Unterschiede zwischen Stadt und Land modifizieren die Quellenlage zu den Zahlen der Pestopfer ebenfalls. Sicherlich sind durch archäologische, naturwissenschaftliche und vergleichende ethnologische Untersuchungen Abgleiche der Forschungsergebnisse möglich.

Methodisch-didaktischer Hinweis: Den Schülerinnen und Schülern sollte anhand dieses Textes bewusst werden, dass vormoderne Statistiken immer mit einem großen Unsicherheitsfaktor verbunden sind und häufig nur auf begründeten Schätzungen beruhen. Als „begründete" Schätzungen werden in der Statistik solche Zahlen bezeichnet, die in Teilen eine reale Basis haben (z. B. Sterbezahlen für eine Stadt) und durch Hinzuziehen weiterer Zahlenfaktoren für eine größere Region (z. B. Einwohnerzahlen, Einwohnerzahlen anderer Städte einer Region, Sterbezahlen aus anderen Regionen, Angaben in Chroniken) hoch- bzw. umgerechnet werden.

M7b, S.209
Märtl zu demografischen Folgen der Pest, 2006

Nach der Darstellung der Historikerin Claudia Märtl wird der Bevölkerungsverlust durch die Große Pest erst im 16. Jahrhundert ausgeglichen. Es dauert also mehr als 150 Jahre, bis sich Europa demografisch von den Folgen der Pest erholt hatte. Die Verluste waren allerdings regional unterschiedlich. Alte Menschen und Kinder gehörten überdurchschnittlich häufig zu den Toten bei Pestepidemien. Neben der absoluten Zahl der Todesopfer durch die Pest müssen daher auch qualitative Faktoren (Hygiene usw.) berücksichtigt werden.

M7c, S.209
Grafik: Verstorbene in der Gemeinde San Domenico 1336 bis 1450

Die Grafik gibt einen Überblick über die jährlichen Todesfälle in der Kirchengemeinde von San Domenico zu Siena über einen Zeitraum von 115 Jahren. Dabei tritt um 1340, acht Jahre vor der Großen Pest, eine erste Spitze mit knapp 500 Todesfällen auf. Mit über 1 000 Toten während der Großen Pest um 1348 wird die absolut höchste Todesopferzahl in einem Jahr im dargestellten Zeitraum erreicht. Danach folgt in Intervallen von acht bis zwölf Jahren eine immer wieder deutlich erhöhte Zahl von Todesfällen. So werden um 1362/63 nochmals etwa 800 Opfer gezählt. Diese Zahl nimmt dann tendenziell bis 1459 ab. In den Jahren nach 1410 wird auch der Abstand der extrem erhöhten jährlichen Todeszahlen größer. Neben der Pest können weitere, die Todesrate beeinflussende Faktoren (Kriege, andere Seuchen, Hungersnöte) nicht ausgeschlossen werden. Die Grafik soll deutlich machen, dass die Pest im Mittelalter nicht ein singuläres, auf wenige Jahre um 1350 begrenztes Phänomen war, sondern wiederkehren konnte (vgl. den Hinweis in der Legende zu M7c).

Siehe auch Zusatzmaterial ZM10.1.

Zusatzmaterial ZM 10.1	**Die Große Pest und die Krise im 14. Jahrhundert**

Auszug aus einer Darstellung des Historikers Robert S. Marks, 2006

Die Beulenpest ist das Werk eines Bazillus, d.h. eines krankheitserregenden Bakteriums *(Pasteurella pestis)*, das unter grabenden Nagetieren in Südwestchina grassierte. Die Bakterien können innerhalb der Nagetierpopulationen leben, ohne dass sie auf Menschen übertragen werden. Wenn sie aber durch Flohbisse auf Menschen überspringen, führt dies normalerweise binnen weniger Tage zum Tod des menschlichen Wirts. Die Menschen, die nahe der infizierten Nagetierpopulation wohnten, hatten Tabus entwickelt, um einen Sicherheitsabstand zwischen sich und den flöhe- und bakterientragenden Nagetieren zu halten. Wenn aber unwissende Fremde und Neuankömmlinge in ein infiziertes Gebiet gelangten, wie es in Südwestchina in den 1330er-Jahren der Fall war, lagen die Dinge anders. Mongolische Truppen, die dort Krieg führten, trugen wahrscheinlich Flöhe oder ein infiziertes Nagetier in die dichter bevölkerten Gebiete Chinas und lösten dadurch 1331 eine Epidemie aus, die, chinesischen Quellen zufolge, gebietsweise zwei Drittel der Bevölkerung dahinraffte.

Die Pest wäre eine chinesische Katastrophe geblieben und niemals ein so wichtiger Teil der Weltgeschichte geworden, hätten nicht diverse andere, voneinander unabhängige Ereignisse stattgefunden. Vor allem musste eine das Bakterium tragende Nagetierpopulation in Europa mit den Menschen zusammenleben. Dazu kam es, als sich aus unbekannten Gründen die schwarze Ratte *(Mus rattus)*, in den Dachgeschossen und Sparren der Häuser ausbreitete. Zudem war die europäische Bevölkerung seit 1000 n.Chr. beträchtlich angewachsen, sodass bis 1300 Boden- und Holz- und damit auch Brennstoffknappheit fühlbar wurden. Das Klima verschlechterte sich alsbald, die Winter wurden länger und härter, die Reifeperioden dagegen kürzer, was schwer auf der Bevölkerung lastete. Die Verhältnisse in Europa steuerten auf eine Katastrophe zu: Wäre nicht die Pest gewesen, so hätte ein anderes Unheil zuschlagen können, vielleicht nicht am selben Ort und zur selben Zeit. Der Brandsatz aber war bereits gelegt – es fehlte nur noch ein einziger Funke, um ihn in Brand zu setzen. Dass dieser Funke die Pest war und dass sie sich so schnell verbreitete, wurde durch drei weitere Faktoren verursacht.

Das mongolische Reich erstreckte sich beinahe über den gesamten eurasischen Kontinent. Sein Kommunikationssystem nutzte einen nördlichen Weg durch die weite, baumlose Steppe, wo die Pferde Botschaften mit großer Geschwindigkeit übermitteln konnten. Das Ökosystem der Steppe beherbergte jedoch ein Nagetier, das in großen unterirdischen „Städten" lebte und für den Pestbazillus anfällig war. Unmittelbar nach Ausbruch der Pest 1331 in China müssen mongolische Reiter, die in Richtung Westen unterwegs waren, die Pest auf die Nagetiere in der Steppe übertragen und sie somit in Eurasien verbreitet haben.

Die Europäer hatten ein regionales Handelsnetzwerk entwickelt, das durch die Tätigkeit der italienischen Kaufleute aus den Stadtstaaten Genua und Venedig zusammengehalten wurde. Trotzdem hätte die Pest sich vielleicht nicht über Europa ausgebreitet, wäre ihr nicht ein dritter Umstand zu Hilfe gekommen. Die Handelsstadt Kaffa am Schwarzen Meer war ein Knotenpunkt der transeurasischen Handelswege. Sie war westlicher Endpunkt für den Karawanenhandel aus China und zugleich Endpunkt für den Handel der venezianischen und genuesischen Schiffe, die offenbar im Dezember 1346 in Kaffa anlegten. Zu dieser Zeit hielten die Truppen eines mongolischen Fürsten die Stadt belagert, und vielleicht hätten sie sie auch eingenommen, wäre nicht die Pest unter den mongolischen Soldaten ausgebrochen. Die meisten starben daran, und der Fürst war gezwungen, sich zurückzuziehen. Die Pest hätte an diesem Punkt zum Stillstand kommen können, hätten sich nicht Flöhe, Nagetiere und infizierte Italiener in die Heimat eingeschifft. Als sie im Dezember die Heimat erreichten, brach die Pest in Europa aus und verbreitete sich schnell über die bestehenden Handelswege von Stadt zu Stadt, vor allem entlang

Zusatzmaterial ZM 10.1	**Die Große Pest und die Krise im 14. Jahrhundert**

der Schiffsrouten. Nicht nur die schwarzen Ratten, die jetzt in europäischen Häusern heimisch waren, verbreiteten die Pest unter den Menschen; infizierte Menschen konnten sie anderen direkt mit ihrem Husten weitergeben. Die Pest raste durch Europa. 1350 hatte sie sich bis Schweden ausgebreitet, um im Winter desselben Jahres Moskau zu erreichen.

So wie die Hungersnot war auch die Pest kein einfaches „natürliches" Phänomen. Sie benötigte vielmehr das Zusammentreffen einer Fülle von Umständen, um sich so machtvoll auf die Welt und ihre Geschichte auszuwirken. Die Bevölkerung Europas sank in nur wenigen Jahren von 80 auf 60 Millionen ab, und in China, wo die Pest in den 1350er- und 1360er-Jahren mit einem Bürgerkrieg gekoppelt war, stürzte die Bevölkerung von 120 Millionen im Jahr 1200 auf 85 Millionen 1393 ab. Obwohl es wenige Dokumente gibt, die dies belegen, suchte die Pest wahrscheinlich auch die islamische Welt, Indien und die mongolischen Nomadenvölker der Steppe heim.

Die Zahl der Toten war hoch und prägte sich dauernd ins Gedächtnis der Überlebenden ein. Trotz des Schreckens von Leichenbergen, die sich entlang von Dorfgassen stapelten, um in Massengräber gekarrt oder auf ins Meer gezogenen Flößen verbrannt zu werden, hatten die Menschen, die 50 Jahre später im 15. Jahrhundert lebten, mehr und besseres Land, mehr Brennstoff und mehr Ressourcen jeglicher Art zur Verfügung, obwohl der Rhythmus des Fernhandels zwischen den unterschiedlichen Gebieten des globalen Handelssystems sich beträchtlich verlangsamt hatte. Die Geschichte des Schwarzen Todes im 14. Jahrhundert dient somit nicht nur dazu, die Auswirkung von Seuchen auf menschliche Völker und auf den Lauf der Weltgeschichte zu erklären, sie beweist außerdem die sehr frühe Verbindung verschiedener Weltregionen, in diesem Fall Europas und Ostasiens. Nicht nur Güter, Menschen und Ideen, sondern auch furchterregende Seuchen reisten entlang der Handelswege.

Robert B. Marks, Die Ursprünge der modernen Welt. Eine globale Weltgeschichte, Stuttgart [Theiss] 2006, S. 50 ff.

M8, S.209
Zeitgenössische Reaktionen auf die Pest – Station I: Judenmassaker, Zeichnung, 16. Jh.

Zum Bild: Im Bild wird ein christliches Massaker an Juden wiedergegeben. Im Vordergrund wird einem am Boden liegenden Juden von einem Mann eine Lanze in den Hals gestoßen. Dahinter schwingt ein Mann in einer grünen Jacke ein Schwert und schlägt auf einen gestürzten Juden ein. Eine dritte männliche Person mit rotem Barett und dem Kruzifix in der rechten Hand weist auf ein jüdisches Paar, dass sich gegenseitig Halt zu geben versucht. Alle Juden tragen einheitlich graublau gefärbte Mäntel bzw. Umhänge. Im Bildhintergrund ist eine Berglandschaft angedeutet.

Zum Hintergrund: Die Eger-Chronik des Engelhart von Haselbach entstand etwa 130 Jahre nach der Großen Pest. Der Verfasser greift auf ältere Darstellungen zurück und schmeichelt mit seiner Schrift dem Stadtrat. Eger (heute Cheb) lag im äußersten nordwestlichen Zipfel des Königreiches Böhmen. Erstmals 1061 urkundlich erwähnt, kam es 1167 in den Besitz von Kaiser Friedrich I. Barbarossa. 1242 erhielt Eger das Nürnberger Stadtrecht und wurde Reichsstadt. 1322 verpfändete der Kaiser die Stadt an den König von Böhmen. Damit verlor sie ihren Status als Reichsstadt. Im Gegensatz zu anderen europäischen Regionen wütete die Große Pest in Böhmen weniger stark. Vielmehr erlebte dieser Raum unter Kaiser Karl IV. einen allseitigen Aufschwung, wurde auch ein jüdisches Siedlungszentrum und Judenverfolgungen gab es kaum. Eine Ausnahme war das Pogrom von Eger am 25. März 1350. Hier wirkten aufgrund der engen städtischen Beziehungen die Judenverfolgungen von 1349 in Nürnberg nach.

M9, S.210f.
Zeitgenössische Reaktionen auf die Pest – Station II: Closener, Chronik, 1362

Zur Quelle: Fritsche Closener überliefert in seiner Chronik u.a. den Einzug von 200 Geißlern am 8. Juli 1349 in Straßburg.

- Im ersten Teil beschreibt er detailliert äußere Merkmale und Rituale der Geißler. (Zeilen 1–57)
- Im folgenden Abschnitt bewertet Closener kritisch-distanziert das Tun der Geißler. Besonders missfallen ihm ihre verlogene Frömmigkeit, ihre von Laien gehaltenen Predigten und abgenommenen Beichten. Weiter werden von ihm ihre Unbildung, ihr arbeitsscheuer und überwiegend krimineller Charakter und ihre Geldbetteleien kritisiert. Unverständlich ist ihm die Anziehungskraft dieser Bewegung auf die Bürger und auch auf einen Teil der Geistlichkeit sowie die Unterstützung, die die Geißler in der Stadt erhalten. (Zeilen 58–100, 113–117)
- Im Schlussteil geht er zustimmend auf das bischöfliche Verbot der „Geißlerfahrten" in Straßburg ein. Über drei Monate hatten die Geißler (auch Frauen und Kinder) in mehreren Wellen die Stadt überrollt. Er erwähnt auch die Ausbreitung der Geißlerbewegung in anderen Regionen. (Zeilen 101–113, 118–125)

Zum Hintergrund: Seit der Geißelung von Jesus Christus vor dessen Kreuzigung gehört die Geißel zu den Leidenswerkzeugen und ist Attribut der Heiligen. In der Mitte des 13. Jahrhunderts traten erstmals Geißler als christliche Laienbruderschaften in Italien auf. Als Buße für die Sünden der Welt geißelten sie sich selbst in öffentlichen Umzügen. Damit wurde die bisher im abgeschlossenen kirchlichen Raum praktizierte Geißelung eine öffentliche Inszenierung. Im Herumziehen, in den egalitären Verhältnissen unter den Geißlern, in den Wirkungen ihrer Rituale auf die Menschen und in der Rolle der Laien bei den Geißlerzügen sah die römisch-katholische Kirche immer auch eine Gefährdung ihrer Vorrangstellung und des „offiziellen" kirchlichen Bußritus. Die verschiedenen Orden begegneten den Geißlern sehr unterschiedlich, die Bandbreite reichte von Förderung und Unterstützung durch die Dominikaner bis zur ausgesprochenen Gegnerschaft der Franziskaner. Die Zeitgenossen sahen die Geißlerumzüge im Zusammenhang mit der Pest und den Judenverfolgungen als apokalyptische Zeichen. Nach 1350 flauten die Geißlerumzüge relativ rasch ab und traten später nur noch vereinzelt auf.

M10a und b, S.211
Folgen der Pest – Teil I: Wirtschaft und Gesellschaft

M10a: Der Historiker Klaus M. Lange knüpft bei seiner Bewertung der Folgen des Massensterbens an die Agrarkrisentheorie an. Dabei stellt er einen Zusammenhang zwischen zurückgehenden Arbeitskräftezahlen, Preisverfall bei landwirtschaftlichen Erzeugnissen, Landflucht, Wachstum der städtischen

Unterschichten, Schwächung des Adels und Stärkung der Landesherren her.

M 10 b: Die Grafik zeigt die Entwicklungen der Löhne für Drescher und des Weizenpreises in England über 200 Jahre (von 1250 bis 1459) in Zehn-Jahres-Schritten. Dabei ist etwa seit 1270 bis 1459 ein Pendeln des Weizenpreises, wenn auch mit großen Schwankungen, um einen konstanten Durchschnittswert zu erkennen. Im Gegensatz dazu sind die Drescherlöhne bis 1380 kontinuierlich gestiegen, um sich dann auf hohem Niveau zu stabilisieren. Die Auswirkungen der Pest sind zwar an den Kurven ablesbar, die Ursachen dieser Entwicklungen liegen aber weit früher.

M 11, S. 211 f.
Folgen der Pest – Teil II: Politik

Der Historiker Jürgen Strothmann geht bei seiner Beschreibung der Politik des englischen Königs in der Zeit der Großen Pest neben dem veränderten Kräfteverhältnis von Adel und Königtum auch von der Agrarkrisentheorie aus. Im Interesse des Königs sowie der Grundbesitzer und Kaufleute wurde 1349 die *ordinance of labores and servants* erlassen. Darin wurde zur Behebung des Arbeitskräftemangels verfügt:

- Arbeitspflicht der bis 60-Jährigen (Landarbeiter, städtische Tagelöhner und Handwerker),
- Verbot von Lohnforderungen,
- Einfrieren der Preise auf dem Niveau von 1347,
- Verbot der Almosengabe an arbeitsfähige Personen,
- Strafen bei Verstößen.

Das Parlament novellierte den Erlass mehrfach und schränkte damit beispielsweise die Freizügigkeit der Landarbeiter und die Preis- und Lohngestaltung der Handwerker weiter ein. Durch die Einbindung besonders des niederen Adels in die Durchsetzung der Regelungen wurden einerseits dessen Interessen als Grundbesitzer berücksichtigt und andererseits sein Bündnis mit der königlichen Zentralmacht ausgebaut. Die Bauern wehrten sich in einem Aufstand unter Wat Tyler 1381 gegen die königliche Steuerpolitik und auch gegen den o. g. Erlass. In dieser Zeit wirkte auch der Kirchenreformer John Wiclif gegen die weltliche Herrschaft der Kirche.

M 12, S. 213
Folgen der Pest – Teil III: Umwelt

Nach verschiedenen Quellen ging etwa ein Viertel der Siedlungen, die am Ende des Landesausbaus im deutschen Teil des Heiligen Römischen Reiches existierten, bis zum Übergang vom späten Mittelalter zur frühen Neuzeit verloren. Die Karte zeigt die unterschiedliche Verteilung der Wüstungen. Der Wüstungsquotient gibt das Verhältnis der im Spätmittelalter aufgegebenen Orte zur Gesamtzahl der Siedlungen im Hochmittelalter an. Die meisten Siedlungen wurden in den Gebieten der heutigen Bundesländer Baden-Württemberg, Hessen, Niedersachsen, Sachsen-Anhalt, Thüringen, Sachsen und Brandenburg aufgegeben. Auch in einem Teil Schlesiens gab es große Siedlungsverluste. Dagegen wurden im nordwestdeutschen Raum, am Oberrhein, südlich der Donau sowie in einem Gebiet von der Lausitz bis zur Neiße und dem Zusammenfluss mit der Oder kaum oder nur wenige Siedlungen aufgegeben. Insgesamt war die Zahl der Wüstungen in den Rodungsgebieten der Mittelgebirge und in Regionen mit schlechter Bodenqualität besonders hoch.

Aufgabe 2, S. 213

Siehe Erläuterungen zu M 5 und Zusatzmaterial ZM 10.1.

Aufgabe 3, S. 213

Siehe Erläuterungen zu M 3 und Zusatzmaterial ZM 10.1.

Aufgabe 4, S. 213

Siehe Erläuterungen zu M 4, M 6 und Zusatzmaterial ZM 10.1.

Aufgabe 5 a und b, S. 213

Siehe Erläuterungen zu M 7 a–c und Zusatzmaterial ZM 10.1.

Aufgabe 6 a, b und c, S. 213

Siehe Erläuterungen zu M 8, M 9 und Zusatzmaterial ZM 10.1 sowie M 11 c auf S. 192.

Aufgabe 7 a und b, S. 213

Siehe Erläuterungen zu M 7 b, c, M 10 a, b, M 11, M 12 und Zusatzmaterial ZM 10.2.

M 13, S. 213 f.
Schlender/Riehl-Halen über Seuchengefahren in der Gegenwart, 2005

Der Text beschreibt veränderte Seuchengefahren in der Gegenwart. Der Sieg über „klassische" Infektionskrankheiten wird durch veränderte Viren und resistentere Bakterien relativiert. Neue Infektionskrankheiten wie AIDS oder SARS treten als weltweite Gefahren für die Menschheit hinzu. Trotz verbesserter Hygiene, günstigerer Lebensbedingungen und wissenschaftlicher Fortschritte ist ein beträchtlicher Teil der Menschheit aufgrund von Kriegen, Hungerkatastrophen, Wassermangel bzw. unzureichender Wasserqualität und weiteren entwicklungshemmenden Faktoren mit der Rückkehr der besiegt geglaubten Seuchen konfrontiert.

M 14, S. 214
St. Rochus, Holzschnitt, um 1480

Zum Bild: Der Holzschnitt zeigt den Heiligen Rochus (links) in einem blau-violetten Umhang. Er trägt eine rote Mütze und sein Kopf ist von einer angedeuteten Aura mit der Inschrift SANCTUS ROCHUS umgeben. In der rechten Hand hält er einen Stab, der in schmückende Girlanden übergeht. An seiner linken Seite kniet ein Engel in einem blauen Gewand mit roten Flügeln. Er hält in seinen Händen ein Gefäß und einen pinselartigen Gegenstand. Damit behandelt der Engel die Pestbeulen am linken Knie des Heiligen. Ein Hund zu Füßen Rochus' bringt ihm Brot.

Zum Hintergrund: Der Legende nach behandelte Rochus von Montpellier (geboren um 1295; gestorben 1327) auf seiner Pilgerfahrt nach Rom viele Pestkranke. Er infizierte sich selbst und wurde bei der Rückkehr in seine Heimatstadt Piacenza von niemandem erkannt und ins Gefängnis geworfen. Dort starb er. Soweit die Legende. Bekannt ist, dass er aus einem wohlhabenden Elternhaus stammte, früh seine Eltern verlor und in seinem 20. Lebensjahr in den Franziskanerorden eintrat. Er wurde von der römisch-katholischen Kirche heiliggesprochen und gilt als Schutzpatron der Pestkranken und Haustiere.
In der römisch-katholischen Kirche wurde und wird noch ein weiterer Schutzpatron gegen die Pest verehrt, der Heilige Sebastian. Einer Legende nach ist seiner Fürbitte das schnelle Erlöschen einer Pestepidemie im antiken Rom zuzuschreiben.

Aufgabe 8, S. 214

Siehe Erläuterungen zu M 14.

Notizen

Zusatzmaterial ZM 10.2	**Zur Theorie von der spätmittelalterlichen Agrarkrise**

Auszug aus einer Darstellung des Historikers Werner Rösner (1993)

Ungeachtet einiger Einwände gibt die Agrarkrisentheorie, wie sie von W. Abel und einigen anderen Forschern vertreten wurde, noch immer die überzeugendste Erklärung für die Wüstungserscheinungen und die damit zusammenhängenden Wirtschaftsprozesse des Spätmittelalters. Ausgangspunkt dieser Theorie ist die langfristige Entwicklung der Preise und Löhne, die von der Bevölkerungsbewegung abhängig ist. Bei wachsender Bevölkerung verengt sich der Nahrungsspielraum und die Getreidepreise steigen an, während umgekehrt bei abnehmender Bevölkerung die Getreidepreise fallen. Durch die starken Bevölkerungsverluste im Gefolge des „Schwarzen Todes" kam es daher zu einem langfristigen Fall der Getreidepreise, der sich negativ auf den Agrarsektor auswirkte. Gleichzeitig führte der Bevölkerungsrückgang auch zu einer Verknappung der Arbeitskräfte, sodass die Reallöhne im Spätmittelalter anstiegen. Da die gewerblichen Produkte im Unterschied zu den Agrarprodukten einen verhältnismäßig stabilen Preis behielten, entstand eine Preisschere zwischen Getreideprodukten und Gewerbeerzeugnissen, was bei sinkenden Erlösen und steigenden Kosten eine lang dauernde Krise der Agrarwirtschaft hervorrief und sowohl Bauern als auch Grundherren betraf. Bauernhöfe und Herrenhöfe, die Lohnknechte beschäftigten und eng mit dem Marktgeschehen verbunden waren, wurden damals am stärksten von der Agrarkrise betroffen, die in erster Linie eine Krise der Getreidewirtschaft war.

Werner Rösner, Die Bauern in der europäischen Geschichte, München (C. H. Beck) 1993, S. 97.

Arbeitsbereich II: Das Zeitalter der Renaissance

M 15, S. 215 Mirandola, Rede, 1487

Zur Quelle: In diesem Textausschnitt wird das Menschenbild der Renaissance von Giovanni Pico della Mirandola in konzentriertester Form formuliert:

- Gott hat den Menschen in die Mitte der Welt gestellt.
- Der Mensch ist mit universellen Gaben und eigenem, freien Willen ausgestattet.
- Der Mensch ist allen übrigen Wesen überlegen.
- Der Mensch kann die gesamte Natur beherrschen.
- Der Mensch entscheidet frei über sein Tun und schafft sich als Individuum letztendlich selbst.

Der Fortschrittsglaube und der menschliche freie Wille werden in diesen Sätzen Mirandolas durch keinerlei begrenzende Faktoren und negative Aspekte relativiert.

Zum Autor und zum Hintergrund: Giovanni Pico della Mirandola entstammt einer italienischen Adelsfamilie aus der Emilia Romagna. Außergewöhnlich intelligent und lernfähig studierte er in Bologna, Ferrara und Padua Philosophie. Er wandte sich aristotelisch-scholastischem Denken zu und machte sich mit jüdischer und arabischer Denktradition vertraut. Später ging er nach Florenz an die „Platonische Akademie", eine von den Medicis geförderte Institution und Zentrum des humanistischen Geisteslebens dieser Zeit. Er beherrschte Latein, Griechisch, Hebräisch, Aramäisch und Arabisch und versuchte die christliche, die altorientalische, die jüdische und die islamische Tradition zu verbinden. Von den 1486 veröffentlichten 900 Thesen zu theologischen und philosophischen Fragen ließ Papst Innozenz VIII. 13 als ketzerisch erklären. Mirandola musste nach Frankreich fliehen. Durch die Fürsprache Lorenzo de Medicis konnte er nach Florenz zurückkehren und wurde vom neuen Papst Alexander VI. 1483 vom Vorwurf der Ketzerei freigesprochen. In seinen späten Lebensjahren geriet er zunehmend unter den Einfluss des Predigers Savonarola, der in Florenz einen fundamentalistischen Gottesstaat errichten wollte.

M 16, S. 215 Francesca, Brunnenkopf-Zeichnung, Mitte 15. Jh.

Für die Renaissancemalerei sind von besonderer Wichtigkeit das Zeichnen, anatomische Kenntnisse und die Beherrschung der Perspektivlehre, deren mathematische Grundlagen der Maler Piero della Francesca in seinen Werken über Mathematik und Perspektive darstellt. Der Brunnenkopf ist ein Beispiel dafür.

Kunst wird in der Renaissance zum Experimentierfeld der Wissenschaften. Der bisher dem zünftigen Handwerk zugeordnete Künstler emanzipiert sich von den „artes mechanicae" mit ihren Einschränkungen und Spezialisierungen. Der Künstler, der diese Kriterien erfüllen will, muss ein umfassend gebildeter Mensch sein, der theoretisches Wissen mit praktischem Können verbindet. Als Verkörperung des Ideals des *„uomo universale"* gilt Leonardo da Vinci, der zugleich Maler, Bildhauer, Ingenieur und Naturforscher war.

Als Beispiel einer Renaissance-Malerei siehe auch das Gemälde in M 2 im Schülerband, S. 205.

M 17, S. 215 Innenhof im Palast des Herzogs von Urbino, 1454

Federico da Montefeltro (1422–1482), der Herzog von Urbino, ist durch seine zahlreichen Architektur- und Kunstaufträge als außergewöhnlicher Renaissancefürst in die Geschichte eingegangen. Er diente verschiedenen italienischen Herrschern als Feldherr und wurde 1474 von Papst Sixtus IV. zum Herzog erhoben.

Der von Luciano Laurana und Francesco di Giorgio Martini errichtete Palast im Zentrum von Urbino stellte mit seiner herausragenden architektonischen und baulichen Qualität den „Prototypen" eines Renaissancepalastes dar und stand für die Idee eines bürgernahen Herrschersitzes.

M 18, S. 215 Technische Entwürfe Leonardo da Vincis (Auflistung)

Bernd Dibner schreibt über Leonardo da Vincis Entwürfen von Maschinen, dass sie „[…] den Menschen der damaligen Zeit die Arbeit in allen praktischen Bereichen erleichtern sollten. Leonardo verfolgte als Erfinder und Konstrukteur von Maschinen hauptsächlich das Ziel, die Arbeit unter Einhaltung von Gleichförmigkeit und Präzision zu beschleunigen und zu vereinfachen. Das Ergebnis seiner Bemühungen sind Hunderte von Entwürfen für Maschinen und Waffen für den zivilen und militärischen Gebrauch. Leonardo lebte in einem bewegten Abschnitt der europäischen Geschichte. Als er geboren wurde, erfand Gutenberg den Buchdruck und leitete damit eine der folgenreichsten Entwicklungen in der Menschheitsgeschichte ein. Auch andere bedeutende Ereignisse fallen in seine Lebenszeit. Vasco da Gama umsegelte Afrika, und Kolumbus und der Florentiner Amerigo Vespucci entdeckten riesige unbekannte Kontinente. [...] Zeit und Ort kamen dem Erfindungsgeist dieses genialen Technikers entgegen." (*Zit. nach: Ladislao Reti, Leonardo. Künstler – Forscher – Magier, Köln [Parkland Verlag] 1996, S. 166.)*

M 19, S. 216 f.
Petrarca, Besteigung des Mont Ventoux, 1336

In einem Brief an seinen Vater beschreibt Francesco Petrarca die Besteigung des Mont Ventoux in der Provence. Seine Motive und Gedanken bei dieser bergsteigerischen Leistung stehen für eine nicht mehr mittelalterliche Sicht auf die Natur. Er sieht in der Natur nicht mehr eine feindliche und bedrohliche Größe für die Menschen, sondern ihren Eigenwert. Die Natur wird zur Erlebniswelt. Seine Erfahrung beim Bezwingen des Mont Ventoux prägen seine Natur- und Landschaftsbetrachtung und öffnen einen neuen Blick auf menschliches Leistungsvermögen.
Am 26. April 1336 erreicht Francesco Petrarca, „lediglich aus Verlangen", gemeinsam mit seinem Bruder und zwei Begleitern den Gipfel des Mont Ventoux. Aufgrund dieser Leistung wird er auch als „Vater der Bergsteiger" bezeichnet.

Notizen

M 20, S. 217
Über den Begriff der *curiositas* (Neugierde) im Mittelalter

Im europäischen Mittelalter war das Denken stark vom augustinischen *curiositas*-Verdikt geprägt. Demnach war Neugierde (lat. *curiositas)* etwas Verwerfliches und Gottloses, eine Sünde. Erst vor diesem Hintergrund wird deutlich, worin das Neue, Moderne der Bergbesteigung Petrarcas lag. Der Dichter gibt sich mit der Bergbesteigung *expressis verbis* (Zeilen 4 bis 6) seiner Neugierde hin.

M 21 a, S. 217 f.
Steinmann über die Bedeutung Petrarcas, 1995

Nach dem Altphilologen Kurt Steinmann hat Francesco Petrarca die Tür zur „neugierigen Schaulust der Renaissance" geöffnet, ist aber noch in der „mittelalterlichen Heilssorge und Weltverneinung" teilweise befangen.

M 21 b, S. 218
Gebser über die Bedeutung Petrarcas, 1966

Der Kulturphilosoph Jean Gebser sieht im Landschafts- und Raumerlebnis von Petraca den Anstoß für Leonardos Perspektivlehre. Diese wiederum wird zum Ausgangspunkt epochaler Entdeckungen und Erfindungen der Frühen Neuzeit. Die Fläche zu durchbrechen und den Raum zu gewinnen ist für ihn in allen Bereichen menschlicher Lebensäußerung die entscheidende Veränderung gegenüber der alten, mittelalterlichen Welt.

Aufgabe 10 a und b, S. 218
Siehe Erläuterungen zu M 15 und M 3, S. 32.
Methodisch-didaktischer Hinweis: Die Schülerinnen und Schüler können beim Vergleich der Menschenbilder im Mittelalter und in der Renaissance durch das Arbeitsblatt zu Aufgabe 10 unterstützt werden.

Aufgabe 11, S. 218
Siehe Erläuterungen zu M 1, M 2, M 19 und M 21.

Aufgabe 13 a, b und c, S. 218
Siehe Erläuterungen zu M 18 und M 19.

Aufgabe 14 a und b, S. 218
Siehe Erläuterungen zu M 21 a und b.

Arbeitsblatt zu Aufg. 10, S. 218	**Menschenbilder im Mittelalter und in der Renaissance**

Mittelalter	Kriterien der Analyse	Renaissance
	Verhältnis Mensch – Gott?	
	Motive menschlichen Tuns?	
	Ziele menschlichen Tuns?	
	Wirkungen menschlichen Tuns?	
	Verhältnis Mensch – Natur?	
	Verhältnis Individuum – Gesellschaft?	
	Wer ist für menschliches Handel verantwortlich?	

Arbeitsbereich III: Probeklausur (zum Spätmittelalter)

M22, S. 219 Rexroth über das Spätmittelalter, 2005

In seinem Text konstatiert der Historiker Frank Rexroth eine Krise der spätmittelalterlichen Gesellschaft. Dabei sieht er die Ursachen dieser Krise nicht mehr in der spätmittelalterlichen Agrarkrise und ihren Folgen, sondern in mentalitätsgeschichtlich bestimmten Veränderungen in Stadt und Land nach dem „Großen Sterben" der Pestjahre.

Aufgabe 15, S. 219

Diese Aufgabe entspricht im Wesentlichen dem Anforderungsniveau I einer Abiturklausur.

Der *Gedankengang* des Autors im vorliegenden Textauszug lässt sich wie folgt gliedern:

Zeilen 1–4: Der Autor führt eine geläufige These aus der Wissenschaft über das Spätmittelalter an (Krisentheorie).

Zeilen 5–26: Der Autor verweist auf zunehmende Kritik an der These und führt Befunde/Argumente der neueren Forschung an, d. h.

- zu angeblichen Wüstungen,
- zur angeblichen Schere zwischen niedrigen Agrarpreisen einerseits und hohen Preisen für gewerbliche Produkte und hohen Löhnen andererseits.

Zeilen 27–31: Bestätigung der Krisenthese durch den Autor.

Zeilen 32–64: Der Autor führt bei seiner Begründung für eine Krise des Spätmittelters allerdings andere Befunde/Argumente an:

- soziale Umwälzungen ausgelöst durch die Pest (räumliche Mobilität und zunehmende Regulierung);
- Spannungen zwischen den Ansprüchen der inzwischen völlig in Rom konzentrierten Klerikerkirche und kirchlichen Bewegungen, die sich diesen Ansprüchen widersetzten;
- Spannungen zwischen den Herrschaftsansprüchen der Landesherren bzw. städtischen Obrigkeiten einerseits und den Selbstregulierungswünschen von neuen sozialen Gruppen (Gilden) oder Institutionen (Gemeinden) andererseits, was im Spätmittelalter zu ca. 60 bäuerlichen und ca. 200 städtischen Unruhen geführt hatte. Der Autor sieht allerdings in den Unruhen und in der Krise insgesamt keine demokratischen Freiheitsbewegungen.

Aufgabe 16, S. 219

Diese Aufgabe entspricht im Wesentlichen dem Anforderungsniveau II einer Abiturklausur.

Siehe auch Erläuterungen zu Aufgabe 15.

Die Schülerinnen und Schüler sollten erkennen, dass der Autor seine Ausführungen auf Deutschland bezieht, nicht auf ganz Europa. Seine Thesen wären damit für eine Stellungnahme z. B. zum Thema „Europa im Spätmittelalter" nur begrenzt übertragbar. Mit den Befunden und Argumenten, die der Autor anführt, sollten die Schüler sich begründet auseinandersetzen können, da diese im Laufe des Kapitels 10 sowie anderer Kapitel untersucht worden sind:

- Wüstungen im Spätmittelalter: siehe z. B. S. 213, M 12
- Löhne, Preise im Spätmittelalter: siehe z. B. S. 211 f., M 10 a, b, M 11
- räumliche Mobilität und zunehmende Regulierung im Zuge der Pest: siehe z. B. S. 208 f., M 7 a, b; S. 211, M 11
- innerkirchliche Spannungen im Spätmittelalter: S. 172–174 (Armutsstreit), S. 175–179 (Hussitenbewegung)
- städtische Unruhen im Spätmittelalter: S. 86–90

Aufgabe 17, S. 219

Diese Aufgabe entspricht im Wesentlichen dem Anforderungsniveau III einer Abiturklausur.

Siehe auch Erläuterungen zu Aufgabe 16.

Die Schülerinnen und Schüler sollten in ihrer Stellungnahme zu Rexroth beachten, dass das Spätmittelalter nicht ausschließlich als Krisenzeit betrachtet werden kann: Die Renaissance weist in die Moderne (vgl. Kapitel 10), ebenso die frühkapitalistischen Wirtschaftsweisen (vgl. Kapitel 5; dies wäre eine eigenständige Schülerleistung). Auch bei den innerstädtischen Unruhen geht es um ein Mehr an politischer Partizipation – in dieser Hinsicht könnte man die These Rexroths etwas einschränken; zustimmen kann man dem Autor aber in diesem Bereich insofern, als demokratische Freiheitsbewegungen tatsächlich erst mit der Französischen Revolution, also am Übergang zur Moderne aufkamen.

Notizen

Notizen

Notizen